JN096103

新しい算数教育の理論と実践

溝口達也

［編著］

ミネルヴァ書房

は し が き

The challenge is no longer how to get mathematics into students, but instead how to get students into mathematics. ― *Philipp, R. A.*

2020 年，世界は新型コロナウィルス（COVID-19）によるパンデミックに直面し，私たちの生活は，否応なくこれまでとは異なるものとなっています。それは，しばらくの間継続して私たちに様々な制約を強いてくるでしょう。もちろんこうした環境，状況の変化に対して行政をはじめとする公の対策が求められることは間違いありませんが，一方で私たち一人ひとりが自ら考えて行動することが，より一層必要となってくることでしょう。現在のこのパンデミックの状況は，まさに私たちにとって経験したことのない未知の世界であり，換言すれば，少なくとも個々においていかなる直接的な準備もしてきていないものです。にもかかわらず，私たちは，これまでの知識と経験から，こうした状況に対応していかなければなりません。そのようなことは経験してきていない，関連する知識を持ち合わせていないでは済まされず，むしろ私たちは，私たち自身の意思決定のために，いかなる情報にアクセスし，そしてそれらをいかに利用し，かつ新たな知識を産み出していくかが要請されることになります。

　パンデミック状況下で私たちがこれまでの算数教育を振り返るとすれば，まさに子どもたちが知的に未開の地に立ったときに，彼らがどのような行動をすることができるか，ということについて真剣に向き合うことであると思われます。そのような算数教育は，従来のどんなことを継承しつつもどこを改善していく必要があるのか，それは単に指導法レベル《how》にとどまらず，《何をwhat》そして《なぜ why》について，私たち算数教育に携わる者が考究していかなければならない問いであるのかを，私たち自身に投げかけてくるものです。

　本書はこのような環境において，一切の前提を無自覚に是とするのではなく，

i

丁寧に吟味検討することから始めます。本書の執筆には，日本全国の多くの研究者が，各々の専門性を存分に発揮してあたっています。加えて，本書の第10章には，元オーストラリア数学教師協会（The Australian Association of Mathematics. Teachers）会長のMax Stephens先生にご寄稿をいただきました。先生は，わが国においても今日的な課題であるプログラミング教育に関して国際的な第一人者でもあります。各章には，内容的に難解な面も含まれることがあるかもしれません。しかしそれは，まさに読者のみなさん一人ひとりが自ら考える契機となることを期待するものでもあります。

　本書は，『新しい数学教育の理論と実践』（ミネルヴァ書房，2019年）に引き続き，小学校算数版として企図されました。構想の段階において，前出書の共同編者でもある広島大学名誉教授岩崎秀樹先生に多大なご教示を賜ることができました。本書が先生の期待に添えたものであることを願うばかりです。

　なお本書は，算数教育の全般について展開するものではありますが，より教材についての深い理解にあたっては，本書の姉妹版である『小学校教師のための算数と数学15講』（ミネルヴァ書房，2019年）も併せて手にしていただくことをおすすめ致します。

　最後に，本書の発刊に際して，ミネルヴァ書房の編集の方々，とりわけ浅井久仁人氏に心より感謝申し上げます。

　　2020年9月

　　　　　　　　　　　　　　　　　　　　　　　編者　溝口　達也

新しい算数教育の理論と実践　**目　次**

はしがき

第Ⅲ部　算数教育を取り巻く今日的課題

第10章　アルゴリズム的思考
——国際的パースペクティヴと学校数学教育との密接な関係

第11章　算数教育のグローバル性

人名索引／事項索引

第Ⅰ部
算数教育の基礎理論

第 1 章

新しい算数教育の課題と展望

　本章では，算数教育の現状を理論的な視点から特徴づけるとともに，そこから次に進む道程を議論します。はじめに現在の算数教育の依って立つものをパラダイムという語で規定し，そこにどのような条件や制約が暗黙裡にはたらいているのかを検討します。さらに教授学的転置という様々な場（*institution*）における知識の様相や選択の視点から現在の算数教育の特徴を概観し，算数教育実践に対する問いの構造を確認し，算数教育の次のステージを模索します。

　次に，算数教師としての力量をどのように高めていくか，について議論します。そのために，「研究」という語の意味を再検討し，この語の位置づけを確認します。その上で，授業研究，とりわけそこでの教材研究に焦点を当て，その多様な取り組みを整理することを試みます。最後に，学力調査等の各種資料をどのように解釈するかについても議論します。本章を読みすすめるにあたって，次の 2 点を考えてみましょう。

1．現在の算数教育は，何に依って立っているか。
2．算数教師の力量を高めるに当たり，教育実践と教育研究の連関をどのように見るか。

第1節　現在の算数教育を問い直す

1.1　現在の算数教育の依って立つもの

　現在行われている算数教育は，何に基づいているのでしょう。例えば，日々の授業を考えるとき，それは一体何に依って立っているでしょうか。後述するように，多くの場合，様々な意味で教科書が日々の授業には欠かせないものとして位置づけられます。わが国の場合，教科書は検定を通過して初めて学校で使用可能となりますが，その際基準となるのは学習指導要領です。それでは，学習指導要領は何に依って立っているでしょう。現在の教育行政において，各教科の学習指導要領は，中央教育審議会の答申を受けて作成されることとなっています。では，…と続いて検討すると，そこには私たちが生活を営む社会に，おそらく暗黙裡に有する教育に対する考え方があるでしょう。そのような考え方がよいとか悪いとかではなく，社会を構成する人々の多くが，その考え方に基づく教育の営みに対して（積極的ではないにせよ）肯定する何かが存在すると思われます。そのような考え方を「パラダイム（*paradigm*）」＊と呼ぶならば，私たちの算数教育実践は，そのようなパラダイムの下に営まれていると言えるでしょう。

　　＊元来，科学哲学者トーマス・クーン（Thomas, S. Kuhn, 1922-1996）による自然科
　　　学の歴史を記述するために用いられた概念（クーン，1971）。

　フランスの数学教授学者イヴ・シュバラール（Yves Chevallard）は，今日の算数・数学教育実践のパラダイムが「作品訪問（*visiting works*）」であると警鐘を鳴らします（Chevallard, 2015; 2019）。すなわち，学習の場は，様々な知識をあたかも作品を訪問するかのような傾向にあるとするものです。結果として，学習者は，試験が終わるやいなや当然のごとく指導された事柄を忘れ去るか，ときによっては無視する，といった《ゴミ箱の原理》に従うこととなります。作品訪問パラダイムは，「記念碑主義（*monumentalism*）」と呼ばれることもあります。教師は，学習者に対してあたかも記念碑を巡るガイドの役割をなし，様々な知識がいかに素晴らしいかをうったえるのです。そこでは，どんな記念碑（知

識）をどんな順番で，どんな巡り方をするかは，すべてガイド（教師）の領分であり，ツアー参加者（学習者）は，ガイドの説明に頷くしかありません。

1.2　現在の算数教育を特徴づけるもの

　上の指摘は，しかし教師を責めるものではありません。そもそも，学校教育で何を教えるかは，一人ひとりの教師が独自に決定し得るものではありません。厳密な意味でのカリキュラム（教育課程）は各学校で設定される年間指導計画ですが，カリキュラム策定の標準としての学習指導要領により一定の法的拘束力をもって決定されます。さらに，学習指導要領に採用される知識は，必ずしも学校教育のために創造されたものではない知識に一定の作業が施されたものであると見ることができます。例えば，小学校第5学年で小数の乗法を学習するにあたり，乗法の意味が同数累加から割合の意味へと拡張されます。しかし，数学的には，有理数の範囲で乗法は同数累加の意味で十分です。換言すれば，私たちは，学術的知識としての数学をそのまま学校に持ち込んでいるのではなく，学校教育にふさわしい形に仕立て直していると言えます。

　教授人間学理論（*Anthropological Theory of the Didactic*）では，このような作業過程を教授学的転置と呼びます（Bosch & Gascón, 2006；図1-1）。

図1-1　教授学的転置

　学習指導要領において「学術的知識（*Scholarly knowledge*）」から「教えられるべき知識（*Knowledge to be taught*）」の選択が行われます。そこには，その選択に携わった人々による何らかの意思・意図が働いていると認められます。さらに「教えられるべき知識」は教科書においてその具体化が図られます。通常，算数の教科書では，（学習指導要領に沿った）学習指導の質と学習者が自己学習できることが担保されます。さらに，個々の教室において教師は目の前の子どもたちに最適と思われる問題を用意し，指導を工夫します（「教えられる知識（*Taught knowledge*）」）。子どもたちは，学んだ知識を自らの環境にうまく適合し

て，場合によっては授業で学んだ以上の事柄が負荷された自らの知識を作り上げていくことがあります（「学ばれ，利用される知識（*Learned, available knowledge*）」）。

ところで，上述の作品訪問パラダイム（あるいは記念碑主義）のもとでは，こうした転置の過程において，知識の存在理由や創造の契機となった問いがしばしば失われる傾向にあることが指摘されます。

学習指導要領の改定ごとに新しいスローガンが掲示され，しかしそれまでの取り組みについて必ずしも十分には反省がなされないわが国ですが，昨今の教育を取り巻く動向においては，「教え方／学び方」が取り沙汰されることが少なくありません。「主体的・対話的で深い学び」と主張されるいわゆる「アクティブ・ラーニング」と呼ばれるものはその典型であると言えるでしょう。政策決定者（*policy maker*）としての文部科学省から出てくる様々な資料に記載される文言のそれぞれを見るとき，若干の例外を除けば，いずれも肯定されるものであるかもしれません。例えば，「何を知っているか」から「いかに学ぶか」といった視座の変更は，一見すると誰しもが受け入れやすいものであるといえます。コンピテンシー・ベースのカリキュラム改革は，そうした一貫として位置づくものであろうと思われます。しかし一方で，次のような指摘もあります。

新学習指導要領では，教科学習においても，主体的・協働的な学びであること自体が，「資質・能力」（特に非認知的能力）の育成という点から正当化されるといった具合に，教育内容論を経由せずして授業研究とカリキュラム研究が結びつくことで，「何を教えるのか」という問い（カリキュラム研究）が「いかに学ぶか」という問い（授業研究・学習研究）に解消され，空洞化しがちである。

（石井，2017，p.113）

図1-2　問いの構造

このことは，現今の算数・数学教育研究における「問い」の立て方に警鐘を鳴らすものであると受け止めることができます。そもそも，《いかに how》は，その前提として《何のために why》や《何を what》が明らかにされて初めて意味を持ち得ます。にもかかわらず，昨今

の動向は，そのような問いに答えることを避ける傾向にあると言わざるを得ません。換言すれば，「問い」の論理的優先性（大高，2017, p.8）が無視されていると指摘されます。

1.3　算数教育の次のステージ

　以上のように，現在の算数教育を取り巻く状況を批判的に検討するとき，それでは，いかなる教授パラダイムへと転換するかが求められます。このとき，先ず問われることは，私たちは算数教育という営みを通して，学習者（児童）にどのような陶冶的価値・意義を実現しようとするのか，ということです。確かに，現在主張されている「何を知っているか」（従来の内容ベースのカリキュラム）から「いかに学ぶか」（今日的な能力ベースのカリキュラム）への転換は示唆的ではあるものの，（必ずしも「準備教育」を全面的に推奨するわけではありませんが）そこにはある種の「完成教育」の概念が結びついていることは否めません。例えば，「主体的な学び」という語の下に学習者が「主体的であること」を求められるといったように，あたかもそうした取り組みが，各々の教育段階において必然であるかのごとく要請される傾向にあります。しかし，「教育は生涯的なプロセスである（*education is a lifelong process*）」（Chevallard, 2015, p.177）ことを考えれば，学校教育の後に来る言わば「未開の地」に対して，学習者が「何を，どのように学習できるか」といった能力あるいは態度の育成こそが求められるところです。そのときの教師の役割は何でしょうか。むしろ，児童が主体的に学習できるようになるためには，今何が必要かを考えることが要請されるはずでしょうし，その意味で，教室環境で要請されることは，言わば「準‐主体的な学習」と表現されるような児童の姿でしょう。

　先のシュバラールは，上述の作品訪問あるいは記念碑主義といった古いパラダイムに対して，「世界探究（*questioning the world*）」という新しいパラダイムを提起します。世界探究パラダイムは，科学者の態度とされている探究の態度を目指すものです。学習者の今日的傾向として，未知なる問い，解答が明らかでない問い，あるいは様々な困難に対して，それを避ける，あるいは諦めるといった態度がしばしば見受けられます（溝口，1995）。しかし，世界探究パラダイ

ムでは，問いの探究に積極的に取り組もうとする「ヘルバルト的（*Herbartian*）」態度，新しい知識を獲得しようとする「前進認知的（*procognitive*）」態度，自己の問題解決に必要な知識はどこまでも学習しようとする「開かれた（*exoteric*）」態度といった特徴のもとに，民主主義の精神を適切に反映します（大滝・岩崎，2018）。換言すれば，「学ぶべき知識が学習者の関心とは独立に事前に決定され，学習者はそれをよい知識として信じることを暗黙理に強要される」（前掲，p.74）記念碑主義に対して，「あらゆる知識の必要性は探究者の関心に従って決められ，そのよさは探究者自身の探究における機能で判断される」（前掲，p.74）世界探究パラダイムへの転換です。このとき，シュバラールの次の指摘は示唆的です。

> 従来の数学をある意味で責任ある数学へと変えるようなアップデートが必要。それは，若い世代に対し，学校は自分たちを見捨てるのではなく，反対に，自分たちの周りの世界について考え，知識と理性を備えてその世界へ踏み入れるために必要なツールを与えることに大いに関心がある，ということをはっきりと示すような数学である。

（Chevallard, 2004; 翻訳は大滝・宮川，2017 より）

第2節　算数教師としての力量をつけよう

2.1　実践と研究

　ところで，算数教育を研究するとは，どういうことを意味するでしょう。様々な研究発表会で先生方のいろいろな発表を伺う機会があります。そのような研究発表には，よりよい指導を考案すること，新しい教材を開発すること，など，日々の実践を改善しようとする工夫が少なくありません。しかし，厳密に言えば，これらは「研究」ではありません。以下の宮川（2017）による数学的知識に係る営みとそれを理解する営みに関する指摘は，正鵠を射ていると言えます。

　一般に，数学に関わる営みとして，次のような4つを認めることができます。1つは，数学を創り出す営みです。数学者の行うことがまさにそれです。2つ

目は，数学を使う営みです。創り出された数学，あるいは数学的知識は，創り出した人の意図とは無関係に使われていきます。それは，直接的に用いることもあれば，我々が用いる他のものの背後に用いられていることもあります。そして 3 つ目は，数学を広める営みです。学校教育で行われる算数・数学の学習指導は，まさにこの第 3 の営みの代表ですが，しかしそれに限られるものではありません。数学を広める営みは，学校以外の様々な場 (*institution*) でも行われます。よりよい指導を考案したり，新しい教材を開発することは，まさにこの第 3 の営みに含まれ，算数教育の実践そのものであると言えます。算数教育の研究，より厳密に言えば，算数・数学教育事象を研究対象とする数学教育学，あるいは数学教授学は，数学に関わる営みとしての数学を広める営みそのものを理解するといった第 4 の営みであると主張されます。もちろんそこには，数学を創り出す営みや数学を使う営みを理解することも関連してきます。端的に言えば，数学教育事象（第 3 の営み）の特質を理解すること（第 4 の営み）が，数学教育学の研究の目的です。ともすると，「実践研究」という名のもとに，個々の経験を披露することがまかり通ることもあるようですが，そうした報告で頻繁に登場する「よい」という語は，果たして何によって保証されるのでしょうか。もしそれが，経験的なものに依存するだけであるならば，データの一つに過ぎないということです。新しい指導の工夫や教材の開発が，言わば新しい現象として位置づけられ，そこで学習者がどのような活動を展開するかを理解することが研究と呼ばれる営みに相当することになります。ここには，研究者が研究対象と異なる場 (*institution*) に立つという *detach* の認識が不可欠であるといえます (Shinno et al., 2018)。

2.2　授業研究と教材研究

　授業研究は，今日国際的にも Lesson Study としてよく知られる，教育現場における職能開発 (*professional development*) あるいは教育の改善を志向した営みです (Fernandez & Yoshida, 2004)。その営みは，研究授業と呼ばれる公開授業を中心に，その事前及び事後の検討を含むものです (Winsløw, 2012; Clivaz, 2015)。一連の営みの中で，おそらく最も重視されるのが教材研究です。教材研究は，も

ちろん授業研究のみならず，日々の授業実践にも欠かせないものです。ただし，教材研究は，多くの教師が少なからず取り組んでいるものの，その実際は非常に多様であることが認められます。ここでは特に，教材研究に必須のリソースである教科書に関わる営みについて，教授学的転置の過程に即して検討してみましょう。

　一般に，教科書は，教えるべき知識が何であるかを知る具体的な資料となります。教師は，日々の業務の中で必ずしも十分な時間を教材研究に費やせない場合もあります。それでも，少なくとも「いかにして教科書に記述されている事柄を教えるか」［課題 A］といった教えられる知識の焦点化を図るでしょう。教科書会社は，児童用教科書の他に，教師用教科書（いわゆる朱書本）やその指導書を併せて作成しています。教師は，課題 A のための方策として，そうした教科書の付属の資料を手がかりに授業を実践するでしょう。これは，日々の授業準備にあたり効率的に教材研究をする方法ですが，その背後には，「教科書には一定の権威があり，そこに記載されている事柄に誤りは含まれない」といった考え方が存在することもあるかもしれません。こうした教材研究は，すべての営みが教科書の内部で完結していることから，《in-textbook》の営みと呼ぶことができるでしょう。

　しかし，上記の授業研究（会）などの取り組みにおいては，「どうすれば教科書に記述されている数学的内容を（学習者が）よりよく理解することができ，またそれをよりよく教えることができるか」［課題 B］といったことがしばしば検討されます。課題 B のための方策として，学習指導要領や教科書の付属の資料に加え，他のリソース（様々な先行実践や各種レポート）を参照し，（学習指導要領には沿うものの）固有の学習指導を開発するだけでなく，しばしば当該時の前後の授業との連関や，個々の学習者の実態等も踏まえた検討が行われます。またそのために，教科書に掲載される問題を，検討した内容に応じて適宜変更したり，ICT を含む多様な教具等も扱われることがあります。クラスの学習者の実態を踏まえたよりよい学習指導を検討することには価値があり，そのために他者の知見（多様なリソース）を参考にすることは，教師の授業力向上に結びつくでしょう。その背後には，「教科書は標準的な学習指導を

示しており，学習指導要領の趣旨に沿う限りにおいて，具体的な指導方法（提示問題等）は変更できる」という考え方を認めることができます。こうした教材研究は，教科書と向き合った営みをしているという意味において，《with-textbook》の営みと呼ぶことができるでしょう。

　他方，まさに研究としての営みにおいて行われる教材研究は，やや上記の2つのタイプとは異なります。「当該の数学的知識の本性（本質）が何であるかを知り，単元の指導計画（場合によってはそれ以上の範囲）の中での当該授業の位置づけを考慮することで，学術的知識から教えられるべき知識への転置の過程で選択されなかった数学的知識（あるいはその周辺知識）も視野に含み，教えられる知識を再構成するにはどうすればよいか？」［課題C］といった課題がその典型であると言えます。このような場合，教師個人の既知の事柄では不十分であることが多く，協力者・指導者による助言や，先行研究から示唆を得ることで，教師自身が（にとって）新しい数学的知識を学ぶことになります。そうした場合，クラスの学習者の実態を踏まえるだけでなく，そもそもなぜ当該のカリキュラム内容が選択され，またなぜ教科書がそのように構成されているかについて検討しなければ，真に優れた学習指導を開発することは不可能であると言えます。さらに，こうした取り組みは，研究としての基本的な立場として，「学習指導要領や教科書は絶対的な真理ではなく，そこには「選択者」の意図が反映されており，必要に応じてそれらを超越し，あるいは否定することも，教育研究においては要請される」とする考え方が認められます。こうした教材研究は，教科書を超えた営みであるため，《beyond-textbook》の営みと呼ぶことができるでしょう。

　以上の3つの教材研究のタイプは，教授学的転置の過程として図1-3のように特徴づけることが可能です（Mizoguchi & Shinno, 2019）。ただし，これらの異なる営みは，どれが優れている・劣っているということを示唆するものではありません。教材研究という営みは，教師という仕事の中で最も大切な部分であることは否定されないまでも，それを実際に行う，あるいは行い得る環境は様々であることも確認しておく必要があります。

図1-3　教授学的転置による教材研究の特徴づけ

2.3　全国学力・学習状況調査への向き合い方

学力調査について，岩崎（2011）の以下の言明は示唆的です。

> 詩人が「美しい」というコトバを禁句に，「美しさ」を語るように，数学
> 教育の研究も学力調査の「である」を根拠に，目標の「べき」論を語る必
> 要があろう。
> （p.397）

岩崎はまた，学力調査に関するメタ研究が少ないことも併せて指摘していま
す。本章の最後に，調査研究としての全国学力・学習状況調査について検討し
ます。これは，岩崎のいう認知的学力に関する調査に相当します。毎年度の実
施に対して，国立政策研究所から問題ごとの丁寧な解説と学習指導上の改善点
が示されます。多くの学校現場において，こうしたメッセージは有益な示唆と
なっていることは疑うまでもありません。

　一方，こうした調査はその特性として，一人ひとりの教師が捉えにくい全体
的な傾向を示してくれるものであるともいえます。そのような「全体的な傾
向」とは，どういったものと解釈することができるでしょう。言うまでもなく，
一部マスコミで取り沙汰されるような平均点の県別順位や，ましてや隣の学校
より優れている／劣っている，というようなこととは全く異なるものであると
いえます。個別の得点よりも，その分布の仕方にこそ注意を払う必要があるで
しょう。

　調査の各問題の結果は，大別して図1-4(a)～(d)のように分類できるでし
ょう。

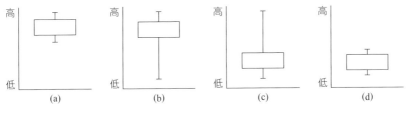

図1-4　調査問題の分布傾向

　(a) は，次のように解釈することができます。全国学力・学習状況調査の場合，いわゆる悉皆調査が行われます。優れた算数の指導をされる教師もいれば，必ずしも算数の指導を得意とされない教師も中にはいるでしょう。しかし，そうした様々な教師の指導に対して，等しく高い結果を示すということは，極端にいえばどんな指導をしようとも，学習者は一定程度の結果を示すことがわかります。そのため，（もちろんそれでも研究の対象にはなり得ますが）認知的学力の向上という点から見れば，当該の対象とみなさずともよい，ということになります。

　逆に (d) は，算数の指導に秀でた教師であろうと，またそうでない教師であろうと，その学習指導の結果は等しく（調査の主催者から見れば）望ましくない，というものです。しかしながら別の立場から見れば，これは，当該の学習内容が，カリキュラム上の位置づけとして望ましくない，ということが示唆されるものです。従って，もしこうした結果が見られた場合，それは各々の教師の指導が問題とされるのではなく，カリキュラムの見直しこそが要請される，と解釈されます。

　それゆえ，各々の教師が自己の問題として受け止めるべきは，(b) や (c) のような結果でしょう。(b) は，全体的に高い結果の傾向が見られるものの，一部そうでない状況もある，ということを意味しており，多くの優れた結果を示す学習指導がどのようなものであるかを明らかにしていく努力が求められます。また (c) は，現状は必ずしも全体的に高い結果ではないものの，指導の仕方によっては高い結果を残せている実態が見られると解釈されます。これについてもやはり，どのような指導が，そうした高い結果を生み出しているのかを分析

する必要があるでしょう。

　このように考えることで，調査結果は授業改善の有益な（リ）ソースになり得るでしょうし，それは各々の教師だけではなく，学校や行政機関としての教育委員会に向けられた課題でもあるでしょう。

章末問題

　算数教育のパラダイムの転換によって，これからの算数教育に求められるものは何か。またそのために，教師はどのような職能開発を行う必要があるか，自身の見解をまとめよ。（本問を，本書精読後に，再度検討せよ。）

引用・参考文献

石井英真（2017）「資質・能力ベースのカリキュラム改革をめぐる理論的諸問題：教育的価値を追求するカリキュラムと授業の構想に向けて」『国立教育政策研究所紀要』146：109-121.

岩崎秀樹（2011）「国内調査研究」日本数学教育学会編『数学教育学研究ハンドブック』，392-398.

大髙泉（2017）「理科教育事象の特質と理科教育研究の問題設定」大髙泉編著『理科教育基礎論研究』共同出版，2-21.

トーマス・S・クーン，中山茂訳（1971）『科学革命の構造』みすず書房.

溝口達也（1995）「数学学習における認識論的障害の克服の意義―子どもの認識論的障害との関わり方に焦点を当てて―」『筑波大学教育学系 教育学系論集』20（1）：37-52.

Bosch, M. & Gascón, J. (2006) "Twenty-five years of the didactic transposition," *ICMI Bulletin*, *58*, 51-65.（大滝孝治・宮川健訳（2017）「教授学的転置の25年」『上越数学教育研究』32：105-118.）

Chevallard, Y. (2004) "La place des mathématiques vivantes dans l'éducation secondaire: transposition didactique des mathématiques et nouvelle épistémologie scolaire," *3e Université d'été Animath*, Saint-Flour (Cantal), 22-27 août 2004, APMEP (pp. 239-263).

Chevallard, Y. (2015) "Teaching Mathematics in Tomorrow's Society: A Case for an Oncoming Counter Paradigm," S. J. Cho (ed.), *The Proceedings of the 12th International Congress on Mathematical Education*, 173-187.（宮川健・大滝孝治訳（2016）「明日

の社会における数学指導——来たるべきカウンターパラダイムの弁護」『上越数学教育研究』31：73-87.）

Chevallard, Y. (2019) "Introducing the anthropological theory of the didactic: An attempt at a principled approach," *Hiroshima Journal of Mathematics Education*, 12, 71-114

Clivaz, S. (2015) "French Didactique des Mathématiques and lesson study: A profitable dialogue?" *International Journal for Lesson and Learning Studies*, 4(3), 245-260.

Fernandez, C. and Yoshida, M. (2004) *Lesson study: A Japanese approach to improving mathematics learning and teaching*. Mahwah: Erlbaum.

Mizoguchi, T. & Shinno, Y. (2019) "How Japanese teachers use mathematics textbooks for 'kyozai-kenkyu': Characterizing their different uses by paradidactic praxeologies," In Rezat, S., Fan, L., Hattermann, M., Schumacher, J., & Wuschke, H. (Eds.). *Proceedings of the Third International Conference on Mathematics Textbook Research and Development* (pp. 257-262). Paderborn: Universitätsbibliothek Paderborn.

Shinno, Y., Miyakawa, T., Iwasaki, H., Kunimune, S., Mizoguchi, T., Ishii, T. & Abe, Y. (2018) "Challenges in curriculum development for mathematical proof in secondary school: Cultural dimensions to be considered," *For the learning mathematics: an international journal of mathematics education*, 38(1): 26-30.

Winsløw, C. (2012) "A comparative perspective on teacher collaboration: The cases of lesson study in Japan and of multidisciplinary teaching in Denmark," In D. Gueudet et al. (Eds.), *From text to 'lived' resources*, Springer, pp. 291-304.

（溝口達也）

第2章

数学的な見方・考え方と数学的活動

　本章では，算数教育の目標として重視されている，「数学的な見方・考え方」「数学的活動」「数学的に考える資質・能力」について，その意義や意味を考えます。第1節では，「数学的な見方・考え方」について，その概念の歴史的な展開や，目標としての「数学的な見方・考え方」が意味することについて述べます。第2節では，算数指導において「数学的活動」が具体的にどのように展開されうるのか，について学習指導要領を踏まえた上で，その意味や意義についてハンス・フロイデンタールと島田茂の捉え方を述べます。第3節では，コンピテンシー（資質・能力）ベースのカリキュラムの背景や意味を，国際的な展開について述べ，資質・能力をどのように育成すべきかについて述べます。本章を読みすすめるにあたって，次の3点を考えてみましょう。

1．算数科の目標としての「数学的な考え方」の意義や意味は何か。
2．算数科における「数学的活動」の意義や意味は何か。
3．算数科におけるコンピテンシー・ベースのカリキュラムとは，どういうことなのか。

第1節　「算数指導」の基本理念を考える

　数学的な見方・考え方は，これまでの日本の算数教育において，中心的な目標として位置づけられてきました。新しい学習指導要領における算数科の目標では，第一に，「数学的な見方・考え方」を働かせることが求められています。また，学習指導要領解説では，「数学的な見方・考え方」は，「算数の学習において，どのような視点で物事を捉え，どのような考え方で思考をしていくのかという，物事の特徴や本質を捉える視点や，思考の進め方や方向性を意味する」と述べられており，「数学的な見方・考え方」は，「事象を，数量や図形及びそれらの関係などに着目して捉え，根拠を基に筋道を立てて考え，統合的・発展的に考えること」とも述べられています。

　このように数学的な見方・考え方は，現在のわが国においても中心的な目標ですが，それは子どもの思考であるため不可視で，さらには抽象的な概念であるため捉え難いようにも思います。数学的な見方・考え方は，今日新たに目指される目標ではないので，その中身や本性とは一体どのようなものか，ということを理解するためには，これまでの数学的な見方・考え方に関する歴史的な展開を俯瞰し，どのように現在があるのかを理解することが肝要かと考えます。

1.1　数学的な考え方のはじまり

　近代日本（明治期）の数学教育は，初等教育において生活に役立つ知識・技能という点で実質陶冶が，そして中等教育においては推理力などの思考方法という点で形式陶冶が強調されることから始まっています。その後，戦前の緑表紙教科書時代において，実質陶冶と形式陶冶を統合する概念として「数理思想」＊が登場し，昭和10年代に「数理思想の開発」が数学教育の中心的な目標として位置づくことになります。これが現在の「数学的な考え方」へとつながっています（長崎，2007）。

　　＊数理を愛し，数理を追求把握して喜びを感ずる心を基調とし，事象の中に数理を見
　　　出し，事象を数理的に考察し，数理的な行動をしようとする精神態度（塩野，1970）。

　戦後，わが国初の学習指導要領は，昭和22（1947）年に「試案」として告示されました。そこでは，「指導目標」とは別に，「指導方法」としての「児童・生徒の活動」が明記されています。「試案」の時期（「生活単元学習」期）を経て昭和31（1956）年に発刊された高等学校の学習指導要領（「系統学習」期）において，はじめて「数学的な考え方」という表現が登場します。

　さらに昭和33（1958）年の小学校と中学校の学習指導要領において，「数学的な考え方」という表現が登場します。これらは戦前の緑表紙教科書時代における「数理思想」に連なるもので，中島（1981）によれば，この「数学的な考え方」の育成として目指そうとしたことは，「算数・数学としてふさわしい創造的な活動（問題解決）が自主的に出来る能力・態度」を子どもの身につけさせようとすることでした。

1.2　数学的な考え方の展開

　1960年代になると小学校の算数を中心に，「数学的な考え方とは何か」という議論が，数学教育者や数学者によって様々に展開され，また1970年代・80年代になると小学校だけではなく，中学校や高校においても徐々に教育目標として認められるようになり，その研究や実践が発展していきました（長崎, 2007）。本節では，上述の議論における代表的な論者として，中島健三，片桐重雄の両氏による数学的な考え方の捉え方を挙げます。

（1）創造的な活動としての数学的な考え方

　中島健三は，1950年代から1960年代に文部省において，小学校学習指導要領の算数科に「数学的な考え方」を導入し，その後，その考え方を『算数・数学教育と数学的な考え方』（中島, 1981）にまとめています。そこでは，数学的な考え方の構造と創造の論理として，次の5点を挙げています。

1. 課題を，簡潔，明確，統合などの観点をふまえて把握すること
2. 仮想的な対象の設定と実在化（実体化）のための手法
3. 解決の鍵としての「数学的なアイデア」の存在とその意識づけ
4. 「構造」の認識と保存－特に拡張・一般化による創造の手法と論理－

5. 評価−解決の確認とその真価の感得，残された課題と問題への志向−

　上述したように，この数学的な考え方で目指そうとしたことは，「算数・数学としてふさわしい創造的な活動（問題解決）が自主的に出来る能力・態度」を子どもに身につけさせようとすることでした。この当時はいわゆる数学教育の「現代化」期であり，教科としての数学的内容の現代化が叫ばれていたその最中において，「数学的な考え方」によって，その本質的な理念としての形式陶冶と実質陶冶の統合を目指していたといえます。

（2）数学的な考え方の整理
　数学的な考え方は，数学教育者や数学者によって様々に議論が展開されていましたが，東京都立研究所において，それらを整理・分類する研究がなされました。片桐重男は，その研究に参画し，その成果をさらに精緻化して，『数学的な考え方の具体化』（片桐，1988）としてまとめています。ここでの数学的な考え方・態度は「自主的に算数・数学の内容を理解し，算数・数学的問題を形成し，解決，発展させていくことができるために大切な考え方・態度」とされています。また，数学を形成し，発展させる考え方を，数学の内容と方法の2つの側面から捉えています。
　このような整理・分類は，現在の資質・能力の育成の議論においても，スキルの整理・分類などにみることができます。しかし，考え方やスキルがどのようなものなのかを理解することと，それをどのように学習指導するのかということとの違いには注意が必要です。なぜなら考え方やスキルは，「この様に考えなさい」，「この様にしなさい」と教師がいえばすむものではなく，算数・数学を学び終えた後に身についているものであり，それらは総体的なものだからです。つまり，このような整理・分類は，「数学的な考え方」とはどのようなものであるのかということを理解することには機能しますが，「今日の授業は〇〇の考え方をしましょう」といった形で，学習指導において直接機能するものではないことには留意すべきでしょう。

1.3　数学的な考え方の意義

　今回の改訂の基本的な発想は，「教科内容ベース（何を教えるか）から資質・能力ベース（何ができるようになるか）への転換」といわれています。このような標語をみると，「今までとは違うのか……」という見方もできます。算数で学習するような「平行四辺形の面積公式」「割合」などを，記憶することだけが目的となるような授業があるとすれば，「それを知っているからどうなのか」と（子どもは）思うことがあるかもしれません。算数の授業でも，子どもたちから「何でこれを勉強しないといけないの？」という問いを聞くこともあるのではないでしょうか。実際の算数の授業において，「今日の授業は○○を覚えておきましょう」といった授業はないにせよ，「何を考えさせるのか」ということ以上に，「何を教えるか」という観点から授業が構成されていることは，実は結構ありえるのではないかと思います。そもそも「何を教えるのか」と「何を考えさせたいのか」という 2 点はどのような関係なのでしょうか。

　これまでみてきたように，算数・数学教育においては，子どもが数学的に考えたり，試行錯誤することで，問題を解決できるようになったり，数学的な概念を理解できるようになることは，今日新しく設けられた視点というよりは，むしろ近代の数学教育からずっと議論され大切にしてきた視点です。その基本的な発想は，数学を創造し，発展させるために用いる見方や考え方であり，端的に述べれば「子ども」が数学をするときに用いる思考を，様々な観点から記述している，といえます。

　例えば，「三角形の面積」の授業で，数学的な考え方がねらいにない授業を想定すれば，おそらく教師が求積方法を説明して覚えるような授業になるでしょう。しかし，子どもたちにとっては，面積公式を理解することももちろん大切ですが，それ以上に，これまでの求積方法では三角形の面積は求められないことに問いをもち，既習知識（面積は単位正方形のいくつ分か）を視点として活用する試行錯誤（等積変形や倍積変形することで既習知識を活用できるように変形すること）をしながら求積することが期待されます。さらに，それらの求積の共通点や相違点を探したり，一般化するといった試行錯誤のプロセスが求められます。そのような試行錯誤のプロセスが，数学的な考え方という目標

概念によって重視されています（阿部，2018）。

　そもそも，問題解決学習における「問題」は，子どもにとって，これまでの既知をそのまま用いても解決できない文脈であり，新たな数学を学ぶ必要性とともに，新しく数学的に考えてほしいことを引き出す文脈となります。算数の問題解決学習では，「問題」と「課題」（めあてや◎など授業では様々な呼び方がされます）が区別されます。前者は課題を導くための文脈であり，後者は本時で子どもたちが解決したい算数に関する記述です。後者は，「どのように〜」「なぜ〜」に関する記述が多いですが，それは本時で学習させたい算数の内容を，上述の「数学的な考え方」の立場から記述するからです。このように数学的に考えたことが反省され数学的知識としてまとめられる，というのが問題解決学習であり，新しい算数に対する興味・関心・意欲とともに，数学的な見方・考え方を働かせ，知識としてまとめられることで，数学的に考える資質・能力となります。

　このようにみれば，今回の改訂は，これまで大切にしてきた「数学的な考え方」のようなプロセスからプロダクトへのつながりを改めて強調している，とみることができます。ただし，数学的な考え方は，子どもの思考であるので，基本的には不可視です。そのため，算数・数学教育では，それを子どもの「数学的活動」として記述します。以下では，数学的に考えるとはどのようなことか，ということを「数学的活動」という視点からみていきます。

第2節　「算数指導」で目指す数学的活動を具体化する

2.1　小学校学習指導要領における数学的活動

　第1節でみたように，新学習指導要領における算数科の目標では，「数学的な見方・考え方」を働かせて，「数学的活動」を通して，「数学的に考える資質・能力」を育成することが目指されています。「数学的活動」は，学習指導要領解説では，「事象を数理的に捉えて，算数の問題を見いだし，問題を自立的，協働的に解決する過程を遂行すること」とされました。そして，こうした活動の様々な局面で，「数学的な見方・考え方」が働き，その過程を通して

「数学的に考える資質・能力」の育成を図ることができるとしています。

　「数学的活動」という用語は，小学校学習指導要領においては，新学習指導要領ではじめて用いられました。とはいえ，我が国の算数教育では以前から児童の活動が大切にされています。昭和 22 年の学習指導要領算数科数学科編（試案）においてすでに，各学年の算数科指導における「指導方法－児童の活動」の記述に「活動」という語がみられ，児童の具体的な活動が挙げられました。

　また，「算数的活動」という用語が，平成 10 年告示の学習指導要領ではじめて用いられました。そこでは，算数科の目標が「数量や図形についての算数的活動を通して」という文言ではじめられ，目標の中で「算数科の目標を実現するための全体的な学習指導方法の原理」（文部省，1999，p.14）が述べられました。これは，「算数的活動」を通して算数科の目標を実現することを示すとともに，自ら積極的に「算数的活動」に取り組むような児童を育てることも算数科の目標であることを示したものです。同時期の学習指導要領解説では，「算数的活動」は，「児童が目的意識をもって主体的に取り組む算数にかかわりのある様々な活動」とされ，手や身体を使った外的な活動を主とするものがあり，思考活動などの内的な活動を主とするものも含まれるとされました。

　さらに，平成 20 年告示の学習指導要領では，「算数的活動」が，各学年の内容において，「A 数と計算」「B 量と測定」「C 図形」「D 数量関係」の 4 つの領域の後に具体例としても示されました。

　新学習指導要領では，「算数的活動」を「算数・数学の問題発見・解決の過程」（図 2 - 1 参照）に位置付けてより明確にし，「数学的活動」に用語を改めました。「算数・数学の問題発見・解決の過程」として，主に次の二つの過程が考えられています。一つは，「日常の事象を数理的に捉え，数学的に表現・処理し，問題を解決したり，解決の過程や結果を振り返って考えたりする」（A1 → B → C → D1）ことです。もう一つは，「算数の学習場面から問題を見いだし解決したり，解決の過程や結果を振り返って統合的・発展的に考えたりする」（A2 → B → C → D2）ことです。「数学的活動」が，「日常の事象」と「数学の事象」の数学化を伴う相互に関わり合って繰り返される 2 つの過程に

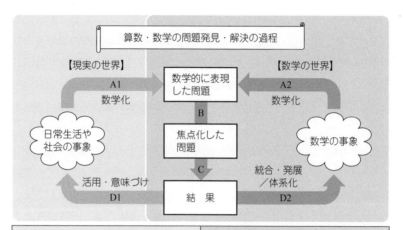

図2-1 算数・数学の学習過程のイメージ

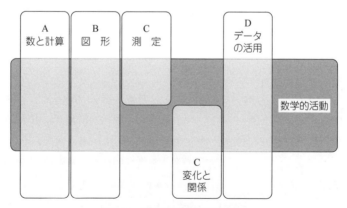

図2-2 数学的活動と領域の関係

おいてなされる活動であることが,「算数・数学の問題発見・解決の過程」として図式化されています。

　さらに,「数学的活動」は 5 つの領域と縦軸と横軸の関係にあるとされ, 図式的に示されています (図 2 - 2 参照)。そこでは,「数学的活動」は,「五つの領域の内容やそれらを相互に関連づけた内容の学習を通して実現されるもの」としています。

　加えて,「数学的活動」は, 数学を学ぶ「方法」であるとともに, 数学として学ぶ「目標」や「内容」でもあるとみることができます。

2.2　数学的活動の展開

　学習指導要領において「数学的活動」や「算数的活動」という用語が用いられる以前から,「数学的活動」について国内外においてその意味や意義等ついて論じられてきました。本節では, その代表的な論者として, ハンス・フロイデンタールと島田茂による数学的活動の捉え方を挙げます。

（1）一連の「数学化」としての数学的活動（ハンス・フロイデンタール）

　数学教育に「数学的活動」を取り入れその潮流を生んだフロイデンタール (Hans Freudenthal, 1905-1990) は,『教育的課題としての数学』(Freudenthal, 1974) などにおいて,「数学的活動」の本質を一連の「数学化」の活動として説明しました。氏は,「活動としての数学」と, その活動により得られる「既成の数学」とを対比し,「活動としての数学」を重視しました。

　科学において知識は作り直され何度も整理され, 数学においてはより意識的により高い水準で整理されると氏はいいます。氏によれば, 数学においては, まず, 現実の世界における経験が数学的な方法で整理されます。氏は, 現実の世界における経験を数学的な方法で整理する活動を「現実の数学化」と呼びました。古代バビロニアにおいて測量士, 商人や両替商などが, 土地の測量, 商売上の計算や税の計算などをしたように, 数学は歴史上「現実の数学化」として役立つ活動として始まったというのです。さらに, バビロニアや古代ギリシアにおける天文学や, 17 世紀のガリレイやニュートンらによる力学, その当

時のコンピュータ（計算機）と関連する数学の応用や統計など，様々な時代において「現実の数学化」がなされ，数学の応用領域が当時広がっていると考えていました。

「数学化」は「現実の数学化」にとどまらず，「現実の数学化」がなされた後，その現実は無視され，数学の世界における経験が蓄積され，数学的な方法によってさらに整理されます。フロイデンタールは，数学の世界における経験を数学的な方法で整理する活動を「数学の数学化」と呼びました。「数学の数学化」は，まずは局所的になされます。例えば，平行四辺形について，それがもつ様々な性質の中から，他のすべての性質を導くことができるある簡潔な性質を選び，平行四辺形の定義とするような活動のことです。それにつづき，「数学の数学化」は，大局的になされるといいます。例えば，図形に関する様々な知識を，前提とする公理等をもとに体系として整理するような活動のことです。こうした「数学の数学化」の活動はさらに続けられます。

このように，フロイデンタールは，「数学的活動」を次のような一連の「数学化」の活動として説明しました。すなわち，現実の世界における経験を数学的な方法で整理する「現実の数学化」の活動，そして，数学の世界における経験を数学的な方法で局所的さらには大局的に整理する「数学の数学化」の活動としてです。

（2）模式図による数学的活動（島田茂）

「数学的活動」や「算数的活動」という用語が学習指導要領で用いられる以前に，我が国では島田茂が，数学的活動を大局的に捉え，『算数・数学科のオープンエンドアプローチ』（島田茂，1977）の中で模式的に示しました（図2-3参照）。島田は，「既成の数学の理論を理解しようとして考えたり，数学の問題を解こうとして考えたり，あるいは新しい理論をまとめようとして考えたり，数学を何かに応用して，数学外の問題を解決しようとしたりする，数学に関係した思考活動を，一括して数学的活動」と呼んでいます。

「数学的活動」は，次のような過程を経ると説明されています。「a. 現実の世界」に「c. 問題」があり解決をせまっているとします。この「c. 問題」に対し

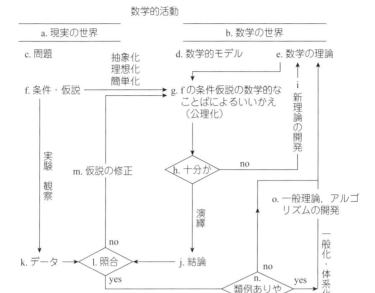

図2-3　島田による「数学的活動」の模式図

て，「a. 現実の世界」の経験から「f. 条件・仮説」を定めます。「b. 数学の世界」の「e. 数学の理論」が適用できるよう，「f. 条件・仮説」を「抽象化・理想化・簡単化」し数学的にいいかえる「g. 公理化」がなされます。そして命題群にまとめられ検討されます。命題群が「c. 問題」の解答を導くためにそろっていなければ，「f. 条件・仮説」の追加とその「g. 公理化」が取り組まれます。こうして「a. 現実の世界」についての命題に対応する「b. 数学の世界」の命題群ができあがります。

　「演繹」により「j. 結論」が導かれない場合には，「i. 新理論の開発」が進められます。「演繹」によって「j. 結論」が導かれれば，「a. 現実の世界」で「実験・観察」を通して経験的に集めた「k. データ」と「l. 照合」されます。このとき，「k. データ」と「j. 結論」とが，「抽象化・理想化・簡単化」の際に認めた近似の範囲内であれば「f. 条件・仮定」は保持され，範囲を越えていれば「m. 仮説の修正」がなされます。「l. 照合」結果が肯定的であれば，「g. 公理

化」による命題群は公理系とされ，「f. 条件・仮説」に対する「d. 数学的モデル」と呼ばれます。

　次の段階ではその「n. 類例」の有無が検討されます。「n. 類例」がない場合には，それまでの結果は，成功した「d. 数学的モデル」の典型として，活動者の「e. 数学の理論」に組み込まれます。「n. 類例」がいくつもある場合は，それらに共通する特徴を捉えて「一般化」し，また，基本的な命題と副次的あるいは従属的な命題とを区別して「体系化」を図ります。こうして「o. 一般理論の開発」と，その理論に基づく処理のための「o. アルゴリズムの開発」がなされます。これらの結果は，「e. 数学の理論」に加えられます。

　「e. 数学の理論」は，「i. 新理論の開発」と「n. 類例」と「o. 一般理論，アルゴリズムの開発」によって，豊かになっていきます。こうして豊かになった「b. 数学の世界」は，内部の統一と向上を求めて「a. 現実の世界」の役割を果たすこともあります。

第3節　内容ベースを超える算数カリキュラムを構想する

3.1　コンピテンシー・ベースのカリキュラムへの国際的な展開

　わが国において，個性や態度形成重視の「新しい学力観」に基づく教育が進められていた頃，諸外国では，グローバル社会化，知識基盤社会化，生涯学習社会化に伴って個別化・流動化が加速する現代社会（ポスト近代社会）への対応がめざされていました。そして，生活者，労働者，市民として，様々な文脈で他者と協働しながら「正解のない問題」に対応する力や，生涯にわたって学び続ける力など，高度な知的・社会的能力（高次の学力）を育成することが主題化されていました。例えばアメリカでは，1989 年に，NCTM（National Council of Teachers of Mathematics）が，これからのあるべき算数・数学教育のヴィジョンを示すべく，算数・数学科のナショナル・スタンダードを発表し，2000 年には改訂版も発表されました*。その改革の基本的なねらいは，社会的構成主義の知識観・学習観に基づいて，活動的で協同的な算数・数学学習を教室に実現し，すべての子どもたちに高次の学力を育成することにありました。

表 2 - 1 NCTM の 2000 年版スタンダードの構造

	数と演算	代数	図形	測定	データ解析・確率	問題解決	推論と証明	コミュニケーション	つながり	表現
Pre-K-2 学年										
3 - 5 学年										
…省略…										

出典：NCTM, 2000 の内容をもとに筆者が図表化。

＊米国のスタンダード運動や NCTM のスタンダードの特徴については，石井英真，2020，第 7 章を参照。

　2000 年版のスタンダードでは，数学に関する認識内容（「数と演算」「代数」「幾何」「測定」「データ解析と確率」）を示す内容スタンダード，および，認識方法（「問題解決」「推論と証明」「コミュニケーション」「つながり」「表現」）を示すプロセス・スタンダードの中身が，4 つの学年段階（幼稚園入園前〜第 2 学年，第 3 学年〜第 5 学年，第 6 学年〜第 8 学年，第 9 学年〜第 12 学年）ごとに具体的に示されています。数学的推論やコミュニケーションなど，数学学習に関わる知的・社会的能力が，教科内容項目と別立てで設定されている点が特徴的です（表 2 - 1，表 2 - 2）。知的・社会的能力のカテゴリーは，数学を学習し応用する際の一まとまりの活動の流れ（現実世界の問題場面を数学的にモデル化する→数学の世界で数学的推論を駆使して解を導き出す→もとの問題場面に照らして解を解釈する→他者に向けて問題解決の過程を表現し，数学的な議論を行う）に即して構成されています。
　また，ポスト近代社会が求める能力を定義し，それを評価しようとする OECD の PISA は，近年の国際的な教育改革の動向に大きな影響を与えてきました。PISA において「数学的リテラシー」は，「数学が世界で果たす役割を見つけ，理解し，現在及び将来の個人の生活，職業生活，友人や家族や親族との社会生活，建設的で関心をもった思慮深い市民としての生活において確実な数学的根拠にもとづき判断を行い，数学に携わる能力」（国立教育政策研究所，2004b，p.15）と定義されました。

表2-2　スタンダードの記述方法

プロセス・スタンダード （推論としての数学）	内容スタンダード （パターン，関数に関する内容）
K-4学年では，数学の学習は，児童が次のことができるように，推論を強調しなければならない。 ・数学についての論理的な結論を引き出す。 ・彼らの思考を説明するために，モデル，知られた事実，性質，関係を使う。 ・彼らの解答と解決過程を正当化する。 ・数学的状況を分析するためにパターンや関係を使う。 ・数学が意味を持つことを信ずる。	パターンと関係： K-4学年では，数学カリキュラムは，児童が次のことができるように，パターンと関係の学習を含まなければならない。 ・非常に多様なパターンを認識し，記述し，拡張し，作り出す。 ・数学的関係を表現し，記述する。 ・関係を表現するために，変数やオープンセンテンスの使用を探究する。
5-8学年では，児童・生徒が次のことができるように，推論は数学カリキュラムの至る所に存在しなければならない。 ・帰納的並びに演繹的推論を認識し，応用する。 ・空間的推論と比例・グラフを使う推論に特に注意を払って，推論過程を理解し，応用する。 ・推論的予想と議論をし，評価する。 ・彼ら自身の思考を検証する。 ・数学の一部分として推論の至る所での使用とその力を感得(よさを理解)する。	パターンと関数：5-8学年では，数学カリキュラムは，児童・生徒が次のことができるように，パターンと関数の探究を含まねばならない。 ・非常に多様なパターンを記述し，拡張し，分析し，作り出す。 ・表，グラフ，規則で関係を記述し，表現する。 ・一つの量の変化の結果として他の量がどのように変化するかを説明するために，関数関係を分析する。 ・問題を表現し解決するために，パターンと関数を使う。

出典：NCTM, 1989の内容をもとに筆者が図表化。

　たとえば2000年調査では，メイリンという学生が留学する場面が設定され，通貨の両替に関する計算をしたり，為替レートの変動に伴う損得を判断したりする問題，グラフの一部分を示して盗難事件が激増したとするTVレポーターの解説の不適切さを，示されたデータの相対的な意味を指摘して，根拠を明らかにしながら説明する問題などが出題されました。

　PISAでは，現実世界の問題を数学を使って解決する活動過程が，数学化サイクル（現実世界の問題を数学的に定式化する→数学的に定式化された問題を解決する→数学的解答を現実の状況に合わせて解釈する→一連の問題解決のプロセスと結果をコミュニケートする）としてモデル化されています（図2-4）。

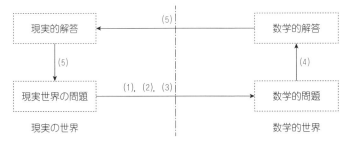

(1) 現実に位置づけられた問題から開始すること。
(2) 数学的概念に即して問題を構成し，関連する数学を特定すること。
(3) 仮説の設定，一般化，定式化などのプロセスを通じて，次第に現実を整理すること。
(4) 数学の問題を解く。
(5) 数学的な解答を現実の状況に照らして解答すること。

図 2 - 4　PISA の数学化サイクル

出典：国立教育政策研究所（2004a，p.29）.

ゆえに，数学的リテラシーは，数学化サイクルを回して現実世界の問題を解決していく力ということもできるでしょう。

　以上のように，2000 年前後から特に先進諸国では，社会の構造変容に伴って，学校が保障すべき学力・学習の質の問い直しの要求が高まりました（松下，2010; 石井，2015）。それに伴い，算数・数学教育でも，現実世界の数学的思考が要求される文脈において，数学に関する知識・技能を総合的に活用する活動，および，そうした活動に必要な知的・社会的能力を，学習者に保障していくことが重視されるようになり，日本の算数・数学教育もその影響を受けてきました。

3.2　日本における資質・能力ベースのカリキュラム改革

　上記のコンピテンシー・ベースの改革に触発され，内容ベースから資質・能力ベースへの転換を掲げる新学習指導要領では，育成すべき資質・能力を「三つの柱」（「何を理解しているか，何ができるか（生きて働く「知識・技能」の習得）」「理解していること・できることをどう使うか（未知の状況にも対応できる「思考力・判断力・表現力等」の育成）」「どのように社会・世界と関わり，よりよい人生を送るか（学びを人生や社会に生かそうとする「学びに向かう力・人間性等」の涵養）」）で捉え，各教科や領域の目標を整理しています。

　算数科については，数学的活動のプロセスにおいて働く見方・考え方（事象を数量や図形及びそれらの関係などに着目して捉え，根拠を基に筋道を立てて考え，統合的・発展的に考える）を明らかにした上で，実生活・実社会との関わりと算数・数学を統合的・発展的に構成していくことの両面を意識しながら，数学的な思考のプロセスが明確化されています。また，問題発見・解決の過程の振り返り，いわば自己調整的な態度も重視されています。

　図2－1に示したように，2016年12月の中央教育審議会答申では，算数・数学の問題発見・解決の過程を，いわば「数学を使う活動」と「数学を創る活動」の二つの過程が相互に関わり合って展開する過程としてモデル化しており，新学習指導要領に示されている「数学的な見方・考え方」や算数科における資質・能力の三つの柱も，この学習活動モデルをベースに考えられています。

3.3　単元や領域を超えて資質・能力を育成する方略

（1）プロセス・スタンダードの位置づけの拡大

　これまでの学習指導要領でも，各教科において内容領域に加えて数学的活動（方法領域）が例示されてきました。しかし，2014年3月に出された「育成すべき資質・能力を踏まえた教育目標・内容と評価の在り方に関する検討会」の論点整理では，学習指導要領の目標・内容を，「教科等を横断する汎用的なスキル（コンピテンシー）等に関わるもの」「教科等の本質に関わるもの（教科等ならではの見方・考え方など）」「教科等に固有の知識や個別スキルに関するもの」の三つで構成する案が提起されました。

　これら三つの項目の関係をどう考えるかで，実際のカリキュラムのあり方が大きく左右されるわけですが，この点ついては，汎用的スキルを軸にしてそれを各教科に当てはめていく形よりも，各教科の本質的な内容を軸にしつつ，各教科固有の見方・考え方の中身を汎用的スキルとの関係で再検討していく形が妥当だと考えます（石井，2015；2017）。各教科の本質的な内容（各教科において中核的で概括的な知識）の精選，およびそれを深く豊かに学ぶ活動の創出という方向で，カリキュラムの再構成を進めることが肝要です。

　上述のように，最終的には，汎用的スキルを学習指導要領レベルで明示する

のではなく，すべての教科において資質・能力の三つの柱で目標を構造化するとともに，カリキュラム・マネジメントを強調することで，教科等を超えて生きて働く学びや教科等横断的な資質・能力を間接的に目指していく形が採用されました。しかし，資質・能力ベースのカリキュラム改革の中で，内容とは別立てで，教科固有，あるいは教科横断的な認知的・社会的スキルをカリキュラム上に明示化しより意識する傾向は強まっています。

　知識・技能の理解を伴った習得が教科の主たる目標の場合は，教科の認識内容が目標と評価の単位となるため，内容（事実・技能・概念）ベースのカリキュラムでも不都合は少ないでしょう。これに対し，有意味な文脈において知識・技能を総合し使いこなす学習では，課題追究の期間が長くなり，問いと答えの間が長くなるため，思考プロセス自体を意識的に育てていく必要性も生じます。こうして，より高次の学力を追求するようになってはじめて，内容（内容スタンダード）のみならず，教科固有の方法論や教科横断的な認知的・社会的スキル（プロセス・スタンダード）もカリキュラム上で明確化する必要性が生じるのです。逆に，一時間を主な単位とする，内容を発見的に理解する授業に止まっているのに，分類や比較といった思考スキルの直接的な指導を行うことは，授業の煩雑化や形式化を招く危険性があります。

（2）スキル主義に陥らないための手立て

　カリキュラムにおいて内容スタンダードとプロセス・スタンダードを分離するからといって，その指導場面でもプロセス・スタンダードで示された認知的・社会的スキルだけを切り離して形式的に訓練することのないよう注意が必要です。資質・能力の要素として挙げられているスキルが自ずと盛り込まれるような，問いと答えの間の長い学習活動を，そうした学びが生じる必然性を生み出すことが不可欠です。自転車が乗れている人の特徴を取り出してスキルとして教えたからといって，自転車が乗れるようになるとは限らないのと同じです。思考力は思考する活動を繰り返すことで育っていくのであり，思考することは，その対象と文脈があってこそ生じます。そうして思考する活動を生み出した上で，学びの経験を振り返ったりまとめたりする際に，概念や汎用的スキ

ルを意識しながら，他の内容や場面にも一般化可能な形で学びの意味の自覚化を図ること（メタ認知的な気づきを促すこと）が有効でしょう。

さらに，カリキュラム上に明示化された認知的・社会的スキルの育成は，中長期的な視野で考えねばなりません。毎時間の授業でそうしたスキルを目標とする学習を組織する必要はありません。まして，認知的・社会的スキルの育ちを見る評価基準を毎時間細かく設定する必要もありません。知識・技能を総合的に使いこなす知的・社会的スキルを試す課題は，単元末あるいは複数の単元を総括するポイントで取り組むのが現実的かつ効果的です。知識・技能を使いこなす「総合」問題に単元末に取り組ませてみたり，あるいは定期テストでそれを意識した記述式問題やレポート課題を課したりしてみることから始めてみてもよいでしょう。

学習の集大成（教科の実力が試される本物のゴール）として単元末や学期の節目に思考と意欲を試す挑戦的で総合的な課題（パフォーマンス課題）を設定する。そして，それに学習者が独力でうまく取り組めるために何を指導し形成的に評価しなければならないかを意識しながら，日々の授業では，むしろシンプルな課題を豊かに深く追求する授業を組織するわけです。

こうして，折に触れてパフォーマンス課題に取り組む機会を設けるとともに，そこでの子どもたちの認知的・社会的スキルの育成を，その個人差にも配慮しながら長期的に継続的に評価していくシステムを構築していくことが必要です。そのためにはまず，観点によって評価の方法のみならず，評価のタイミングも変えていくことが求められます。

「知識・技能」については，授業や単元ごとの指導内容に即した「習得目標」について，理解を伴って習得しているかどうか（到達・未到達）を評価する（項目点検評価）。一方，「思考・判断・表現」については，その長期的でスパイラルな育ちの水準を段階的な記述（「熟達目標」）の形で明確化し，重要単元ごとに類似のパフォーマンス課題を課するなどして，学期や学年の節目で，認知的・社会的スキルの洗練度を評価するわけです（水準判断評価）。例えば，単元で学んだ内容を振り返り総合的にまとめ直す「数学新聞」を重点単元ごとに書かせることで，概念を構造化・体系化する思考の長期的な変化を評価する。

あるいは，学期に数回程度，現実世界から数学的にモデル化する思考を伴う問題解決に取り組ませ，思考の発達を明確化した一般的ルーブリックを一貫して用いて評価することで，数学的モデル化や推論の力の発達を評価するわけです。

章末問題

1．算数の具体的な教材を 1 つ挙げ，それを用いた授業において子どもに数学的に考えさせたいことは何かを述べましょう。その上で，その授業における数学的活動を述べましょう。
2．単元を一つ選んで，その内容について，パフォーマンス課題とルーブリックを作成してみましょう。

引用・参考文献

阿部好貴（2018）「算数の授業のまとめと振り返りについて」『学びのとびら　算数編 2018』啓林館.

石井英真（2015）『今求められる学力と学びとは―コンピテンシー・ベースのカリキュラムの光と影―』日本標準.

石井英真（2017）『小学校発　アクティブ・ラーニングを超える授業』日本標準.

石井英真（2019）「算数・数学科」西岡加名恵・石井英真編『教科の「深い学び」を実現するパフォーマンス評価』日本標準.

石井英真（2020）『授業づくりの深め方』ミネルヴァ書房.

石井英真（2020）『再増補版・現代アメリカにおける学力形成論の展開』東信堂

片桐重男（1988）『数学的な考え方の具体化』明治図書.

国立教育政策研究所・監訳（2004a）『PISA2003 年調査・評価の枠組み― OECD 生徒の学習到達度調査―』ぎょうせい，2004 年.

国立教育政策研究所編（2004b）『生きるための知識と技能② OECD 生徒の学習到達度調査（PISA）2003 年調査国際結果報告書』ぎょうせい.

島田茂（1995）『新訂 算数・数学科のオープンエンドアプローチ―授業改善への新しい提案―』東洋館出版社.

塩野直道（1970）『数学教育論』啓林館.

中島健三（1981）『算数・数学教育と数学的な考え方』金子書房.

長崎栄三（2007）「数学的な考え方の再考」，長崎栄三・滝井章編著『算数の力を育て

　　　る③ 数学的な考え方を乗り越えて』，pp.166-183，東洋館出版社.

松下佳代編（2010）『〈新しい能力〉は教育を変えるか——学力・リテラシー・コンピテ
　　ンシー——』ミネルヴァ書房.

文部科学省（2018）『小学校学習指導要領（平成 29 年告示）解説算数編』日本文教出
　　版

文部科学省（2008）『小学校学習指導要領解説算数編』東洋館出版社.

文部省（1999）『小学校学習指導要領解説算数編』東洋館出版社.

Freudenthal, H. (1974) *Mathematics as an Educational Task*, D. Reidel.

National Council of Teachers of Mathematics (1989) *Curriculum and Evaluation Standards
　　for School Mathematics*, Reston, VA: NCTM.

NCTM (2000) *Principles and Standards for School Mathematics*, NCTM.

（阿部好貴・伊藤伸也・石井英真）

第3章

指導計画と学習指導のデザイン

　第3章では，教育という意図的・計画的に行われる行為を授業として実現するために必要となる「指導計画と学習指導をデザインする」ことの意味と方法について学びます。

　第1節では，指導計画の意味，指導計画の立案について考えます。なぜ指導計画を立てるのか，そして，どのように指導計画を立てるのかを考えながら，よい授業をするためにどのような心構えや準備が必要かについて学びます。

　次いで，第2節では，第1節で述べた考え方をより具体的に捉えるために，5年生「図形の面積」の単元で実施された研究授業の実際を事例として取り上げます。そして，指導計画を立てることの意味や，そのために何を準備しなければならないか。また，指導計画を授業として実現するとはどういうことか，教師として大切にすべきことは何かについて学びます。

　第3節では，算数の授業でしばしば採用される問題解決型授業の課題を明確にするとともに，第2節で述べた指導計画の考え方をさらに発展させます。そして，問題解決型の授業に代わるものとして，わが国の「探究」や「世界探究パラダイム」という考え方に基づく「探究」について学び，これらによって開かれる新しい学習指導の可能性について考えます。

1．なぜ指導計画を立てるのか，特に算数の指導計画を立てる上で，教師として心がけておくべきことは何か。

2．どのようにして指導計画を立てるのか。また，指導計画を算数の本質に迫る授業として実現する上で大切にすべきことは何か。

3．算数の指導計画と学習指導をデザインするとき「問題解決型の授業」という考え方があるが，これに代わりうる考え方とは一体どのようなものか。

第1節　指導計画（単元構成）の意味と教師の在り方を考える

1.1　当たり前のことをきちんとすること

　教育で一番大切なことは，当たり前なことを毎日きちんと行うことだと思います。この稿を，奇しくも東北大震災と福島原子力発電所の事故が起きた3月11日に書き始めましたが，学校に行くのが当たり前，授業があるのが当たり前だった日々が，ある時，突然奪われて，学校に行きたいのに行けないという事態になることがあります。また，今年（2020年）の3月は，コロナウイルスの蔓延で，全国のほとんどの学校が休校になりました。ここでも「当たり前」が奪われる事態が，子どもたちを襲いました。

　本書を手にして，教員になりたいという思いを胸に，小学校算数科の指導方法を学んでいる読者の皆さんに，あるいは，すでに教職に就き，日々の授業をもう一度見直したいとこの本を読んでいる先生方に，コロナウイルスで学校が休校になってしまった体験は，冒頭の言葉をもう少し深い意味で理解できるきっかけになったのではないかと思います。当たり前なこと，それは，子どもたちの興味をそそるような特別な仕掛けをすることなく，ある意味では，多少退屈なことでも，大切なことはきちんとやる，そんな心構えをもった教師が，自分なりの確信をもって行う教育活動のことです。

1.2　指導計画という言葉がもつ教育的意味

　本節では，「指導計画」という言葉を使いますが，「指導」という言葉には，すでに知恵をもっている教員が，未熟な子どもたちに何かを授けるというニュアンスを伴います。また「個別指導計画」とすると，通常の授業計画とも大分変わってしまいます。特別に支援が必要な子どもの場合，そうした子どもには，ほかの大勢の子どもとの集団指導の場の計画よりも，個々の子どもの成長と発達をどのように保証するのかという意味で，個別指導計画が重要な意味を持ちます。このように指導計画という言葉を用いると，どうしても教員が子どもの成長や発達を，教員の計画通りに導くというニュアンスが含まれてしまいます。

それでは，なぜ，本書で「指導計画」という言葉を節のタイトルとして用いたのかというと，今日の授業観が，子どもたちの活動と主体性を重んじるという言葉に踊らされて，教員が教えるということを軽視していると感じるからです。本書では，授業を計画設計する教員が，授業前に考えることとして「指導計画」を立てることを重視しています。子どもたちに問題を提示するだけ，子どもたちに活動を命じるだけ，子どもたちに話し合いをさせるだけ，そして，いつの間にか教員が授業をまとめることもせずに，授業が終わってしまうという授業をしてはいけないということを明記しておきたいと考えたからです。

　本書では，授業には，教員が意図する教育目標がはっきりしている必要があると考えます。そして，ここで考える教育目標は，子どもたちに示す「授業のめあて」とも異なっているという認識を持つ必要があります。子どもたちに示す「今日は，〜ができるようになろう」という「めあて」を超えたさらに深い教育目標を，授業を行なう教員は十分に意識する必要があるのです。

1.3　深く考えて，シンプルにすること

　指導計画を立てるとき，私たち教員が意識しなければならないことは，指導計画には，年間指導計画，学期指導計画，単元指導計画，授業計画と，それぞれ期間の長さに依存した指導計画があるという点です。例えば，小学 5 年生の担任の先生ならば，学年の始まりに，年間の指導計画を考え，それを，学期毎に振り分け，また，1 学期の指導計画でも，4 月，5 月という月単位の指導計画を立て，さらには，今週の指導計画，1 日単位の指導計画も必要になるかもしれません。そしてさらには，算数科という教科の学習であれば，単元毎の指導計画が必要となります。小学 5 年の「小数のかけ算」という単元を何時間でどのように指導するか，まさに日々の授業計画に直結する指導の計画を立てなければならないのです。

　それでは，どのように指導計画を立てる必要があるでしょうか。子どもたちの成長は，昨日と今日という時間の中では，なかなか感じにくいものですが，1 年という時間軸，例えば，学年が始まる 4 月の頃と，学年最後の 3 月の頃の違いを感じれば，子どもたちが 1 年でずいぶん成長したことがわかります。た

だ単に身体的な成長だけではなく，心の面や学習の面で大きな成長をとげるためにも，教員は，日々の指導を考えつつ，学期単位，学年単位での指導計画を立てる必要があります。そして，その計画は，子どもたちの成長を促すという意味で，どのような指導を行うのか，どのように指導するのかという，教員が意図する教育目標が背景になければならないのです。

　そして何よりも大切にしなければならないことは，一人ひとりの子どもの個性を大切にするためにも，教員は，あらゆる可能性を考えておく必要があるということです。30人学級なら，30人分の指導計画を思い浮かべる必要があります。しかし，すべてを文章化し，大部の指導計画書なるものを作る必要はありません。一人ひとりの子どもの顔を思い浮かべながら，日々の生活の中で，例えば，朝の通勤途上で，あるいは，お風呂に入っている時間とか，そのときそのときに，思い出した子どものことを考えるだけでもよいかもしれません。大切なのは，考えるということ，それも深く考えるということです。残念ながら私たちは，学校を離れても，いつでも「先生」でいなければなりません。いつも子どもたちのことを考えているそんな素敵な先生になってほしいと思います。そして，公文書として書き記さなければならない指導計画書は，なるべくシンプルに書いてほしいと思います。それは，単に，働き方改革という意味ではなく，将棋のプロが何百手という可能性を考えて，実際には，1つの駒を動かすように，先生方も，あらゆることを考え抜いたあとに，本当に大切な指導は何かを自らに問うつもりで，指導計画をシンプルに作ってほしいと思います。こうしてできあがった指導計画は，手を抜いて作られた指導計画とは，その内容が全く異なるものになることは，皆さんにもおわかりいただけると思います。

1.4　子どもを教育しようと思わないこと

　算数科の指導計画について考える前に，「指導」と「教育」という言葉の違いも明確にしておきたいと思います。教育の仕事の中で，私たちは，様々な言葉を深く考えることなく使っています。例えば，「教育」という言葉はどうでしょうか。そして，この言葉を動詞にしてみると，「教育する」となります。教員は，子どもたちを教育するのが仕事です。しかし，私は，子どもたちの前

に立つとき，「この子どもたちを教育しよう」と思わないように，自分自身に言い聞かせています。この子は悪い子だから，何とか，私がよい子になるように教育してあげると思った瞬間，私とその子の間から教育が消えてなくなるということを忘れないようにしています。私たちは，教育者です。しかし，教育してやると思って，その子がその通りに成長するわけではありません。私たちができることは，せいぜい「指導する」程度のことです。そして，この指導も，指導の仕方やその内容が，一人ひとりの子どもたちにそれぞれ適切であったかどうかはわからないのです。私たちは立派な教育者になりたいと思っています。しかし，残念ながら，私たちも発展途上です。それでも私たち教員が，自らの仕事に悩みながらも，よりよい教育を目指している姿は，きっと子どもたちに伝わるはずです。私たちが子どもたちのためにできることは限られています。私たち教員が子どもたちにしてあげるべきことは，子どもたちが望むことをしてあげることだと思います。教員の一方的な思いだけで，不必要なことを教え込むのではなく，子どもたちが，「先生，勉強教えてよ」ということをきちんと見極めて指導する。こうした当たり前な授業を毎日きちんとやりたいと思います。

1.5　指導計画の立案：瞬時の意思決定という視点の重要性

　私たちは，算数だけできればよいとは考えていません。私たちは，算数だけではなく，他の多くの教科の学習や，教科外の活動を通して，子どもたちを学校という空間で育てています。小学校という場は，様々な教育活動全体を通して，全人格的に子どもたちを育てているのです。そうした認識のもとで，算数科の授業を考えるとき，私たちは算数の授業を通して，どのような子どもを育てたいと思っているのかを振り返る必要があります。言い換えれば，教員としての「私」が無意識のうちにもっている教育観を見直すということです。教育観とは，子どもとはどうあるべきか，授業とはどうあるべきか，どんな社会にしたいのか，何が善で何が悪か，などなど，様々なことを瞬時に判断するときに用いる価値観，つまりは，教員としての「私」がもつ哲学そのものです。

　実は，私たち教員の仕事は，意思決定の連続であるといわれています。授業

の一場面を考えても分かることですが，教員は，「今日は，どんな問いから授業を始めようか」とか，「誰を指名しようか」，そして，「指名した子どもの反応に，どのように応えようか，褒めようか，間違いを正そうか」などなど，待ったなしの状況で，私たちは，常に，何らかの意思決定を迫られています。人気のある先生と，そうではない先生を見ていると，こうした瞬時の意思決定に差があるように思われます。

　経験を積んだ先生なら，多くの場面で，適切な意思決定を下すことができるようになると思いますが，これから教員を目指す読者の皆さんは，授業前に，どんな反応が出るのか，どんな質問が出るのかなど，やはり事前に十分に考えておく必要があります。「指導計画」の立案では，一方的に教えたい教科内容を並べるのではなく，ぜひとも，子どもたちとのコミュニケーションを豊かにするという視点から，指導内容を吟味していきたいものです。そして，このコミュニケーションは，常に瞬時の判断によって行われるという怖さを忘れずにいてほしいと思います。気の利いた一言を発せられるように，是非，言葉を磨く努力をしてください。

1.6　最後に見せたい数学の世界を明確にすること

　算数科の指導計画では，単元，あるいは，1 時間の授業の中で，最も大切なことは何かを考えるところから始めます。一般的に授業を準備するときに，私たちは，「教材研究」という言い方をします。このときに使う「教材」という言葉は，単なる算数の問題ではありません。「教材＝授業で使う問題」ではなく，算数の問題が教材になるためには，この問題を解決することを通して，子どもたちにどのようなことを学ばせ，どのような能力をつけたいのかという，教員が掲げる教育目標が背後になければなりません。一番大切なものは，まさに，今日の問題の背後に意図される教育目標です。

　そして是非，教員が意図する教育目標は，授業の最後に子どもたちに見せる美しい数学の世界で具現化してほしいと思います。「わからない」で始められる授業が，教員から出される問いによって，だんだん考えを深めていくことにより，子どもたちから，「先生，だんだん，わかってきたよ」という授業展開

になることが好ましいと思います。そして，最後には，「おお，なるほど，そういうことか！」という子どもたちの驚きの声で授業を終わりにしたいものです。そうすることによって，子どもたちは，教員の出す問いを真剣に受け止めて深く考える習慣をつけていくことになります。教員の出した簡単な問いの中に，深く美しい数学の世界への導きが潜んでいることを経験した子どもたちは，教員を信頼し，その学問的深さを尊敬するようになります。そんな教員と子どもたちとの信頼関係ができあがるように，私たちは，**「教室文化」**を築き上げていく努力をしなければならないのです。

1.7　教材の系統性と「問い」

　私たちは，もう少し，教えるべきことをきちんと教える必要があります。下手な先生ほど，何も教えずに，問題解決型の授業を重視している傾向が見られます。知識をきちんと教え，その意味を深く考えさせる。そのためには，教員は，教材の系統性を明確に意識する必要があります。問題解決型の授業を多用すると，ついつい教えるべき知識の間に，隙間ができることになります。古代から人々が，算数という生活で使う知恵をどのように積み重ねてきたのか，私たちは，算数の授業を通して，「考えるということはこういうことか」ということを子どもたちに感じ取らせなければなりません。そして，実際の授業では，教員は，誰でも応えられる問いをつなげていって（問いに応えられることが大切です。正解である必要はありません），最後に美しい数学の世界を見せてほしいと思います。

　どのような問いをどのように連鎖させるのか，そこで，子どもたちからどのような反応を引き出したいのか，授業は，教員と子どもたちのコミュニケーションで紡ぎ上げられるものです。指導計画では，様々な展開を考えて欲しいと思います。そして，考え抜いた「誰でも応えられるシンプルな問い」を用意してほしいと思います。また，授業を通して，子どもはこう考えるのか，この問いはこんな単元の学習ともつながっていたのか，ということを学んでほしいと思います。こうした経験が，あなたがこれから書く指導計画をより豊かに，より深くしてくれると思います。

第2節　指導計画を授業としてデザインし，実践する

2.1　指導計画のデザイン：ある研究授業を例として

　ここでは，ある公立小学校（N小学校）で行われた数時間の研究授業を取り
あげます。通常，日本の小学校では，研究主任を中心とする研究推進部が組織
されていて，各学校の課題等に応じた研究テーマを掲げ，職員同士の研修（校
内研修）が行われています。N小学校では「深く考える力の育成～子供の「な
ぜ」を大切にし，子供同士で考えを高め合う算数授業づくりを通して～」を
テーマとして掲げていました。研究授業の対象となったクラスは5年生で，担
任の先生は4月にN小学校に赴任してきた30代の女性教諭で専門教科は音楽
でした。11月末に面積の単元を一通り終えたところで，校内研究授業をする
ことになっていました。大学教員1名と2名の大学院生（算数を専門教科とす
る小学校の現職教員）が一緒に5年生の担任の先生をサポートする形で，上述
の研究テーマに迫る授業づくりに関わりました（牛腸・川上・岩崎，2019）。

　以下では，上述のテーマの副題にある『子供の「なぜ」を生み出し』と『子
供同士で考えを高め合う』に焦点をあてて，どのように研究授業を計画し，実
践したかを中心とする事実やエピソードとともに，どのように指導計画やそれ
に基づく授業実践を創りだしていったかという意図や第1節でも述べた教師の
意思決定過程についても述べたいと思います。

2.2　研究授業の題材，問題の決定プロセス

　まず『子供の「なぜ」を生み出し』についてですが，「子供」を「私たち」
に置き換えて，どのようなときに「なぜ」が生み出されるかを考えます。例え
ば，私たちは予想や常識と異なる結果を目の当たりにしたとき，その意外性や
矛盾に対して「なぜ」と思うでしょう。算数では，数や図形について何かきま
りが見つかり，いろいろと他の場合を試しても成り立っていることがわかった
ときです。いくつかの例で正しいということが確認できただけでは満足できず，
「なぜ」成り立つのかと考え始めるかもしれません。このような簡単な考察か

らも『子供の「なぜ」を生み出し』の実現には，意外性や矛盾，何らかのきまりを見いだすこと，さらに，それらの理由を知りたいと思う状況が必要であることが分かります。特に理由を解明しようとする行為は「演繹的な考え方」と関係します。「演繹的な考え方」とは，数学では証明のことです。証明といえば中学校 2 年生の数学を思い出すかもしれませんが，ここでは「すでに知られている事実や関係から，論理的に結論を導き出すこと」と定義しておきます。この考え方は，いくつかの計算結果等の事実から関係や推測を導き出すこと（暗示的接触（suggestive contacts））や，それらの関係や推測（結論）が成り立つことを別の事実で確かめる（支持的接触（supporting contacts））」という「帰納的な考え方」（Polya, 1954, p.4-7）と対照をなす数学的活動の中心的な考え方です＊。

　　＊数学的活動の中での「演繹的な考え方」は，通常「帰納的な考え方」の後に位置します。指導要録の評価の観点では「数学的な考え方」に位置づけられています。

　次に，「演繹的な考え方」が解決において必要となるような題材（問題）を探します。小学校 5 年生が興味をもって取り組める面積に関わるもの，特に面積の単元末に位置づけられる総合的な問題，面積の考え方を活用できるようなものを 1 つ 1 つ検討します。いわゆる教材研究です。複数の教科書の問題等を調べることが基本ですが，全国学力学習状況調査の問題を調べることも有用です。というのも，この調査は学習指導要領の趣旨をより具体的に示すことも意図されており，「数学的な考え方」を評価するのに適した問題も豊富に開発され，蓄積されてきているからです。これらの問題を上述の「帰納的な考え方」「演繹的な考え方」の視点で精査すれば，おそらく，小学生にふさわしい具体的な題材（問題）がどのようなものかが見えてくると思います。こうして研究授業の中心となる題材（問題）（表 3－1 参照）が選ばれました。

　教材研究で大切なことは自分で実際に解いてみることです。まだ解いていない人（同僚）に解いてもらうことも有効です。実際に解いてもらうと，例えば，同僚の A さんは，「違うでしょ。⑦の方が大きく見えるなぁ」と言って図形を描き始め，定規で長さを測って面積を計算しました。「同じになる？」「あれ？」と呟きながら調べています。B さんも，いくつか図形を描いて調べていましたが，しばらくして「わかった。これは等しくなる！」といって，後述す

表3-1　指導計画のデザイン（全3時間）

時	学　習　内　容
1	①問題を把握する。 ・長方形の1つの対角線に点Pを取る。 ・点Pを通り，向かい合う2組の辺に平行な直線を2本引く。 ・対角線上にない2つの長方形を⑦，⑦とする。 ・このとき⑦と⑦の面積はどちらが大きいか。 ②点Pを自由に取り，自力解決をする。 ③全体で検討する。 ④グループで話し合う。 ⑤⑦と⑦の面積が等しいことを全体で共有する。
2	①前時の学習を確認する。 ②グループで⑦と⑦の面積が等しくなる秘密を考える。 ③考えた秘密をホワイトボードにまとめる。 ④投票を行う。
3	①開票を行い，対戦する2つのグループを決定する。 ②対戦の準備を行う。 ③2つのグループによる対戦を行う。 ④振り返りを行う。

る演繹的な説明を完成させました。それを聞きつけたAさんは「どういうこと？　あー，なるほどー，面白いね，これ！」と笑みを浮かべたのです。担任の先生も同じような反応でした。このようにして，この題材（問題）で大丈夫か，実践に移せるかを判断したのです。その1つの重要な基準はとても単純です。授業者である教師（自分）自身が面白いと感じるかどうかです。

2.3　「グループ活動」の活性化：子どもが質問する授業デザイン

　次に『子供同士で考えを高め合う』ですが，ここには教師と子どもとの1対1の対話，あるいは教師を介して間接的に子ども同士が関わる形で進められる授業から，子ども同士が直接関わり合う授業へと転換したいというN小の先生方の思いがあります。『深く考える力の育成』という上述の研究テーマの主題に表れているように，この背景には「主体的・対話的で深い学び」という

キーワードと伴に推進されている資質・能力ベースの教育改革があります。そして，その具体的な方策として推奨されている協働的問題解決やアクティブ・ラーニングなどの学習方法があります。その影響もあり，グループ活動やその後の各グループによる発表も最近ではよく見られるようになりました。一方，こうした学習方法を取入れること自体が目的化すると，形式的な授業に陥ってしまうこともあります。例えば，発表しているグループの子どもは一生懸命ですが，その他の子どもは上の空で次の発表の準備をしていたりします。子どもは前を向いてはいますが，真剣には聞いていません。子どもから批判的な質問や反論が出されることはほとんどなく，終わりは決まって「いいですか。」「いいでーす。」という儀式的な言葉のやりとりと拍手で閉じられます。『子供同士で考えを高め合う』という主題には，こうした形式的なグループ学習や授業に陥らないで子ども同士が真剣に，本気で関わり合う姿を実現しようという N小学校の先生方の思いや願いが込められているように思われます。

　さて，グループ活動に真剣さが感じられず，発表がなされても子どもからの質問がでないようなとき，「もっと真剣に話し合いなさい」「もっとまじめに聞きなさい。そして，疑問があったら質問しなさい」と言いたくなるかもしれません。しかし，子どもに直接言葉で働きかけても，表面上はともかく中身が改善されることはほとんど期待できないでしょう。こんなときには，もう少し冷静に反省してみるとよいかもしれません。「果たして子どもが真剣に話し合わなければならない状況だっただろうか？　質問しなければならないと思う状況であっただろうか」と。これはデューイ（John Dewey）の状況論（永野，1950；平林，1975）の基本的な姿勢です。要するに，子どもの行為それ自体に直接働きかけようとするのではなく，教師にとって不満な上述の子どもの姿と関数関係にある「教師の発話行為を中心とする子どもとのやりとり（interaction）」の方を変えるという考え方（Sierpinska, 1998）です。あるいは，子どもを取り巻く外的環境を変えることもできるでしょう。そして，教師が期待する行為を子どもがしようと思うような，あるいは，しなければならない状況（situation）を意識的に創りだすのです。研究授業において私たちは，グループ活動を活性化させて子どもが真剣に話し合わなければならない状況を創り出し『子供同士で考

えを高め合う』仕組みとして，グループ対戦型算数授業の考え方を取り入れました。授業の終盤にグループ同士を対戦させ，他のグループが評価し，判定する（それぞれ判定した理由を書いて，対戦したグループに返す）仕組みを取り入れる小グループでの活動を指導計画の中心に据えるのです。子どもたちは対戦に勝つためにアイディアを持ち寄り，よりよいアイディアに洗練しようと真剣に話し合うでしょう。また，グループ発表の際にも，各自が評価し判定しなければなりませんから，不明な点は質問しながら，やはり真剣に聞かなければならなくなるでしょう。発表する側も，理解してもらおうと様々な工夫を凝らすでしょう。表3-1は，このようにして計画した全3時間の指導計画です。

2.4　指導計画に基づく授業実践と「予想外の子どもの考え」

授業者（先生）は，スクリーン上に表3-1で示した問題の図をGeoGebra*で点Pを動かしながら提示しました。点Pが長方形の対角線の交点にあれば㋐と㋑の面積が等しくなることを確認します。次に点Pの位置を少しずらして㋐と㋑の面積はどちらが大きいかと問いかけます。子どもたちは「㋑の方が大きい」「㋐の方が大きい」「同じになる」「わからない」と口々に予想します。そんな中，「計算すればわかる！」と咲（仮名；以下，子どもの名前はすべて仮名）さん。先生は，「ほー，長さがわかればわかる。じゃあ，皆さん，自分で長方形いっぱい描いて，調べてみて」と1cm単位と1mm単位の2種類の方眼紙を配りました。子どもたちはそれぞれ調べたい大きさの長方形を自由に描き，方眼紙のメモリや定規を使って必要な長さを測り，面積を計算して調べ始めます。必要に応じて，近くの友達と計算結果や気づいたことを話し合っていました。自らの計算結果から等しくなると予想していた咲は，美優が「等しくならないよ」と言って差し出した図（図3-1）をみて，それぞれの辺が小数値になっていないことを指摘します。一方，複数の計算結果から等しくなったり，ならなかったりすることを見いだしていた直哉は，自らの計算結果（図3-2，図3-3）を示しながら遥に異なる場合があることを主張します。「全部，一緒だよ」と反論する遥に「それは，あなたの主張です」と堂々と切り返したのです。

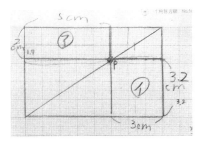

図 3 - 1　美優「等しくならない」

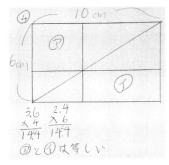

図 3 - 2　直哉「㋐と㋑は等しい」

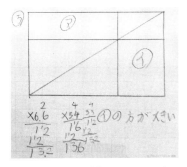

図 3 - 3　直哉「㋑の方が大きい」

＊ GeoGebra は，幾何・代数・解析を 1 つに結びつけた動的なアプリです。直観的
　で使いやすいだけでなくフリーでもあるため，学校現場にも広く普及・活用され
　ています。

　結局，クラス全体では，「等しくなる」3 人，「等しくなるときとならないと
きがある」9 人，「判定できない」12 人という結果となり，1 時間目の授業は
計画通りに進むどころか，収束もしないまま，正に混沌とした状態で終了した
のです。

2.5　予想外の子どもの反応への対応：指導計画の変更
　計画通りに授業が進行して結論に至り，教師のまとめで終わる授業を理想と
する立場からすれば，この授業は失敗に見えるかもしれません。しかし，授業

表 3-2　変更した指導計画のデザイン（2 時間目以降）

時	学習内容
2	① ⑦と⑦の面積が「等しくなるグループ」と「等しくなる時と等しくならない時があるグループ」に分かれ，対戦することを知る。 ② 相手を納得させる秘密をグループで見つける。
3	① 同じグループの中で，見つけた秘密を紹介し合い，秘密をまとめる。
4	「あー！なるほど会議」 ① 会議の準備を行う。 ② 会議を行う。 ③ 秘密の説明を聞いて，「算数的になるほど」と思う方を選んでジャッジする。 ④ 振り返りを行う。

中の子どもの活動を観察すると，教師が提示した問題を契機として，子どもは様々な大きさの図形を描き，長さを測り，計算し，いくつかの計算結果から推測を導き出し（暗示的接触），さらに，その推測を確かめるために別の図形を描き，長さを測り計算しています（支持的接触）。これは **2.2** で述べた数学的活動における「帰納的な考え方」そのもので，目標とする子どもの姿でもあります。

　さて，混沌とした状態で授業を終えることになったことは予想外の展開です。しかしながら，デューイが述べているように，「混沌とした状態」は，探究を引き起こす不確定な状況（indeterminate situation）の性格（デューイ，1980，p.498）そのものです。見方を変えれば，1 時間目の授業は，教師の課題から子どもの本当の問題になった瞬間だと捉えることもできるでしょう。「等しくなるのか，ならないのか？」という何とも言えない「モヤモヤした状態」を解消させたいと子どもは思うでしょう。友達と休み時間に一緒に考えるかもしれません。家に帰って，お家の人に聞くかも知れません。今の時代，インターネットで調べることも可能です。それでよいのです。そこでたとえ答えが得られたとしても，その答えはまだ自分の答えではありません。言わば仮の答えです。モヤモヤした状態を解消させるためには，自分自身の答えを創りださなければならないからです。さらには，次の授業では，自分が納得したことを他の子どもにも納得させることが待っています。つまり，分かるレベルから説明できるレベルまで

深く理解することが必要になるわけです。第 3 節で明確に述べますが，問題解決の授業は教室の中だけで閉じていてはいけないのです。

2.6　授業で生じた「ズレ」を軸とした指導計画の再デザイン

　さて，次の時間をどうするかということですが，1 時間目の授業で明らかになったように，教室にはまだ判定できないという子どもが大半ですが，大きく分けて咲のように「等しくなる」と考えている子どもたちと直哉のように「等しくなるときと，ならないときがある」と考えている子どもたちがいます。ここに意見の明確な対立（ズレ）があります。このズレは，授業が計画通りに進まず収束しない原因であるわけですが，見方を変えれば，このズレは，どちらが正しいのかをお互いに話し合う契機にもなり得ます。考え方が違うからこそ，お互いに理解しようと相手の意見を聞く必要が出てくるからです。また，自分の意見を主張する場合にも，相手に納得してもらうために工夫する必要性が生じます。私たちは 1 時間目で明らかとなった子どもの異なる主張，対立する意見（ズレ）を両者が互いに話し合うための原動力として利用することにしました。そして，このズレを軸に据えた授業を行うために，当初の指導計画（表3 - 1）の 2 時間目以降を変更したのです（表 3 - 2）。授業計画は常に開かれていなければなりません。「ズレ」や問題を創りだすのは子どもであって教師ではないからです。

2.7　子ども同士が直接関わる授業の実現：「主体的・対話的で深い学び」へ

　2 時間目の冒頭で先生は，「等しくなる」と思う人，「等しくなるときと，ならないときがある」と思う人にそれぞれ挙手を求めます。「等しくなる」と思う人を一人指名し，その理由を「等しくなるときと，ならないときがある」と主張する子どもに聞かせて「納得いった？」と問いかけます。「納得できない！」という子どもの返答を「納得できないって言ってますけど……」と返します。今度は逆に「等しくなるときと，ならないときがある」と主張する子どもの説明を「等しくなる」と主張する子どもに聞かせて，同じ様に子ども同士を関わらせます。こうしてお互いに納得できていないという状態を明確にさせ

たのです。その後,「等しくなる」と考える（複数の）グループと「等しくなるときと等しくならないときがある」と考える（複数の）グループに分かれます。両者にグループ同士で対戦する「あー！なるほど会議」を授業の終盤に開催することを告げ,そのために相手を納得させる方法を見いだすグループ活動が開始されました。先生は縦 10cm,横 15cm の長方形に対角線 1 本引かれた 5mm 方眼紙を全員に配り,改めて㋐と㋑の面積の大小関係を調べるよう促しました。「等しくなる」と考えるグループに所属していた咲も,実際に㋐と㋑の面積を計算して調べていましたが結果は等しくなりません。しかし,咲はこの計算結果を誤差と捉え,㋐と㋑の面積が「等しい」ことを確認するために調べています。一方,同じグループの美優は,計算結果を誤差としてではなく,㋐と㋑の面積が異なることを示していると捉え,懐疑的でした。次はそのときの咲と美優の会話です。

> 咲:「だから,ここの三角形（②1と②2）一緒でしょう。だから,ここの空間（②1と②2）はおんなじ面積ってわけでしょう。これ（①）も,おんなじようにこうやって,対角線で割っているから,おんなじな面積なわけ。ここ（①1＋②1）とここ（①2＋②2）の空間が一緒だったら…」
>
> 美優:「どことどこの空間？」
>
> 咲:「ここ（①1＋②1）とここ（①2＋②2）が一緒だったら…」
>
> 美優:「うん。」
>
> 咲:「この,三角形の 2 つの残りの面積は一緒のわけでしょう。」
>
> 美優:「そこがわかんない。」

　ここでの咲の説明は正に「演繹的な考え方」です。なぜなら,すでに知られている幾何学的関係（「長方形を対角線で分けてできる 2 つの直角三角形は等しい」「同じ面積から同じ面積を除いた残りの面積は等しい」）から,論理的に結論（㋐と㋑の面積が等しいこと）を導いているからです。しかしながら残念なことに,この説明が美優には理解されません。ここにも「ズレ」が生じています。この「ズレ」は,二人のコミュニケーションの原動力として機能します。なぜなら,咲には美優に理解してもらうために説明を工夫し,さらに洗練する

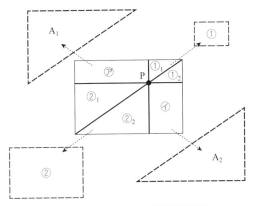

図 3 - 4　咲による説明（演繹的説明）

　ことが必要となり，美優には咲の説明を理解するために，質問をしながら聞く
ことが必要となるからです。実際，咲は「図の指し示し」「記号化」「重要部分
の強調」「図の操作」「仮の数値」と計 5 回にわたって説明を洗練していきまし
た。そして，最終的に，美優は「納得だー」と声を張り上げて，わかった喜び
を体全体で表現したのです。

　一方，「等しくなるときとならないときがある」と考えていた直哉のグルー
プでも，縦 10cm，横 15cm の長方形が描かれた 5 mm 方眼紙を使って，各自が
まずは自由に点 P を取り，㋐と㋑の面積が等しくなるのかならないのかを調
べ始めました。どの子どもも，対角線と格子点が重なるところに点 P を取っ
たためか，㋐と㋑の面積が等しいものしか出てきません。直哉も 1 回目：㋐縦
2 cm，横 12cm，㋑縦 8 cm，横 3 cm，2 回目：㋐縦 9 cm，横 1.5cm，㋑縦 1 cm，
横 13.5cm となるところに点 P を取り，㋐と㋑の面積が等しくなりました。し
かし，直哉は巡回してきた先生に「これは等しくなりました。でも全部等しく
ならなきゃいけないんですよね？」と尋ねています。また，直哉のグループで
は，㋐と㋑の面積がどんな時に等しくなり，どんな時に等しくならないのかに
ついても考え始めていました。洸平は，点 P が 5 mm 方眼の格子点上にある
ときは必ず「等しくなる」こと，尚人は，大きい長方形の縦×横が 5 の倍数×5
の倍数のときには「等しくなる」という推測をしました。一方，直哉は，反例

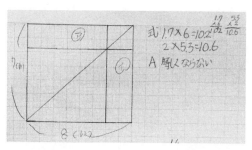

図3-5　直哉「等しくならない」（反例の構成）

を構成して，等しくならない場合がありうることを示したのです（図3-5参照）。直哉は，「これはどう見ても等しくない。5mm，このちっちゃい方眼なので，間違う心配はありません」と言って仲間を説得しました。その直後，直哉は「これで発表できる」と呟きました。

「あー！なるほど会議」の前に，⑦と①の面積は「等しくなる」と考える赤チームと「等しくなる場合とならない場合がある」と考える青チームに分かれて，相手を納得させるために各々考えてきた説明をホワイトボードにまとめました。そして，各チームの代表3〜5人が黒板の前に出て，青，赤の順番に説明を行いました。両チームは，教室を対角線で分けるように向かい合い，話し合う体制になっています。先生は司会役となり，それぞれのチームへの質問を受け付けました。すると，即座に赤チームの咲が，面積が異なるのは実測による誤差が原因であると主張します。この意見に対して，青チームの洸平は，1mm方眼を使って調べているから正確であり，誤差などはないと反論します。このように会議開始直後から，本気で意見を交わし合う姿が見られました。今度は逆に，青チームの直哉と博之が赤チームに対して，全部調べていないのに，なぜすべて等しいと言えるのかと質問します。これに対して赤チームの咲と千春は，対角線で分けているのでどんな場合でも等しいと主張します。両者はともに納得には至らず，主張は平行線です。その時です。美姫（咲でないことに注目！）が演繹的な説明を始めたのです。すると直哉が「納得できない理由は，ポイントが動いたときに，そこは等分される（長方形が対角線で等分されること）のは分かるけど，なんで⑦と①の面積が変わって，面積が等しくなるのか

が分かりません。もし，小数でやったらどうなるんですか？」と質問します。これに対して咲は「別にそれ関係ない。こっちの意見は数字とかじゃなくて原理？　理論？　確実になる理論なので，数字とかの誤差は言っていないです。そもそも，数字で計算していないので，誤差などはありません」と自らの立場を明確に伝えるために演繹的な説明の特徴にまで言及したのです。これは子どもの「思考の深まり」において注目すべき事実です。このように言語化できるということは，咲が演繹的な説明ができるということ以上に「演繹的な説明とは何か」についての理解，すなわちメタレベルのより高次な理解をしていると考えられるからです。ここに子ども同士の対話によって，より深い学びが実現されていることを確認できます。さらに博之が「全部の面積から青（②）と黒（①）の面積を引いて，なんで㋐と㋑の面積が等しくなると言えるんですか？」と演繹的な説明の核心部分について質問しました。咲たちは，これに答える形で，自分たちがグループ活動で創りあげ，洗練してきた演繹的な説明をしたのです。

2.8　指導計画を実現する上で大切な教師の役割

　2.4 で，研究授業の 1 時間目が計画通りに進まず混沌とした状態で終わったと述べました。この授業の終盤でちょっとした子どもと先生とのやり取りがありました。モヤモヤ状態ですから何とかスッキリさせて授業を終えたいと思ったのでしょう。子どもが「先生，本当はどっちなの？」「先生も知らないの？」と詰め寄る場面があったのです。このとき先生は「さあー，どっちなんでしょうね」と言ってしらを切り通したのです。

　もし，授業の途中で，先生が指導案（指導計画）通りに㋐と㋑の面積は「同じになる」という結論へと導こうとしていたらどうなっていたでしょうか。あるいは，授業の終盤での子どもとのやり取りの中で，しらを切り通すことができず，例えば，不用意に「もっと正確に測ったら分かると思うんだけどなー。」と呟き，計算結果の誤差が問題であることを示唆してしまっていたらどうでしょうか。おそらく先生の側には結果を教えたつもりはなくても，子どもは正解が「同じになる」方であることを敏感に察知するでしょう。そうすると，直哉

のように反例を本気で見つけようとする主体的な姿や直哉を説得しようと演繹的な説明の特徴にまで言及する咲の姿は期待できなかったでしょう。当然，モヤモヤを解消しようと授業後に友達と一緒に考えたり，図書館やインターネットを使って調べたりする姿も期待できません。なぜなら，正解が教師の権威によって明らかにされているからです。ドイツの数学教育学者フォークト（Jörg Voigt）も，教師の不用意な一言で，対等であったはずのグループ活動における子ども同士の議論が権威主義的な議論に陥ってしまうことを指摘しています（Voigt, 1998, pp.212-213）。しかし，「（結果を）教えない」ということは，思っている以上に実践することは難しいものです。教材研究で面白い数学的関係を知ってしまうと，つい教えたくなるからです。ドイツの数学教育学者バワースフェルト（Heinrich Bauersfeld）は，これを結果妄想（product illusion）と呼び，特に熱心に教材研究をしている優れた教師が陥りやすいと警告しています（Bauersfeld, 1994, p.141）。

　一方，「さあー，どっちなんでしょうね。」と先生がしらを切り通したとき，「どっちの答えでもいいんだよ。そういうこともある」という反応もありました。このような子どもの打算的な態度については，先生は許しませんでした。少し強い口調で，どっちになるか自分たちでハッキリとさせるよう促しました。そして，子どもに正誤の判断をする責任があることを明確に自覚させたのです。このように指導計画の目標を子どもの姿として実現するためには，「教えてはいけないこと」と「教えなければならないこと」があるのです。

第3節　問題解決型授業に代わる新しい考え方としての「探究」

3.1　問題解決型授業の課題の明確化

　問題解決型の授業は，今日，わが国の算数教育で広く実践されています。演習問題の授業ではなく，研究授業で公開するような授業であれば，「発問」「自力解決」「グループでの解決」「全体での検討」「まとめ」といった手順を踏むことが多いです。こうした指導方法は，わが国の算数教育の発展に大きく貢献してきたことでしょう。

　その一方で，問題解決型の授業に対する批判も多かれ少なかれ存在します。もっともよく見られるものは，授業が型にはまってしまい，真に子どもの学習過程に寄り添っていないという批判です。授業が形式的に上の手順を踏んでおり，授業の各局面が子どもの数学的な考えや見方の漸進的な発展過程を考慮に入れていないというのです。たとえ形式的に手順を踏んでいるわけではなくとも，問題解決型の授業では，教師が期待する授業展開があるため，それに合致する誤った回答や正しい回答のみが取り上げられる傾向があります。子どもは授業において，本来数多くの疑問を発しているはずです。しかし，授業で扱われる問いは基本的に教師が事前に想定していたもので，子どもが実際にもつ疑問の多くには対応できません。したがって，授業全体としては一見整合していても，個々の子どもへどれだけ対応できているかということは必ずしも明確ではないのです。こうした問題意識から，子どもに多くの疑問を発せさせ，それを授業で整理した上で授業を進めるといった，「「問い」を軸とした算数学習」」と呼ばれる指導方法も提案されています（岡本・両角，2008）。

　また，問題解決型の授業はあまりにも一般社会での問題の取り組みと乖離してフィクションになっているのではないかとの批判もあります。実際，問題解決型の授業では，教師にすべてが設定された状況で活動します。問題への取り組み方（個人，グループ，クラス全体など）や時間配分に加え，利用できるものも制限された中で問題を解決していきます。問題自体はうまいこと設定され，これまでに学習したものを用いれば解決できます。こうした授業における学習活動は，一般社会での問題への取り組みとは大きく異なります。一般社会では，分単位の時間的な制約は少なく，使えるものはなんでも使い，それでいて既有の知識だけでは解決できないことも少なくありません。そのため，解決に必要なものは必要に応じて学ぶ姿勢が大事になってきます。

　以上のような批判が問題解決型の授業に見られるわけですが，こうした批判を越えたところの学習活動や指導方法とはどのようなものなのでしょうか。授業がフィクションというのはその通りかもしれませんが，フィクションでないような授業はそもそも可能なのでしょうか。多かれ少なかれフィクションになってしまうのではないでしょうか。そこで以下では，フィクションではあるけ

れども，より一般社会における活動に近い活動を通して算数や数学を学ぶ指導方法を取り上げたいと思います。それは，近年注目を浴びている「探究」を通した学習です。

3.2　わが国の「探究」への着眼

「探究」と呼ばれるものは，特別に新しいものではありません。わが国の学校教育では，2008（平成20）年1月の中央教育審議会答申で「習得・活用・探究」という考え方が示され，各教科では主に習得と活用を，そして「総合的な学習の時間」（いわゆる「総合」の授業）などで教科等を横断した探究活動を行うこととなりました。総合の授業は小学校・中学校・高等学校のすべての学校段階で実施されています。高等学校では，さらに「課題研究」や2018（平成30）年告示の高等学校学習指導要領で新たに設置された「理数探究」と「理数探究基礎」という科目でも探究活動を進めることとなっています。

　小学校学習指導要領解説によれば，総合の授業で想定されている探究活動は図3-6のようなものです（文部科学省，2017）。この図は，小学校のみならず，中学校・高等学校の学習指導要領解説でも同様に用いられており，わが国の「探究」の捉え方を示したものと言えます。この探究では，日常生活や社会に関わる課題を自ら設定し，それを解決するために情報を収集し整理・分析します。そしてその成果をまとめるとのことです。課題を解決するにあたっては，子どもが主体的・協働的に取り組むことが期待されています。また，具体的な課題は，国際理解，情報，環境，福祉・健康，地域の人々の暮らし，伝統と文化などに関わるとのことで，学校の外に出て行っていろいろ調べたり，動植物を育てたり，といった活動が多いのではないかと思われます。

　探究に関わって，わが国の学校教育における基本方針では，教科の知識・技能を習得しある程度活用できるようになってから，探究で横断的・総合的な学習をすることとなっています。あくまでも，学んだことを現実社会で使えるようにするための探究という立場です。そうであれば，探究は，知識・技能の習得を目的とする前出の問題解決型の授業に取って代わるものではありません。

　では，「探究」は知識・技能の習得のためには役立たないのでしょうか。近

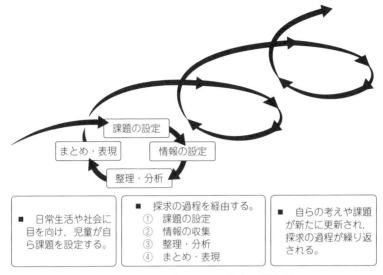

図 3 - 6　探求的な学習における児童の学習の姿
出典：文部科学省（2017）.

年，国際的にも注目されている学習活動は，問題解決型の授業に取って代わる
ような「探究」です。以下では，この一つの可能性について述べましょう。

3.3　問題解決型の授業に代わる新しい考え方としての「探究」

　一つの可能性としての探究は，研究者の探究をモデルとした学習活動です。
これは，近年，ヨーロッパで盛んに研究されている「世界探究パラダイム」
（シュバラール，2016）という考え方に基づいたものです。研究者は，一般的に，
素朴な疑問や不思議だと思うことを追究します。そして疑問に答えるために，
使えるものは何でも使い，必要なものは必要に応じて学習し，仲間と共に，暗
中模索で探究を進めていきます。こうした探究を通して新たな知識を生み出し
ています。これまでの算数教育では，使えるものを制限し，必要な知識・技能
は事前に指導した上で，特定の問題に取り組むといった，教師によりお膳立て
された中での活動が中心でした。これは研究者の探究とは正反対のものです。
研究者の探究をモデルとした学習活動は，できるだけお膳立てのない中で，進

む方向を自ら考え，素朴な疑問に対して自らの答えを作り上げていくものなのです。

　この研究者の探究は，上述のわが国の探究と類似したものではありますが，探究の捉え方がやや異なります。以下では，それがどのようなものかより詳細に見ていきましょう。なお，ここでの研究者は，数学をはじめ，自然科学（物理，化学，生物など）や社会科学（経済学，政治学，社会学，教育学など）など，研究者一般を想定しています。

　まず，わが国の探究は必要な知識・技能は事前に学習し，それから現実世界の物事を解決するといった探究が想定されていますが，研究者の探究ではその順序は逆です。探究の中で必要に応じて必要な知識・技能を習得するのです。必要性を感じずに他者から何かを学ばされることはありません。研究者の探究をモデルとした学習活動では，習得する知識・技能がその必要性・存在意義をともなって発生することを重視します。それは，今日の算数・数学教育では，特に小学校高学年以降，なぜ算数・数学を勉強するのか，という算数・数学の必要性が不明瞭なことが少なくないことに問題意識があるからです（例えば，なぜ平行四辺形を，なぜ分数の割り算を学習するのかなど）。

　次に，研究者にとって，探究とは疑問（question）を追究することです。疑問を追究する過程で新たな知識を生み出していきます。わが国の小学校での探究は，動植物を育てたり，学校外に行ってインタビューをしたりと，非常に多岐にわたった活動が想定されており，「課題」は重視されていますが，「疑問」にはさほど重きが置かれません。「探究」という語は，英語の"inquiry"（もしくは enquiry）に相当し，「問う（inquire）こと」を意味します。探究とは，本来，疑問を追究し，それを通して新たな知識を作り出していく研究者の活動なのです。ここで注意が必要なところは，自ら知識を作り出していく点です。探究では，何でも使うため，知識は調べて得るものと思われるかもしれません。確かに，今日の学校教育では，総合の授業や自由研究など，文献やインタビュー，実験などを通して何かしら調べてまとめるといった調べ学習がしばしば見られます。そうした活動は，実は，研究者の探究と焦点が少し異なります。研究者は，疑問を追究するために調べることは大いにしますが，調べること自体が目

的ではなく，そこから疑問に対する自らの答えを作り上げることが目的です。研究者にとっての新たな知識というのは，調べた結果ではなく，それを基に自らが作り上げた「答え（answer）」なのです。

　また，研究者の探究における素朴な疑問というのは，それが何かを調べれば答えが得られるというものではなく，疑問を追究すればするほど新たな疑問が発生します。最初は疑問が一つだったのに探究を進めたら疑問ばかりになった，なんてことがよく生じます。問いから答えには直線的に至るものではありません。一つの疑問から探究は多方面に広がっていき，ある問いに対しては場合によっては答えが得られ，その答えがさらに新たな疑問を生じさせることも多いでしょう。そして，ある程度の結果が出れば，それらをまとめて一つの全体的な答えとするのです。研究者の探究は，こうした問いと答えを行ったり来たりする過程を経て少しずつ前進していくのです。

　では，研究者の探究をモデルにすればどのような学習活動が可能となるのでしょうか。これは私たちの研究課題の一つであり，まだ完全な答えはありません。そのため，ここでは簡単な事例を示すにとどめましょう。

　例えば，小学校5年生の小数の割り算に関わって，「割り切れない割り算をずっと続けるとどうなるのか？」という疑問を考えてみます。実際に，$1 \div 3$や$1 \div 7$，$1 \div 9$，$1 \div 11$などいくつも計算をしていくと様々な疑問が出てきます。「なぜ繰り返すのか？」「いつも繰り返すのか？」「何回で繰り返すのか？」などです（読者の皆さんも考えてみてください）。もちろん電卓を使っても構いません（使えるものは何でも使う）。これらの疑問はいずれも数の仕組みに踏み込んだ深いもので，完全な答えを作り上げることは難しいでしょう。しかし，研究者であっても自らの研究を進めるに際して完全な答えが得られることは多くありません。部分的な答えをまとめて論文とします。そうであれば，こうした疑問を追究し自分なりの成果を出せばそれで十分なのです。そして，そうした過程を通して算数・数学への理解が深まっていくのが，研究者の本来の姿です。

　これまでの総合などの授業では，算数の学習に結びつくことが少なかったように思います。しかしながら，小学校の算数は，中学校や高等学校の数学と比

べて日常の文脈に即したものが多く，日常生活から算数を作っていくようなものとなっています。そのため，研究者の探究をモデルとし，わが国の学校教育で実践されている探究活動で生じた数学的な疑問を追究することにより，算数を学ぶといった活動は比較的容易に取り入れられると思います。実際，これまでにも，総合の時間を多く取り，教科の学習をそこで進めようとする試みが見られます。例えば，運動会の綱引きの勝敗から，校庭が斜めになっているのではないかと疑問をもち，それをクラスで追究した大変興味深い実践があります（磯野，2017）。これは，素朴な疑問を追究し比例や単位量あたりの大きさ，平均などの算数が必要になってくるといったもので，研究者の探究に近い学習活動がなされているように思います。

　一方，ハードルも少なくありません。それは，小学校では調べるためのツールが少ないこと，疑問をもつことの難しさ，深まりの少ない調べ学習で終わってしまうこと，探究が発散してなかなか算数に向かわないこと，などです。しかし，研究者の探究をモデルにした算数の学習活動は，教師によってお膳立てされた中での活動となる問題解決型の授業とは異なった新たな可能性を示してくれているように思います。それが何をもたらしてくれるのか，いかに算数・数学の学習につながるのか，わが国の学校教育にどういった形で導入が可能なのか，これからさらなる研究が必要です。

章末問題

1．算数の指導計画を立てる上で，教師として心がけるべき点についてまとめなさい。

2．全国学力学習状況調査の問題の中から「演繹的な考え方」が用いられている問題を見いだし，その問題を中心に据えた2，3時間の指導計画をデザインしなさい。

3．「総合的な学習の時間」ではどのような活動が期待されているか学習指導要領解説等を用いて調べ，探究活動を算数の学習指導に取り入れる具体的な方法について検討しなさい。

引用・参考文献

磯野正人（2017）「グラウンドは斜めになっている？」上越数学教育研究会『みんなで創る　愉しい算数・数学の授業』学校図書.

岩崎浩（2011）「算数科の特色ある授業づくり」中原忠男編『算数科授業の理論と実践』（pp. 76-87）ミネルヴァ書房.

岡本光司・両角達男（2008）『「問い」を軸とした算数学習』教育出版.

牛腸賢一・川上節夫・岩崎浩（2019）「グループ対戦型算数授業の実践的開発研究─教室における演繹的説明の特徴の表出─」『数学教育学研究』25(2)：73-89.

シュバラール，Y., 大滝孝治・宮川健訳（2016）「明日の社会における数学指導─来たるべきカウンターパラダイムの弁護」『上越数学教育研究』31：73-87.

デューイ，J., 魚津郁夫訳（1980）「論理学─探究の理論─」上山春平編『パース ジェイムズ デューイ（世界の名著 59）』中央公論社.

永野芳夫（1950）『デューイの経験哲学と教育学』春秋社.

平林一栄（1975）『算数・数学教育のシツエーション』広島大学出版会.

文部科学省（2017）「小学校学習指導要領（平成 29 年告示）解説総合的な学習の時間編」https://www.mext.go.jp/a_menu/shotou/new-cs/1387014.htm.

Bauersfeld, H. (1994) "Theoretical Perspectives on Interaction in the Mathematics Education," In R.Biehler, R.W.Scholz, R. Sträßer, B. Winkelmann (Eds.), *Didactics of Mathematics as a Scientific Discipline*, Dordrecht: Kluwer Academic Publishers.

Polya, G. (1954) *Induction and Analogy in Mathematics*. Princeton, New Jersey: Princeton University Press.

Sierpinska A. (1998) "Three Epistemologies, Three Views of Classroom Communication: Constructivism, Sociocultural Approaches, Intreractionism," In H. Steinbring, M. G. B. Bussi, and A. Sierpinska (Eds.), *Language and Communication in the Mathematics Classroom*, Reston, Virginia: NCTM.

Voigt, J. (1998) "The Culture of the Mathematics Classroom: Negotiation the Mathematical Meaning of Empirical Phenomena," In F. Seeger, J. Voigt, U. Waschescio (Eds.), *The Culture of the Mathematics Classroom*, Cambridge: Cambridge University Press.

（江森英世・岩﨑　浩・宮川　健）

第Ⅱ部
算数教育の教科内容論

第4章

算数教育と移行の問題

　本章では，算数教育における移行の問題，すなわち，「就学前の幼児教育機関の教育から小学校教育への移行」及び「小学校教育から中学校教育への移行」における算数教育に関わる問題について考えます。第1節では，幼小接続期における算数教育の実態及び就学前算数教育の意義，また，2020年度から全面実施される新教育課程における幼小接続期の算数教育が目指すこと，それらを基に考案された幼小連携算数プログラムの必要性とその効果について述べ，さらに，広さ比べの実践例を基に，その実施方法について示していきます。第2節では，小学校算数と中学校数学との違いを，学習指導要領に示されている4領域のそれぞれから事例をとりつつ，「現実中心から理論中心への世界観のシフト」として説明していきます。なお，本章を読み進む上で，次の問いを念頭においてみてください。

---

1. 幼児期から小学校段階への移行期の算数教育はどのように実践すればよいか。
2. なぜ中学校に入ると数学が苦手になる生徒が増えるのか。

第1節　就学前教育からの移行を考える

1.1　接続期における算数教育の実態

　わが国では，近年幼児教育と小学校教育の連携の希薄さが指摘され，その円滑な接続の重要性が指摘されています。しかしながら，実際にはその接続は必ずしも適切に行われているとはいえません。一方，国際的には，幼児算数教育に対する関心が高まり，オーストラリアやイングランドをはじめ多くの国々で接続期の算数教育カリキュラムが具体化されています。これに比べ，わが国では，注目度が低く，研究や実践が十分に行われていません。

1.2　就学前算数教育の意義

　では，なぜ就学前算数教育を実現する必要があるのでしょうか。これまでは，わが国の就学前教育においては，多くの場合，情緒面を中心とした教育が盛んに行われ，認知面では，小学校の教科に直接つながる内容の教育は注目されてきませんでした。その背景としては，幼児には難しい内容であるから，幼児の能力には適合しないから等，明確な根拠に基づいた主張があったわけではなく，慣習的にそのように捉えられてきたことが否めません。しかしながら，幼児には我々の想像を超える能力があり，特に適切な介入により，その後の学習を効果的に行える可能性が高まることがわかってきました。そのため，小学校教育へつなげるための算数教育及び幼児教育独自の視点から考える接続期の算数教育を実施することが重要であると考えられます。

　一般に，教科教育の目的を考える基本的観点として，実用的観点，文化教養的観点及び陶冶的観点が挙げられますが，それらを基に考えてみると，就学前算数教育の意義を見出すことができます。第一に，実用的観点では，社会の一員として生活を実践するのに必要な能力の育成ということで，幼児に算数教育を行うという考え方です。これに基づけば，小学校での学習をスムーズに行うために就学前にその基礎的な資質・能力を養うことが重要です。知識や技能を詰め込み，教え込む教育は幼児には適合しませんが，物事をどのように取り扱

い，考えていくかという思考や態度，すなわち，資質・能力に重点化した素地指導を就学前に行うことには意義があるといえます。

第二に，文化教養的観点では，文化遺産の次世代への伝達という意義があり，幼児に教養を身に付けさせることを目指します。幼児期にふさわしい教養とは何か，それを後世へつなげるとすれば，それにはどのような算数の内容が当たるのでしょうか。これについては，幼児の資質・能力に関わる実態を発達の視点から心理学的に詳細に明らかにした上での議論が必要となるでしょう。一方，幼児を育てる親による教育と考えた場合，親は自分が学んで身に付けてきたことを，子どもへと伝達するという次世代への伝達という意義があります。

第三に，陶冶的観点では，人間が本来備えている諸能力の開発ということで，子どもの論理的思考力等を伸ばすことを目指して行います。これについては，就学前段階に行うことがふさわしい，将来に活用可能な能力としての，思考力等の素地を育成するという重要な役割があります。

このように，就学前算数教育には，学校教育の目指すべき目的とも合致する算数科・数学科教育に関連した意義を見出すことができることから，それらの実現を目指して接続期の算数教育を展開する必要があります。

1.3　新教育課程における接続期の算数教育

2020 年全面実施の新教育課程では，幼児教育における資質・能力の三つの柱が以下のように具体化されています。

①「知識・技能の基礎」（遊びや生活の中で，豊かな体験を通じて，何を感じたり，何に気付いたり，何が分かったり，何ができるようになるのか）

②「思考力・判断力・表現力等の基礎」（遊びや生活の中で，気付いたこと，できるようになったことなども使いながら，どう考えたり，試したり，工夫したり，表現したりするか）

③「学びに向かう力・人間性等」（心情，意欲，態度が育つ中で，いかによりよい生活を営むか）

このように，遊びを通じて小学校以降の教育と同様な路線で，資質・能力の

育成が進められようとしていることがわかります。特に，遊びや生活の中での思考はその後の教科教育の素地となると考えられています。したがって，接続期には，それらに配慮して，三本柱の発展を考える必要があります。

　さらに「幼児期の終わりまでに育ってほしい姿」が以下のように具体化されています。「ク　数量・図形，文字等への関心・感覚　遊びや生活の中で，数量などに親しむ体験を重ねたり，標識や文字の役割に気付いたりして，必要感からこれらを活用することを通して，数量・図形，文字等への関心・感覚が一層高まるようになる。」このように，遊びや生活の中で，数量などに親しむ体験を重ねたり，活用を通して，数量・図形への関心・感覚が一層高まるようにしたりすることが目指されています。この「幼児期の終わりまでに育ってほしい姿」は，5歳児後半の評価の手立てともなるものであり，幼稚園等及び小学校の教員が持つ5歳児修了時の姿が共有化されることにより，幼児教育と小学校教育との接続の一層の強化が図られることが期待されています。このようにして幼児教育と小学校教育はこれまで以上に強力につながり，小学校では，幼児期に行われてきた活動を考慮し，これを活かして数学的活動を実現することが重要です。

　以上のことから，新しい教育課程では，小学校の教科としての算数科との関係に配慮し，接続期の算数教育を考えることが求められています。

1.4　幼児期から小学校段階への移行期の算数プログラムの必要性とその効果

　1.2に述べた就学前算数教育の意義に適合した移行期の教育を実現するためには，連携算数プログラムが必要となるでしょう。これまでの研究において，幼児教育の分野では，就学前幼児と小学校児童を一緒に活動に参加させたり，就学前教育と小学校教育を連続させて行うカリキュラムを提案したりすることが行われてきました（例えば，新潟大学教育人間科学部附属長岡校園，2007）。一方，算数教育の分野では，連携についての研究（例えば，川島，1997）は少なく，小学校の算数科学習を先取りして，幼児教育に取り入れようとする傾向も見られます（各種の幼児算数教室等）。しかしながら，就学前教育と小学校教育の連携は学習内容の系統を考えつつ，子どもの発達過程に沿って滑らかに続くよう

に小学校での効果的な学習をねらって行われる必要があります。そのため，子どもの遊びから学びへと進めるための実践課題を明らかにし，それを解決するためのプログラムが重要です。

このようなプログラムは，就学前教育において，教師が遊びの中にどの程度の内容を盛り込み，子どもたちに考え，活動させるかについての指針を示し，実現しやすいものでなければなりません。また，このプログラムは幼稚園等の就学前教育機関と小学校で以下のように活用されることが期待されます。幼稚園等では，教師は，小学校低学年で取り扱われる学習内容と，幼児の行動がどのように関係しているのかを知り，関連づけるための対応策を基に具体的な活動を構想し，そのための声かけ等を具体化し，実施します。一方，小学校では，教師は幼児の体験（遊び）についての実態と，小学校での学習とが関係する活動を知り，それらに基づいて，小学校の学習指導内容を，幼稚園での活動と結びつけて授業を実施するための具体的な構想を考え，実践を行います。とりわけ小学校では，幼児の多様な背景を踏まえて，幼児の体験を予め確認し，どの程度まで行ってきているか実態を明らかにし，それに対応するようにしなければなりません。

さらに，こうしたプログラムが実施されることにより期待される効果は以下の通りです。幼稚園等では，これまで，算数の学習内容を意識することなく，多くの活動が行われてきていることから，小学校の算数学習と関連づけて指導を行うことが可能となります。特に，幼児が行っている，小学校の学習内容の素地となる活動を遊びから学びへと高めるための場面及び方法を具体化し，実現することができると考えられます。小学校において短時間で行わなければならなかった素地的活動を，幼稚園等でじっくり時間をかけて行うことができ，幼児は作業的体験に留まらず，自ら作業を工夫する等，創造性の基礎を培うことができるようになります。

一方，小学校教育においては，これまであまり意識してこなかったり，勘違いしていたりした就学前の幼児の真の実態を知り，それと結びつけた学習活動を展開することができ，幼児の感じるギャップを和らげることができます。これを考慮して，小学校算数科での授業改善を考えることにより，よりよい授業

を実践することが可能となります。小学校内で考えられていた系統を幼稚園等まで広げて考えることで，学びの連続性を意識した学習指導を行うことになります。

1.5 幼児期における実践例

ここでは，数・量・形等に関心をもち数えたり，比べたり，順序づけたりすることを楽しむプログラム（5〜6歳児）の一部を紹介します（松尾，2017）。

【プレゼントカード作り】

まず，身の回りにある色や大きさ，形の違う3枚の厚紙〈長方形・正方形〉を見せ，プレゼントカードを作るという場面設定を行います。次に，カード（物）の性質を活かし，どんな絵や文字が書きたいか，どんな物を貼り付け飾りたいかなど台紙の大きさに興味や関心をもたせ，「一番大きいもの」を選ぶよう「声かけ」をします。これは，幼児自身考えたり厚紙に触れたりして測定の必要性を感じ，無理なく学びにつなげることができるようにするためです。この結果，広さを順序づけることができ，「くらべっこ遊び」を楽しめるようになります。

移動可能な厚紙の広さ比べ〈直接比較〉：赤，青，黄の3枚のカード（5cm×5cm，4cm×6cm，4cm×4cm）から2枚を取り，広さ比べを行います。子どもは端を揃えて縦や横に何度も並べますが，縦，横の長さの違いでは，カードの広さの大小の判断ができないため，周りの長さでは比べられないことに気づきます。これは小学校第4学年の求積学習の導入で起こりうるつまずきと同様です。そのため，このプログラムでは「違うやり方を考えよう」と声かけをします。この他に，机の上に立てて並べる姿も見られますが，これは「重ねて比べる」発見につながっていく学びであると言えます。

移動不可能な2つの四角の絵の広さ比べ〈間接比較〉：2つの四角の絵の広さについて媒介物を利用して写し取って比べる場面も設定できます。実際に，媒介物には身の回りの物として黄カードを利用します。黄カードは青カードの2/3の大きさにあたり，他に1/3に当たる小さい黄カードもあるため，それらを重ねて遊ぶ中で3枚で青カード一枚になること，分けたり集めたりすること

図4−1　広さの直接比較

図4−2　広さの間接比較

等を楽しむ場面も見られます。このように，幼児の活動は広さ比べに留まらず，分数学習をも含みます。それを「声かけ」で意味づけ評価することで考えることを楽しむ学びの態度を養うことができます。

　方眼いくつ分かによる広さ比べ〈任意単位〉：重ねても広さが比べにくいものや，重ねたり折ったり切ったりできないものを比べる必要感から，透明方眼紙を載せて，方眼のいくつ分か数えて比べる場面を取り入れます。透明方眼紙を載せて方眼いくつ分かで広さが比べられます。実際には，方眼の端と厚紙の端を揃えて数えますが，端数部分を「はみ出してる」「でっぱってる」「数えられない」などと言ったり，安易に，端数の部分を含めて数えたりする幼児もい

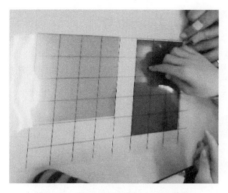

図4-3　広さの任意単位による測定

るでしょう。大きさの違う厚紙が同じ数値という結果に困惑してしまうこともあるでしょう。「それでいいのかな」という声かけに解決の必要性を認めることになります。「はんぱなところ，どうすればちゃんと数えられるか」と解決の糸口を探る声かけにより「2つで1つと数えたら」に気づき，指で押さえながら2つを1つとして数え，比べることができます。

このように，移行期の連携算数プログラムを実践することで，子どもの活動を学びへと高め，さらに思考を広げることができます。子どもは遊びの延長と考えて，楽しく学ぶことができるのです。

1.6　小学校での実践とその役割

小学校では，第1学年で，広さ比べをします。直接比較や媒介物を使った間接比較を行います。また，方眼等（任意単位）のいくつ分かを基にどちらが広いか判断します。広さは面積へと高められ一般化，4年生の面積の学習につながります。

では，幼児期での算数の活動は小学校での学習を効果的にすることができるのでしょうか。その答えはイエスです。それは次のような理由によります。小学校での学習は決まった時間割の中で行われるため，活動は短い時間の中で凝縮して行われることになります。したがって，活動の意味を十分に実感するところまで活動を行いきれていないことが少なくありません。基礎的な活動をじっくりと行うことは就学前の幼児教育機関に任せ，その活動の上に，小学校での学習を実施し，児童の実感を伴った理解に導いていきます。

また，小学校での学習との違いはどこにあるのでしょうか。数学の内容の取り扱いについては，表現の的確性と関係づけていくことが重要であり，そのこ

とで幼児期との差別化ができます。幼児の場合，主たる表現が言語だとしても
その使用割合が極端に大きいわけではありません。言語については子どもの語
彙数等に制限があることから十分に使用できていないことが多いのです。その
ため，幼児期には言語以外の様々な表現をどのように取り込んでいくかが課題
となります。年中児までは多様に自由に表現することをよしとしますが，年長
児では，多様性，自由性のみではなく，多様性の中に的確な表現という視点を
も取り入れることが重要です（篠原，1942）。このように，幼児期の活動の中で
も表現の的確性について配慮し，それを子どもが小学校に入学してからも続け
ていくことで，幼児期の素地的活動の上に，小学校では，的確な表現としての
言語による表現を用いることができるようにしていきます。これは，6，7歳
から子どもは書かれた言語や数系等のシンボル・システムを用いて考えるとい
う研究成果に基づくものです（Pegg & Tall, 2005）。

　以上述べてきたように，幼児期の算数教育は少しずつ小学校での学習に近づ
けるようにしていきます。幼児期に遊びを通じて行った経験は子どもたちの記
憶の中に残り，小学校での活動をスムーズに行うことにつながっていきます。
また，楽しかった経験を基に小学校の学習が強制されたものではなく，遊びの
延長として考えられることにもなります。ただし，小学校では，インフォーマ
ルに行われた活動を単に再現するだけではなく，それを基に，形式的に確実な
方法で表現し，概念化を明確にすることが必要となるのです。小学校教師はそ
のことを念頭に置いて，学習指導を行うことになります。算数に関わる幼児期
の目標が就学前に確実に実現されるならば，小学校教師は幼稚園等での活動を
踏まえて，素地的内容を十分活用して数学的活動をすることができ，結果とし
て本質的な数学的活動を行うことに専念できます。これからの教育では，幼稚
園等の就学前機関と小学校における連携は，このような教科教育に関わる活動
内容の伝達や共有なども十分に踏まえて効果的に行われることが重要です。

　すでに連携算数プログラムを受けてきた子どもや受けてこなかった子どもに
配慮し，小学校では次のような工夫が必要でしょう。第一に，子どもの実態を
よく把握し，それぞれの子どもの実態に合わせた学習指導を行うことが重要で
す。第二に，みんなに共通して教えるべきこと，すなわち表現について取り上

げなければなりません。用語であるとか，正しい言葉の使い方は就学前には教えられていなかったり，発達段階からして，その習得が困難であったりします。小学校では，表現に重点を置き，学習指導をすることが大切です。

第2節　中学校教育への移行を考える

2.1　科学革命と数学革命

　学問の世界には科学史や科学哲学と呼ばれる「科学研究を研究する」分野があり，そこでは「科学の知識はどのように成長するのか」という問いが主なテーマの一つとなります（ここでの「知識」は「個人の知識」ではなく「人類の知識」です）。そして，そうした成長の過程にはある種の「革命」があることがしばしば指摘されます。典型的な例は，天動説から地動説への移行でしょう。ここで重要なのは，科学革命の後は，以前の学説は「誤り」として退けられる，という点です。科学はこのように成長するのです。では「数学」はどうでしょうか。「数学に革命はあるのか」という問いが数学史や数理哲学の分野で話題になることは，それほど珍しくありません（e.g., Gillies [Ed.], 1992）。確かに，科学知識とは対照的に，数学知識は一度確立されれば（間違いなく証明されれば），その真理としての地位が揺らぐことはなさそうです。しかしながら，数学知識にも「ある意味で」革命があるということも主張されることがあります。「数学では知識の内容のレベルではなく，認識論のレベルで革命が起こる」というのです。ここで言う「数学の認識論」というのは「数学知識についての理論」であり「数学観」のようなものだと思っていただければ結構です。例えば，今では数学の代名詞とも言える「証明」は古代ギリシャで生じましたが，この「証明の発明」により「証明なしでは数学ではない」という新しい認識論が定着したのです＊。この節では「認識論の革命」という数学史の理解の仕方を手がかりに，小学校算数と中学校数学との関係を考えてみましょう＊＊。結論から先に述べると，小学校算数から中学校数学への移行で生じる認識論的な変化は「現実世界中心から理論世界中心へのシフト」としてうまく説明できます。以下では，どのような意味で，中学校数学で理論がより重要になるのか，

紙面の許すかぎり，なるべく具体例を見ながら確認していきたいと思います。なお，本節では「理論」という言葉を「物事についての主張や考え方のまとまり」といった，かなり広い意味で使っていきます。

　＊「数学」の定義にもよりますが，この学問には 5000 年ほど歴史があり，体系的
　　な証明の発明はだいたい 2500 年前のことです（e.g., 中村・室井，2014）。

　＊＊認識論の変化として数学学習の進展を捉えようとする試みは，数学教育学では
　　しばしば行われます（e.g., 溝口，1995; Sfard, 2007）。

2.2　図ではなく図形：理論世界の物事について考える

　すぐ上で証明の話をしましたが，幾何領域で導入されるこの「証明」という概念は，中学校数学の最難関の内容といって差し支えないでしょう。確かに証明という「主張の新しい正当化の方法」は難しいかもしれません。しかし，認識論の変化という視点で考えると，図形領域の証明の困難性は，正当化の方法の変容よりもさらに背景的な事情が絡んでいることが見えてきます。それは「幾何学の対象とは何か」という問いに関わります。「図形である」と多くの方はすぐに答えたでしょう。では「図形」とは何でしょうか。ここで「図」と「図形」の区別を導入したいと思います（cf. 宮川・宮崎・濱中，2019）。三角形の図とは，例えば紙の上に書いてある，「△」のようなインクの跡のことです。一方，三角形という図形は，やや雑に述べれば，ある特殊な「3 本の線分の和集合」と，現代数学的には定義されます（cf. 寺垣内，2019）。ここであえて「集合」という数学的な（嫌な？）言葉を持ち出したのは，三角形という図形が高度に「数学理論世界の対象」であるということを強調したかったからです。実は，三角形は，我々が普段生活する「この世」（現実世界）には存在しない，目で見ることも手で触れることもできない，ある意味で「あの世」（理論世界）の物なのです。では「三角形という図形の図」とは何かというと，三角形という概念的な対象について考えるための助けとしてあえて描かれた図形の「イメージ・偶像」です。この点については，受験問題を解くためにたくさんのフリーハンドの図を描いてきた経験を思い出してもらえれば，納得していただけると思います。図がどんなにぐちゃぐちゃでも，それが問題で指定された理論

的な性質をちゃんとみたしていると「みなしていれば」，その図は図形について考えるための道具として問題なく機能するのです。その一方，定規や分度器や幾何学ソフトウェアでいくら丁寧に，そして正確に描こうと，その図自体は図形ではないのです*。

>　*こうした事態は，「数字の『10』」（あるいは「十」や「X」）をノートや黒板に書くことはできるけれども，「数10そのもの」を書くことができないのと同じことです。数学的な概念というのは，基本的には言葉・式・図・表・グラフなどの「表現」を通してしか我々の前に姿を現すことができないのです。

　以上のような五感ではアクセスできない図形という理論世界の対象について，その性質を考えるためにはどうしたらよいでしょうか。当然，定規や分度器という現実世界の道具では，図については直接的に知ることはできますが，図形についてはそうもいきません。図はあくまでも図形について考えるための手助けとなりうるだけです。そこで必要になるのが理論世界の道具である「論理」であり，要するに証明です。つまり，証明というのは，「すでに知っていることをわざわざどろっこしく正当化している」のでは全くなく，「理論世界のことは理論世界の中で片付けましょう」という，ただそれだけの話なのです。しかし，算数の段階ではそのような抽象的な思考は難しいので，実測による正当化を認めているのです。ただ，算数でも「一本のコンパスと二枚の三角定規による作図」や「様々なタイプの四角形の定義と性質」の学習を通して，理論世界の物事を考える素地指導が行われているとみることもできます。小学校で三角形や四角形についてよく知ることはもちろん重要ですが，それが「数学とは理論世界の対象の学問である」ということに最初に触れる機会でありうるということも忘れられてはならないと，筆者は考えます。

2.3　なぜ「(マイナス)×(マイナス)＝(プラス)」か：理論世界の都合でルールを決める

　中学校での数学学習の最初の難所として，「負の数同士のかけ算」の指導場面がしばしば取り上げられます。確かに小学校からの流れで「数とは量の抽象」（量から単位を取ったもの）と捉え，「負の数」をマイナス気温などを事例

に数直線によって学ぶ場合,「(マイナス)×(マイナス)=(プラス)」は,なかなか理解しがたいです (cf. 宮下, 2011)。実は同様の問題は,算数学習でも小数や分数同士のかけ算・わり算のところで生じるのですが,そこでは暗黙的な比例に関する知識の助けをある程度自然に借りることができるので,負の数同士のかけ算の場合ほどは問題が起こらないようです。

　ここで重要なのは,いずれの場面においても,そこは「新しい数の世界における演算の定義を作る」場面であるということです。平たく言えば,「定義」というのは,算数や数学において扱われる対象が何であるのかを指定する文章のことです。「対象を指定する」というその機能を考えれば,定義というものが「正しい」とか「間違っている」とかを議論される性格のものではないということがわかると思います。むしろ定義においては,「うまく定義されているかどうか」が問題になります＊。

　　＊今回の議論とは直接には関係しないのですが,学問数学には "well-defined"(直訳で「うまく定義されている」)という概念があり,「ある定義が well-defined であること」を証明するということが行われます。

　一般には,定義の「上手さ」にはいろいろな規準がありえます。「表現の簡潔さ」「指定したいものを過不足なく指定できているか」「理解のしやすさ」などはすぐに思い浮かびます。数学では,今回のかけ算の場面のような,もともと使っていたものを新しいより一般的な場面でも使う場合,そこでの新しい定義が「古い理論の世界のルールと矛盾しない」ということが,定義の上手さの重要な規準になります。「(マイナス)×(マイナス)=(プラス)」のケースを考えれば,「外挿法＊」によるその導入は,こうした理論の整合性を第一とする数学的な認識論への入り口として機能するような定義方法と言えるでしょう。一方,算数では,考察対象にある種の「素朴さ」が伴うこともあり,定義の上手さを評価するための視点は,「現実世界と合っているか」ということになります。負の数同士のかけ算の場合,数直線上の移動を考えることによってそれを導入する方法は,この算数的な認識論に基づいています。

　　＊例えば,$-3 \times 3 = -9$,$-3 \times 2 = -6$,$-3 \times 1 = -3$,$-3 \times 0 = 0$ といった計算結果のパターンから,-3×-1 以降の計算結果を推論させる方法です。

　理論の自律的な世界を認め「理論の都合に合わせる」という態度がより一層重要になるのが，算数以降の数学の一つの特徴です。このように考えれば，算数学習で経験される「意味の拡張」の場面がいかに重要であるかがわかると思います。それは，これまでの理論が適切に機能するように定義するという行為の素地指導として理解されうるのです。なお，以上のように負の数のかけ算の学習場面を考えた場合，「（マイナス）×（マイナス）＝（プラス）」というルールは，「（プラス）×（プラス）＝（プラス）」「（プラス）×（マイナス）＝（マイナス）」「（マイナス）×（プラス）＝（マイナス）」と並んで，正負の数のかけ算の定義を構成する一つの「公理」と理解できなくもないです。公理というのは，「証明なしに認められる主張」です。このような「ある対象が関わる公理のリストによってその対象を定義する」方法は，現代数学ではしばしば用いられます*。ちなみに，現代数学においては，「（マイナス）×（マイナス）＝（プラス）」は，かけ算を定義する公理ではなく，かけ算についての証明されるべき性質（定理）となります（cf. 柳原・織田，2005）。詳しくは述べませんが，数学の理論にもいろいろなものがあり，何を公理とし何を定理とするかは，理論によって異なることがあります。

　　　＊公理によって作られた定義は，しばしば「公理的定義」と言われますが，対象を
　　　本性ではなく機能で指定するその方法から，「間接的定義」や「暗黙的定義」と
　　　呼ばれることもあります。あるいは，こうした定義は素朴な意味での「定義」と
　　　ずいぶん印象が異なるため，「現代数学は基礎的な概念を『無定義』で導入する」
　　　という説明がなされることも多いです。なお，公理的定義を用いた数学理論の構
　　　築方針は，「公理的方法」や「公理主義」と呼ばれます。

2.4　2つの確率：異なる理論世界を関係づける

　確率には2つの意味または定義があるということは，小学校の先生でも教師教育を受ける際に耳にしたことがあると思います。日本の数学教師の間では，それらは「数学的確率」と「統計的確率」と呼ばれています。一見すると，「両方をちゃんと教えればいい」というだけの話に見えますが，実はそうではありません。このことは，ただ単に意味・定義が2種類あるということにとどまらない難しさをはらんでいます。それは，**2.3** で述べた「定義と理論との関

係」を思い出すと見えてきます。再度確認しますが，数学では一般に，ある用語の定義は，理論の都合に合わせて作られます。このことと，学校数学の中に明示的にしろ暗黙的にしろ根本的に異なる2つのタイプの確率概念が存在することは，そこに2種類の理論が存在することを含意しています。つまり，確率学習の場面というのは，それに割り当てられている比較的に少ない時間数とは対照的に，他の単元よりも大きな「サイズ」の知識（2種類の理論からなる知識）を取り扱うのです。

　確率の意味の問題は，それを専門に研究している哲学者の間でもいまだに決着のついていない問題のようです（cf. ギリース，2005）。確率とは人間の内にある認識世界の特徴なのか，それとも人間の外にある物理世界の特徴なのか。詳しくは述べませんが，高度に哲学的な議論がいまも続けられています。一方，数学の世界ではこの問題は解決済みで，集合・写像という視点と公理的定義という手段に基づいて，非常にさっぱりと確率が定義されています。しかしこの定義は学校数学のレベルを大きく超えており，かなり数学的にテクニカルで，我々が普段の生活で必要とする「確率」概念ではないです。したがって，学校教育で確率を指導する場合には，どうしても確率の複数の意味を扱う必要があるのです。

　確率学習の場面で生徒が出会う「異なる理論の関係性を考える」という課題は，非常に抽象的なもので，次のようにある種のメタ認知です。

　　　数学的確率の理論：同様な確からしさに基づいて確率の数値を決める
　　　統計的確率の理論：たくさん実験することで相対度数の収束先を見積もる
　　　理論についての理論：上の2つの理論世界の結果は一致すると考える
こうしたメタ的な思考ができるためには，理論世界というものがあるばかりでなく，それは複数ありうるということまで認められなければなりません。そうしたことを感じる機会は，一見すると算数にはなさそうに見えますが，実はそうでもありません。例えば，算数学習のまさにスタート地点である「数の学習」では個数を表す「基数」と順番を表す「順序数」という2種類の「数」が登場し，「数」として統合されます。また，先に挙げたかけ算の意味の拡張も，「（負でない）整数のかけ算」と「（負でない）有理数のかけ算」というかけ算

の2つの理論の関連づけと考えれば，同様の指摘ができます。さらに，「小数と分数」という有理数の異なる表記や，「式・表・グラフ」という比例や反比例の異なる表現は，おのおのの表記・表現がそれぞれ別個の処理方法やよさを持っていることを踏まえると，異なる理論を持っていると見ることもできます。こうした学習場面において，それぞれの内容を個別に切り離してしまうのではなく，なるべく関連づけて考えられるようにすることが重要だと，筆者は思います。

2.5　比例から一次関数へ：「身近さ」よりも「理屈」を優先して勉強する

　「比例」は小学校の学習内容のゴールの一つであるとともに，中学校の学習内容のスタートの一つでもあります。中学校においては，比例は「関数」の典型例（1乗に比例する関数）として導入され，次いで切片を加えることで一次関数，式の次数を上げることで2乗に比例する関数と，関数概念（そして関数の理論）が徐々に一般化されていきます。ここで重要なのが，この導入の順番が何に従っているか，ということです。「一般化」という言葉に示唆されているように，これは理論世界の論理的な順序に沿っています。この点は当たり前のようにみえるかもしれませんが，特に算数の場合は，必ずしもそうではないです。例えば，長方形の面積以後の，いろいろな図形の面積の指導過程は，論理的には三角形から始まりますが，様々な教育的な配慮やねらいから平行四辺形から始める教科書もあります。また，もし論理的順序をしっかりと守るならば，比例は小数や分数のかけ算の前に指導されなければならないでしょう。さらに言えば，数学的には分数や小数より負の数を先に導入する方が自然です。このように，小学校では数学以外の理論の視点から学習の順序が決められることが比較的多いのですが，中学校以降の数学では，より数学理論の論理に基づいた並びでカリキュラムが組まれていきます。このことは，もし生徒が理論の自律性を意識できていなければ，「なぜそれを学ぶのか理解できない」という事態を引き起こします。例えば，「日常との関連」という視点からみたとき，一次関数にどれほどの学ぶ意義が生じるでしょうか。それならば2乗に比例する関数を早く教えてくれということになります（我々は日々どれだけのものを

床に落としているか）。しかし，関数の理論のことを考えると，やはりまずは一次関数を教えることになるのです。

　学習される理論の要求に従って勉強するという感覚・認識は，内容が抽象化していく中学校以降の数学ではより重要になってきますが，そう簡単に到達されるものではありません。筆者の意見では，こうした数学学習観のシフトを中学校数学教育だけに任せるのはなかなか難しく，算数教育での準備体操のようなことも必要だと思います。**2.2** から **2.4** で指摘したようなことを徐々に「体感」し，理論の自律性に慣れていくことが，算数以降の数学学習観を受け入れるための大切な先行経験になると考えます。

2.6　中学校数学へのつなぐための算数指導へ向けて

　本節では，中学校数学において「理論」がより中心的な役割を果たすようになる様子を，具体例を交えつつも，やや抽象的にみてきました。再度強調しますが，算数から数学への移行は，内容の積み上げというよりも，数学についての世界観の入れ替えを必要とする大掛かりなものであり，中学校数学教育だけの問題ではなく，小学校算数教育側からのサポートが重要になってきます。そうした支援のためには，各授業のちょっとした工夫よりも，まずは教師自身が数学の世界に親しむことが重要であると，筆者は思います。数学認識論や数学観といった数学に対する「構え」は，直接的に指導できるものではなく，先生自身のそれが，6年間というそれなりに長い時間をかけて，ゆっくりと，しかし着実に，子どもたちへと浸透していくものだからです。

章末問題

1．幼児期の子どもの実態を踏まえて実施する小学校第1学年の算数の活動についての具体例を述べなさい。

2．中学校教育への移行を支援するための算数の授業について，「接続」をキーワードとして具体例を調べなさい。

引用・参考文献

川島光香子（1997）「遊びを通した数量の感覚の育ちを見つめる―幼稚園から小学校への自然な移行をめざして―」『日本数学教育学会』79(8)：25-28.

ギリース，D.，中村智香子訳（2004）『確率の哲学理論』日本経済評論社.

篠原助市（1942）『教授原論』岩波書店.

寺垣内政一（2019）『平面幾何の公理的構築』広島大学出版会.

中村滋・室井和夫（2014）『数学史―数学 5000 年の歩み―』共立出版.

新潟大学教育人間科学部附属長岡校園（2007）『科学をつくりあげる学びのデザイン―学びの壁を越える幼・小・中連携カリキュラム―』東洋館出版社.

松尾七重（2017）「就学前算数教育プログラムの提案―広さ比べ・図形のはめ込みの活動について」『学芸大数学教育研究』29：63-72.

溝口達也（1995）「認識論的障害の克服過程の記述カテゴリーによる特徴づけ―極限概念を事例として―」日本数学教育学会誌『数学教育学論究』63-64：27-48.

宮川健・宮崎樹夫・濵中裕明（2019）「幾何分野に関する内容構成」岩崎秀樹・溝口達也編『新しい数学教育の理論と実践』ミネルヴァ書房.

宮下英明（2011）『「数の理解」15 講』 http://m-ac.jp/me/teaching/subjects/ number/lecture_text/number_quantity/book/doc/number_quantity.pdf

柳原弘志・織田進（2005）『数をとらえ直す―数体系の論理的構築―』裳華房.

Gilles, D. (Ed.) (1992) *Revolutions in Mathematics*. Oxford science publications.

Pegg. J., & Tall. D. (2005) "The fundamental cycle of concept construction underlying various theoretical frameworks," *ZDM*, 37(6): 468-475.

Sfard, A. (2007) "When the rules of discourse change, but nobody tells you: Making sense of mathematics learning from a commognitive standpoint," *The Journal of the Learning Sciences*, 16(4): 567-615.

（松尾七重・大滝孝治）

第5章

数 と 計 算

　本章では，数と計算の基盤となる数学的背景やその歴史的展開について学び，それらが算数指導へどのような意義をもたらすのかについて考察していきます。第1節では，まず数が持つ基本的な性質である大小について考えます。次に小数や分数を表記という点から考察し，指導上の留意点を考察していきます。第2節では，加法・減法の指導について考えます。加法の構造について，数学的な意味と文章題という算数に固有な意味を相互作用的に考察し，多様な問題設定を可能とする視点を考察していきます。第3節では，乗法・除法の指導について考えます。乗法・除法の指導では，計算の習熟に関心が集まりやすいところですが，計算の方法を考える上でも重要な乗法・除法の意味について考え，その指導上の意義を考察していきます。本章は次の2つの問いを軸に構成されています。これらの問いを念頭に本章を読みすすめてください。

1．小学校で学ぶ数はどのようなものであり，どのような表現形式をもつのか。小数，分数は人々の生活にどのように関わっているか。
2．四則計算と呼ばれるものには，それぞれ複数の意味がある。これらはどのように指導され，統合されていくべきであるか。

第1節　数概念と数の表現形式を考える

1.1　数の大小関係

　素朴な数の起源は，人類の誕生にまで遡ることができ，数概念は人類の歴史
とともに発展してきました。それでは数とはどのような概念で，どのように学
んでいくのでしょうか？　数学では，数は演算を定義された集合として定義さ
れます。これに対し，算数では，数は「量の抽象」や「量の比」として定義さ
れるので（宮下，2011），量なしで語ることはできません。量については第6章
を参照していただくことにして，まずは，中学校までに学ぶ数概念の分類をみ
てみましょう。

$$\text{実数}\begin{cases}\text{有理数}\begin{cases}\text{整数}\begin{cases}\text{自然数}\\0\\\text{負の整数}\end{cases}\\\text{分数}\end{cases}\\\text{無理数}\end{cases}$$

　小学校では，負の数を含まない有理数を学ぶことになります（厳密に言えば
無理数である円周率を小学校でも扱っています）。ここでの分数とは，整数に
なる分数（例えば，$\frac{2}{1}$）を含まない，狭義の意味のものです。また，小数は，
後述するように有理数にも無理数にも含まれ，高等学校で虚数を学ぶまでは実
数の範囲の数を扱います。

　実数は量と対応させることができるので，数直線上に表示できます。そのた
め，教科書では，新しい数概念を学ぶ際，それが量として実際に存在すること
を実感させることを重視しています。また，量を数値化したものが数なので，
日常的な有用性の観点から，その大小を順序づけることが可能であることを理
解することも必要です（溝口・岩崎，2019）。さらに，数は演算を定義された集
合なので，新しい数概念を学ぶ際には演算が成り立つかどうかを調べることも
重要になります。演算については第2節と第3節に譲るとして，ここでは大小
関係について簡単にみてみましょう。

数の大小関係は，**順序関係**に従っています。関係「～」について，集合 X において次のような条件が成り立つとき，～を**順序関係**といい，このような関係が成り立つ集合 X を順序集合といいます。

　　（反射律）$x \sim x$

　　（反対称律）$x \sim y$ かつ $y \sim x$ ならば $x = y$

　　（推移律）$x \sim y$ かつ $y \sim z$ ならば $x \sim z$

　また，順序集合 X における任意の x, y に対して，$x \sim y$ または $y \sim x$ が成り立つとき，～を全順序関係といい，このような関係が成り立つ集合 X を全順序集合といいます（今岡ほか，2007）。

　例えば，小学校で扱う自然数，整数，有理数や中学校で扱う無理数を含めた実数における大小関係（$\leqq$）は全順序関係になりますので，これらの数は全順序集合になります。したがって，これらの数から任意の 2 つの数を取り出せば，必ず大小関係が成り立ちます。これに対し，自然数において b が a の約数であるときの関係 $a \sim b$ は順序関係になります。また，定義の仕方によりますが，高等学校で扱う複素数（$a + bi$）には大小関係が成り立たないので，演算可能性の観点で数を拡張していくことになります。

　以上のことをまとめると，算数における数概念の学びでは，① ある数が量として実在することを実感的に理解させ，② 数直線を利用して大小関係を扱い，③ 四則演算を扱うことでその数に関する性質等を学んでいく，という活動が重要になります。以下では，小学校で学ばれる整数と小数，分数について具体的にみていきましょう。

1.2　整数とその表現

　算数ではじめに学ぶ数概念は整数です。整数とはどのような数で，どのような記数法が用いられているのか，また整数にはどのような性質があるのでしょうか？　これらのことについて考えていきましょう。

　最も基本的な数概念は，**自然数**です。人類の歴史は数を数えることからはじまったといっても過言ではありません。一部の部族では数詞が 1，2，3 程度し

かないことから推測できるように，昔は大きな数は必ずしも必要でなかったと考えられます。しかし，生活や文化が向上するにつれて，大きな数を数えて表現する必要が生じてきたのです。また，5世紀頃，インドで画期的な発明がなされました。それは「0」という数です。「無」を考究する文化が背景にあったインドだからこそ，何もないということを表す「0」が発明されたといえます。その後，12世紀頃に負の数もインドで発明されました。それは，二次方程式の負の解を認める形で発明されたのですが，数として市民権を得るには500年の年月を必要としました（今岡ほか，2007；カジョリ，1970）。

　自然数は，数学的には次のような**ペアノの公理**で定義されます（杉山，2008）。

　　(1) 1は自然数とする。

　　(2) 任意の自然数 x に対し，その後者である自然数 x' がただ1つ存在する。

　　(3) x' と y' が同一の自然数なら，x と y も同一の自然数である。

　　(4) 1を後者とする自然数は存在しない。

　　(5) 自然数 n について，①n が1のとき成り立つ，②n が x のとき成り立てば n が x' のときも成り立つ，という2つを満たせば n はどんな自然数でも成り立つ。

　つまり，**自然数**は1からはじまり，途中で枝分かれも循環もせずに無限に続くものということです。

　小学校で扱う整数は，0と自然数を合わせた集合になり，量との関連では離散量（分離量）と対応しています。これには，集合の要素の個数を表す**基数（集合数）**と順番や順序を表す**序数（順序数）**があります。明治期の黒表紙教科書では，整数は**数え主義**（数概念は先験的にもつ数える力により得られる）の立場から序数で導入されていましたが，昭和期の緑表紙教科書から**直観主義**（数概念は具体的なものの集合が共通にもつものとして得られる）の立場も取られるようになり，現在の教科書では直観主義の立場から，いろいろなものを一対一対応させることで整数概念を構成させる導入になっています。

　数には，数字としての**記数法**と数詞としての**命数法**があります。歴史的には前者が先行して発展し，古来より様々な数字が使用されてきました。例えば，くさび形数字，ギリシャ数字，ローマ数字などがありますが，基本的には10

進法に基づいています（人間の指の数が関係しているといわれています）。そして，先に述べたように，インドで「0」が発明され，これがアラビアを経由してヨーロッパへと輸入され，現在の**10 進位取り記数法**として発展しました。そのため，この数字はインド・アラビア数字と呼ばれています。

　10 進位取り記数法は，0 から 9 の数字を用いた 10 進法にしたがう記数法です。なぜこの記数法が普及したかというと，計算の際にその威力を発揮するからです。例えば，1952×46 というかけ算をローマ数字（MCMLII×XLVI）で計算してみると一目瞭然です。

```
    1 9 5 2          M C M L I I
  ×    4 6        ×     X L V I
  1 1 7 1 2          ? ? ? ? ? ?
  7 8 0 8
  8 9 7 9 2
```

　10 進位取り記数法は数字の位置（位）に意味があるので，1 桁の計算に帰着して処理できるところによさがあるといえるでしょう。また，この表記のアイデアにしたがえば，例えば 0 と 1 の数字だけを用いた 2 進法などの，10 進法ではない表現も可能になります。

　上記の歴史的経緯からわかるように，10 進位取り記数法を理解することはそう簡単なことではありません。したがって，小学校 1 年生の段階ですぐに理解できるようなものではないので，学年を跨いだ長期的な視野をもって，特に計算指導を通してそのよさを感得させる必要があります。

　次に，整数には様々な性質があることが知られていますので，それらの内のいくつかをみてみましょう（今岡ほか，2007）。数学では，次の**除法の定理**によって整数の除法が成り立っています。

　　　正の整数 a と任意の整数 b に対して，

　　　　$b = aq + r$　（$0 \leqq r < a$）

　　　を満たす整数 q, r が一意に定まる。

　q は b を a でわったときの**商**，r は**あまり**といいます。特に，あまりが 0 のとき，b は a で**わり切れる**，b を a の**倍数**，a を b の**約数**といいます。複数の

整数に共通する倍数を**公倍数**，その内の最小のものを**最小公倍数**といい，複数の整数に共通する約数を**公約数**，その内の最大のものを**最大公約数**といいます。例えば，縦 x cm，横 y cm の合同な長方形を敷き詰めて正方形をつくるには，x, y の公倍数がわかればそれを一辺の長さとする正方形をつくることができます。逆に，その長方形の中に隙間なく正方形を敷き詰めようとするならば，x, y の公約数がわかればそれを一辺の長さとする正方形を敷き詰めることができます。また，除法の定理を用いて，

$$b_0 = r_1 q_0 + r_2 \quad (0 < r_2 < r_1)$$
$$r_1 = r_2 q_1 + r_3 \quad (0 < r_3 < r_2)$$
$$r_2 = r_3 q_2 + r_4 \quad (0 < r_4 < r_3)$$
$$\vdots$$
$$r_{n-1} = r_n q_{n-1} + 0$$

というように，わり切れるまで計算を進めていったときの r_n は最大公約数になります。このようなアルゴリズムを**ユークリッドの互除法**といいます。例えば，48 と 14 の最大公約数は次のように求めることができます。

$$48 = 14 \times 3 + 6$$
$$14 = 6 \times 2 + 2$$
$$6 = 2 \times 3$$

　これは高校で学ぶ内容ですが，小学校では，例えば 48 と 14 を長さにもつ長方形から正方形を切り取っていく図として表すこともできます。

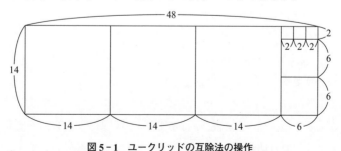

図5-1　ユークリッドの互除法の操作

　また，約数の数が 2 つしかない整数を**素数**といい，それは無限に存在することが証明されています。整数は素数の積で一意的に表すことができ，そのように変形することを**素因数分解**といいます。例えば，$12 = 2^2 \times 3$，$20 = 2^2 \times 5$ と表すことができ，これらに共通する素数の積 $2^2 = 4$ が最大公約数，最大公約数と残りの互いに素（最大公約数が 1）である数の積 $2^2 \times 3 \times 5 = 60$ が最小公倍数になります。このように，素数に着目すると最大公約数や最小公倍数をみつけやすくなり，同様に，約数もみつけやすくなります。

　これらの性質を基にした，自分自身を除く約数の和に等しくなる整数である完全数（例えば $6 = 1 + 2 + 3$）や，2 つの整数の組で互いに自分自身を除く約数の和が等しくなる友愛数（例えば 220 と 284）などの数も知られています。この他にも，**偶数**や**奇数**，ある数でわったあまりが同じ数を等しいとみなす**合同式**（例えば 4 と 7 は 3 でわると 1 あまるので等しい）などの性質がありますし，小町算（$1 \square 2 \square 3 \square 4 \square 5 \square 6 \square 7 \square 8 \square 9 = 100$ の$\square$に演算を入れて等式を完成させる）のようなパズル的なものもありますので，それらのことも参考にして教材研究を行っていくことが望まれます。

1.3　小数・分数：数の「表記」

　数学では，数概念は演算の可能性の観点から，「自然数→整数→有理数→無理数→…」と拡張されます。一方，わが国の小学校算数では，数の学習指導は負の数を扱わない前提で，「自然数→整数→小数→分数」のように進められます（小数と分数の順序が逆の場合もあります）。

　小数と分数は，算数では「新しい数」として導入されますが，いずれも数の「表記」であることに注意しましょう。0.5 と $\dfrac{1}{2}$ は，表記としては異なりますが，同じ数（有理数）です。

　算数で扱う小数は，0.5 や 2.537 のような有限小数です。有理数は，有限小数の他に，0.333... や 1.234234... のような循環小数で表される数も含みます。一方，分数とは，「a, b を整数（$b \neq 0$）として，$\dfrac{a}{b}$ の形で表される数」のことです。そして，有限小数と循環小数は，いずれも分数で表すことができます

（例えば，$0.5 = \dfrac{1}{2}$，$0.333... = \dfrac{1}{3}$ など）。また，整数も分数で表すことができます（例えば，$0 = \dfrac{0}{1}$，$3 = \dfrac{3}{1}$ など）。このことから，「分数で表すことのできる数を有理数という」のように定義されます。つまり，分数は有理数の「表記」の一つです。なお，小数の中には，円周率 3.141592... や，$\sqrt{2} = 1.41421356...$ のような非循環小数もあります。これは分数で表すことができません。このような数を無理数といいます。そして，有理数と無理数を合わせた数の集合を実数といいます。つまり，小数は，実数の「表記」の一つです。

1.4　小　数

　小数が新しい数として広く認められるようになったのは，シモン・ステヴィンの *La Disme*（1585 年）によるといわれています。今も西洋には，日本の「小数」に当たる呼び名はなく，英語では，"decimal fraction" と表現されますが，"decimal" は「10 進法の」，"fraction" は「分数」という意味ですので，直訳すれば「10 進分数」となります。つまり，西洋における小数は，分母が 10 の累乗である特別な分数のこととして考えられています。一方，中国や日本では，分数とは無関係に，小数は大数に対する数として考えられ，中国では 1299 年の『算学啓蒙』にその用語がみられ，日本では吉田光由の『塵劫記』（1627 年）に「一より内の小数（こかず）の名の事」として，分（ふん），厘（り），毫（ごう）のような小数の単位があげられています。現在の算数の教科書において，「分数→小数」，「小数→分数」の両方の学習指導順序がみられますが，これは，上述のような小数の発生の歴史を，どのように踏まえて学習指導を考えるかの立場の違いであるとも考えられます。

　ステヴィンは，例えば小数 2.345 を 2 ⓪ 3 ① 4 ② 5 ③ と表記しました。その後，丸数字で表した記号が不要であることに気づき，⓪に代わる小数点が発明され，今日の表記に到達したといわれます。小数は，この表記によって，数の大小関係を容易に判断することができ，また，計算も容易に行うことができます。

　整数の十進位取り記数法では，ある位の左側の位は，その位の 10 倍の単位

の大きさになっており，右側の位はその位の $\frac{1}{10}$ の単位の大きさになっています。小数は，この原理をそのまま 1 より小さい数に適用しています。つまり，1 を 10 等分して，新たな単位 0.1 をつくり，さらにそれを 10 等分して単位 0.01 をつくるという仕方です。

　小数が整数と同じ十進位取り記数法の原理に基づくことの理解は，**数の相対的な見方**をすることで一層深まります。数をある位の単位に着目して，そのいくつ分とみる見方です。例えば，2.3 は，0.1 を単位として，その 23 個分の大きさであるとか，7.65 は，1 を 7 個と 0.1 を 6 個と 0.01 を 5 個合わせた大きさである，というような見方です。

　算数の学習指導において，小数は，測定に関連させて，1 に満たない端数部分（はした）の量の表現として導入されます。例えば，あるポットに入った水の量を，1 L ますで測りとったとき，1 L とはしたがでる場面で，そのはしたの量が，1 L を 10 等分した 1 つ分の量で測り切れる場合を取り上げます。その 1 つ分の量を 0.1L と定義し，その 3 つ分の量であれば，それを 0.3L と表し，そのときのポット全体の水の量を 1.3L と表すことを指導します。

　児童は，すでに水の量を表す L の下位単位として dL を学習しており，「10dL＝1 L」の関係にあることを知っています。このことと関連付けて，0.1 を 10 こ集めた大きさは 1 であることを理解させ，小数が，十進位取り記数法の原理が 1 より小さい方向に適用されていることの理解を図ります。他に，長さに対して小数を用いることで，それまでは 2 cm 3 mm のように下位単位を用いて表してきた量を，2.3cm のように一つの単位だけで簡潔に表すことができるという，小数を用いて量を表すことのよさを実感させることができます。

1.5　分　数

　分数の歴史は，小数のそれよりも圧倒的に古く，紀元前の古代エジプトの頃にまで遡ります。1 を 2 つ，3 つと集めて 2，3，…と数が考えられたように，1 を 2 つ，3 つに分けて数を考える必要が，人類の進歩の早い段階で起こります。そして，表記は今とは異なりますが，1 を分けた分数である $\frac{1}{2}$，$\frac{1}{3}$，$\frac{1}{4}$，

…に当たる「単位分数」が考えられました。紀元前17世紀頃の数学の巻物として知られる「リンド・パピルス」には，次のような分数の表が書かれています。

$$\frac{2}{5} = \frac{1}{3} + \frac{1}{15}, \quad \frac{2}{7} = \frac{1}{4} + \frac{1}{28}, \quad \frac{2}{9} = \frac{1}{6} + \frac{1}{18}, \quad \cdots.$$

　古代エジプトでは，このように，1より小さいあらゆる大きさを，単位分数の和で表していました（分数 $\frac{a}{b}$（$0<a<b$）は，異なる単位分数の和で表すことができます）。この考えは，例えば，労働の対価として支給される3つのパンを，5人で等分するときに，$\frac{3}{5} = \frac{1}{2} + \frac{1}{10}$ と考えて，一人分を配分するような場面で用いられていたと考えられています。

　算数の学習指導において，分数は，小数と同様に，1より小さい量の表現として導入されます。まず，1つのものを「半分」に分けた大きさを，「もとの大きさの $\frac{1}{2}$」と表すことを指導し，さらに $\frac{1}{4}$ や $\frac{1}{3}$ のような簡単な分数を扱い，2つの数の組で1つの数を表記することとその意味を指導します。

　分数は，それが用いられる場面によって様々な意味をもち，それぞれに応じた教育用語が古くからあります。それだけ教えることが難しいものであることの表れです。

　例えば，1つのものを3等分した2つ分を $\frac{2}{3}$ と表します。この $\frac{2}{3}$ は，$\frac{1}{3}$ を単位として，$\frac{1}{3} + \frac{1}{3}$ や $\frac{1}{3} \times 2$ と捉えたりする分数，あるいは式で $1 \div 3 \times 2$ として等分の過程が捉えられたりする分数です。このような意味の分数を「分割分数」といいます。これは，分数の第一義ともいわれます。

　量を扱う場面で，複数の分数で表される量の大小や和，差を考えようとすると，それらの分数が同じ基準量を等分して得られた量である必要があります。そこで，その基準量を1mや1Lとして，分割分数 $\frac{2}{3}$ を用いて，$\frac{2}{3}$m，$\frac{2}{3}$L などのように量を表します。このように，一つの量を表す分数を「量分数」といいます。では，次のテープの色のついた部分の長さは，分数を用いて何mと表されるでしょうか？

0 　　　　　　　　　　　　　　　　　　　　　　2 (m)

図 5 - 2　色のついた部分の長さは何 m ?

　これを「$\frac{2}{3}$ m」と誤答する子どもが多くいます。全体の長さが 2 m ですので，正解は $\frac{4}{3}$ m $\left(1\frac{1}{3}\text{ m}\right)$ です。この誤答は，分数が，割合を表すときにも用いられることに起因しています。「a は b の $\frac{2}{3}$」のように割合を表す分数を「割合分数」といいます。上で解答すべき長さは，「2 m の $\frac{2}{3}$ に当たる長さ」です。先の子どもの誤答の原因は，「割合分数」である $\frac{2}{3}$ を，「量分数」と混同して用いている点にあると考えられます。

　「12 個の $\frac{2}{3}$」というときは，$12 \div 3 \times 2 = 4 \times 2 = 8$（個）というように，計算の結果を求めることができます。ここでの「〜の $\frac{2}{3}$」は，「〜を 3 等分して，その 2 つ分をとる」という操作を表していると考えられます。そのような分数を「操作分数」といいます。「〜の $\frac{2}{3}$」のような分数は，「の付きの分数」といわれることもあります。

　$2 \div 3$ のわり算の答え（商）は，小数では正確に表記することができません。（整数）÷（整数）の商は，分数を用いて常に正確に表記することができます。$2 \div 3 = \frac{2}{3}$ のように，商を表す分数を「商分数」といいます。分数 $\frac{a}{b}$ を $a \div b$ の結果の表記であると考えるとき，ここでの分数とは有理数そのもののことです。これは，分数の第二義ともいわれます。

　分数は，$\frac{2}{3} = \frac{4}{6} = \frac{6}{9} = \frac{8}{12} = \cdots$ のように，同じ大きさの分数をいくらでも作ることができます。このことが，分数の大小比較や加減の計算を困難にする要因にもなります。一方で，同じ大きさの表し方が多様にあることは，計算を工夫する上での強力な武器ともなり，分数の利点でもあります。ここで，それ以上約分することのできない $\frac{2}{3}$ のような分数（「既約分数」といいます）は，それと同じ大きさの分数の仲間 $\left(\frac{4}{6},\ \frac{6}{9},\ \frac{8}{12},\ \cdots\right)$ を代表した分数であるとみ

ることができます。

　分数と，整数や小数との大小の関係を捉えさせる上で，数直線上に様々な分数を位置づける活動が重要です。また，小数との相互関係を数直線上で調べさせることで，1を10等分した分数による表記と小数による表記との関係を統合的にとらえさせることができます。

　数直線上に整数を並べると，ポツン，ポツンと離れて並びます。この並び具合を「離散」といいます。分数（有理数）を全て並べると，「びっしり」と並びます。この並び具合を「稠密（ちゅうみつ）」といいます。「びっしり」と並んではいますが，まだ，直線のようにはつながっていません。なぜなら，無理数が並んでおらず穴が開いているからです。有理数と無理数の両方が並んで実数の数直線としてつながります。この並び具合を「連続」といいます。

　1より小さい分数を「真分数」といいます。1より大きい分数は，「仮分数」（分子＞分母）または「帯分数」（整数＋真分数）で表記します。仮分数は乗除の計算をするのに便利です。帯分数は，数の大きさが捉えやすい表記です。

　ところで，算数では，あまりのあるわり算について，「$30 \div 4 = 7$ あまり 2」のように表現します。一方，「$30 \div 4 = \dfrac{30}{4} = \dfrac{15}{2} = 15 \div 2 = 7$ あまり 1」と考えることもできます。一見すると矛盾するように見える原因は，商とあまりの表現の仕方と等号（＝）の用い方にあります。古代中国では，例えば30銭を4人で分けたときの一人分は，7銭4分銭之2のように表しました。帯分数の考えです。この考えに倣うと，「$30 \div 4 = 7\dfrac{2}{4}$」，「$(30 \div 4 =)\ 15 \div 2 = 7\dfrac{1}{2}$」となり，矛盾はありません。

第2節　加法の構造を考える

2.1　数学的な構造

　$2x + 3y$ はこれ以上計算することができないように，普通は異種のものを足したり引いたりすることはできません。しかし算数の文脈では，異種のものの数量を同種の量に置き換えることで，4(人) + 3(個) = 7(個) と考えることがで

きるような場面を設定することができます。このような数学的な世界と算数の文章題における文脈をまたがるような考察をしてみたいと思います。

　まず数学的な世界を学ぶために，そもそも構造とは何かを考えてみましょう。数学の世界では，数などの要素の集合の特徴を考え，それを代数的構造と呼ぶことが一般的です。ある集合に対して，そのすべての要素の演算を想定することができ，さらにその演算結果が集合の要素である場合を想定します。これを演算が閉じているといいます。例えば，すべての自然数という集合は，加法について閉じています。しかし減法については，小さいものから大きいものを引くと演算結果は負の数になってしまうので閉じていません。このように演算の性質や特殊な要素の存在の有無などを検討することでその集合の特徴を示すことが集合の構造を説明することになります。

　一つの演算によって決まる代数的構造として，マグマ（亜群）や群と呼ばれるものなどがあります。例えば群であるためには，① 単位元と呼ばれる要素が集合内に存在すること，② すべての要素における逆元が集合内に存在すること，③ 結合法則が成り立つことの 3 つが必要となります。①や②などは特殊な要素の有無による集合としての特徴となり，③などは演算としての性質が集合の特徴を示すことになります。算数では，前節で述べているように数概念がどんどん拡張されていきますので，現在学習している数の集合がどのような構造であるかを考察することは，指導上の留意事項を導出するだけでなく，子どもの素朴な数学的関心を汲み取るためにも重要となります。

2.2　算数の文章題における文脈

▧ 時間のある文脈と時間のない文脈

　次に現実的な世界を算数の文章題において構成していく際に生じる，演算の特徴と言える性質を構造的に取り上げながら考察していきます。

　まず素朴な加法となる状況として，同時に存在する 2 つの数量 a と b を合わせたものを求めるという，合併を意味する場合を考えてみます。この場合は，足す数と足される数はどちらでも構いませんので，立式は $a+b$ でも $b+a$ であっても問題ありません。言わば文脈は立式において交換法則を制限しない場面

であると言えます。

　一方，もともとある数量 a に対して，後から b を加えて結果が増加するような場面を考えることもできます。この増加の場合では，時間によって前後関係がはっきりしますので，立式 $a+b$ であり，$b+a$ であることは不適切になります。演算結果から交換法則が成り立つことは言えますが，加法の意味を考える学習においては立式が制限されることは大きな意味を持ちます。時間的な順序を持つ文脈の一つの特徴であると言えるでしょう。

　もともとある数量に対して，増加ではなく減少するような状況は減法によって処理されます。この状況は，残っている数量を問うので求残と呼ばれます。減少と増加は，初期状況や操作による結果を求めるという共通から，対の関係にあるといえます。一方，結果としての数量と，操作として加えたものの数量がわかっている場合に，もともとあった数量に対して減法を用いて知ることができます。この減法は求始とでも呼ぶことができるでしょうが，増加とは可逆的な関係にあるといえます。対称的に，結果としての量と，操作として減らした数量がわかっている場合も減少と可逆的な加法の状況も設定できるでしょう。また，結果としての数量ともともとの数量がわかっている場合に，増加分の数量を求めることも減法で可能となります（減少分の数量ならば加法）。あえて名前をつけるならば，求加，求減といえるでしょう。

　上記のように，なぜそれを知っていて，これは知らないのかというような現実場面では想定しにくいけれども，算数の文章題だからこそ設定を可能とする問いをほかにも考えてみましょう。全体の数量とその一部である性質を有するものの数量がわかっている場面において，その性質を有していないものの数量を求めることも減法となります。求残の特殊形であるこの状況を求補と呼びます。時間的な順序性を有していない点から，求補と合併は対の関係として捉えることができます。

■ 比較対象がある文脈

　次に，2つの数量を比較する場面について考えてみましょう。この場面で最もシンプルなのは，2つの数量の差を問うことです。減法の演算結果を差と呼

ぶ通り，まさに減法の立式になりますが，これは求差と呼ばれています。ここ
で問題となるのは，求差は，どちらが大きいのかという問いと，差はどれくら
いであるかという問いの2つを有している点です。一般的に算数の文章題では，
どちらが大きいのかということについての説明を文章中に入れ込むことで，大
きい方はどれくらい大きいかを問うことを可能としています。しかし自然な問
いを導くためには，問題設定においてこの文脈をどのように扱うかは大きな問
題になります。絶対値を知らずとも，2つの差の絶対値を求めるような問いを
作成することもできるでしょう。求差のもう一つの大きな問題点は，差の可視
化です。子どもにとっては，数量という具体的な概念から差という抽象的な概
念という認識上の乖離があるかもしれません。数量を問うことは，いくつであ
るかという問いですので，数え上げていく活動の延長線上にあります。一方差
を問うことは，一対一の対応関係を確認していき，残っているものを差として
解釈していきます。直観的に，求残と求差を同一視して演算を考えてしまうと，
求差を説明することは難しくなります。差はいくつであるかということと，そ
れはどのようにして求まるのかということは，少し隔たりがあることを承知し
ておく必要があります。時間の前後という意味では求残も比較ですが，片方の
比較対象が消失するのが求残であり，2つの比較対象が顕在なのが求差といえ
るでしょう。

　2つの数量の比較の場面における異なる問いを考えてみます。どちらか一方
の数量と2つの差がわかっているような状況で，もう一方の数量を求める場合
です。大きい方の数量がわかっている場合，その数量にわかっている差の量を
ひくことで，小さい方の数量を求めることができます。これを求小と呼びます。
逆に，小さい方の数量がわかっている場合は，その数量にわかっている差をた
すことで大きい方の数量を求めることができます。こちらの方は求大と呼びま
す。

▨ 特殊な文脈

　変化量同士の差を求めることも考えることができます。例えば，ある人の体
重が，2か月前から1か月前は5kg増加し，1か月前から今ではさらに3kg増

加したという場面を考えてみてください。体重がどれほどの重さであるかはわからずとも変化量の統合などを考えるようなことも，加法や減法で表すことが可能です。また，一列に並んでいる場面を想定して，順序数と移動という変化量，順序数と順序数の比較なども加法と減法で想定することができます。本節の冒頭で示したような，異種のものの数量を，同種のものに置き換えることで2つの合併や差の比較などを行うようなものもあります。

　加法と減法の意味についてまとめると，それらは与えられた状況から派生することで文章題としての問いとなっていきます。また，その関係には双対的である場合と，可逆的である場合があります。問題設定とその背後にある数学的な関係を捉えることができれば，様々な文章題の状況を設計することができるでしょう。

2.3　計算方法への示唆

　一桁から二桁への数の拡張に伴って，繰り上がりのある加法では，被加数もしくは加数のどちらかを分解し，10のまとまりを作るような計算手順を考えます。また繰り下がりのある引き算では，その逆操作として減々法や減加法と呼ばれるものがあります。いずれにしても演算の意味との関連のもとに考えていくことが期待されます。最も良い方法はどれかというように思考を制限するのではなく，数学的な構造を背景としながら，様々な見方・考え方に気がつくことを学習目標とした指導が重要です。

第3節　乗法の構造を考える

　この節では，乗法・除法の指導について考えていきます。乗法・除法の指導では，演算の意味と計算の方法について考える必要があります。計算の習熟に関心が集まりやすいところですが，計算の方法を考える上でも，乗法・除法がどのような意味を持つかを理解することが重要です。そこで，以下では，乗法・除法の意味として，同数累加とその進展について述べていくことにします。

3.1 同数累加

　まず，乗法（かけ算）について考えてみましょう。乗法を学習する前に，子ども達は加法（足し算），減法（引き算）を学んでいます。そのため，加法の意味に基づいて，乗法は「同数累加」によって導入されることが多いです。同数累加は，「同じ数を繰り返し足していく」という操作を抽象したものです。2を3回足すこと（2 + 2 + 2）を 2×3 と表し，加法を簡潔に表す方法として意味づけられます。

　同じ数を3回書くくらいはそうでもありませんが，9回も10回も書くとなると大変です。こうして，新しい記号「×」を導入し，2×9 や 2×10 と表して，全体の数を求めるという意味を教えることになります。「×」を使うには，加える数がすべて同じでなくてはなりません。すべて同じ数であることが分かっているため，安心して「×」を使うことができるのです。

　同数累加では，a のまとまりが b 個あるときに「$a×b$」と表しますが，これは「（1つ分の大きさ）×（いくつ分）＝（いくつ分に当たる大きさ）」という意味づけになります。また，その後，「いくつ分」に当たる b を「倍」と捉え，「a の b 倍に当たる大きさ」という意味も扱っていきます。

　同数累加では，$a×b$ において，被乗数 a と乗数 b は異なる意味を持ちます。この点は，乗法が加法と本質的に異なるところです。加法の場合，例えば白い花2本と赤い花3本を足し合わせて合計の本数を求める場合，2 + 3 の 2 と 3 はどちらも本数です。ところが，5個の花瓶に花が2本ずつ入っている場面で，花の合計の本数を 2×5 で求めるとき，2 は本数（正確には1つの花瓶あたりの本数）ですが，5 は（花瓶の）個数となります。

　この違いは，数のまとまり（ユニット）を作って調整していく思考操作における重要な違いをもたらします（Lobato et al., 2010, p. 59）。2 + 2 + 2 と次々に足していく場合には，必要とされるユニットは基本的に1だけです。1が2個で2，そこに1を2個加えて4，そこに1を2個加えて6が得られます。ところが，2×3 の場合，2というユニットが3個と考えることが要求されます。しかも，2のユニットの1つ1つは，1のユニットが2つからできています。すなわち，ユニットのユニット化が必要になります。

　それまで加法と減法を学んできている子どもたちにとって，この思考操作は簡単ではありません。例えば，3×6の式になるような問題づくりをするとき，「ケーキが3箱ありました。そこから6箱足しました。ケーキは何箱になりますか。」のような加法の問題を作る子どもの姿を目にすることはないでしょうか。子どもの間違いの要因には，乗法と加法のこうした違いが影響していると考えられます。

　被乗数と乗数の意味の違いに基づくと，$a×b$と$b×a$は表している事柄が違うことになります。交換法則が成立するためなどの理由から，$a×b$と$b×a$を区別する必要があるのかという声を聞くことがあります。小学校においては，具体的な場面を大切にし，その中で式の指導が行われるので，これらの式の意味の違いを扱うことは大切です。この後述べるように，除法は，aとbのどちらを求めるかによって，2つの意味が出てきます。割合や単位量当たりの大きさにおいても，aとbの意味づけが重要になります。このように，具体的・現実的な場面から，式を使って数学の世界に乗せていく過程を学び始めている段階では，意味づけを丁寧に扱う必要があると考えます。

　かけ算では，事象を「1つ分の大きさのいくつ分」として捉えていくことが大切です。これは，高学年にまでつながっていく大切な見方です。この見方を育てる上で，アレイ図（array は「整列」を意味する）は1つの有効な手段です。例えば，4×5は，右のようなアレイ図で表すことができます。

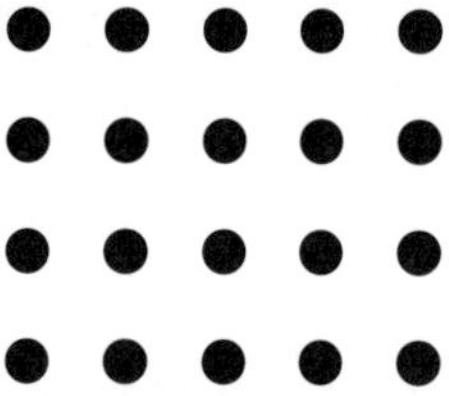

図5-3 アレイ図

　ここでは，縦1列にある4個を1つ分の大きさ（基準量）とし，その5つ分と見ることで，の全体の数を捉えやすくなります。更に，基準量である4を捉え直して，2が2つと見たり，5つ分を，2つ分と3つ分と見たりしながら，数の構造に気づいていくことができます。こうした様々な捉え方は，以下の図が示すように，多様な式による表現を生み出し，必ずしも用語をこの段階で指導するわけではないにせよ，結合法則や交換法則の理解へとつながります。それらの式がすべて等しいことが視覚的にもわかりやすく，かけ算に対する理解を豊かにすることができます。

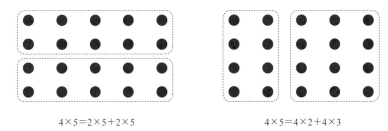

$$4\times5=2\times5+2\times5 \qquad\qquad 4\times5=4\times2+4\times3$$

図 5 - 4　アレイ図による全体数の異なる捉え方

　ところで，かけ算の「(1 つ分の大きさ)×(いくつ分)＝(いくつ分に当たる大きさ)」の意味は，2 本の数直線を用いたモデルで表すことができます。例えば，「3 つの箱にリンゴを 2 個ずつ入れると，リンゴは何個入りますか？」という問題場面で，2×3＝□は次のように表されます。

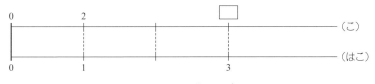

図 5 - 5　かけ算のモデル

　後述するように，この意味は，高学年にかけて「比の意味」へと高められていきます。その際，2 本の数直線のモデルは，しばしば拠り所とされます。

3.2　等分除と包含徐

　では，次は除法（わり算）ついて考えてみましょう。よく知られているように，小学校において，除法は通常「等分除」と「包含除」という意味を持つわり算として指導されます。しかしながら，学問としての数学においては，わり算はかけ算の逆演算として定義され，それ以上のものではありません（正確には，逆元を掛ける乗法を意味します）。また，後述するように，小学校段階においてさえ，これらの意味は有理数（小数・分数）のわり算を指導する際に比の意味に統合されます。こうした背景から，等分除あるいは包含除といったわり算の意味を特段に指導しなくてもよいのではないか，と考えることがあるか

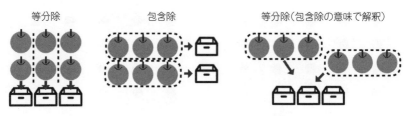

図5-6　わり算の意味のイメージ図

もしれません。

　しかし，わり算に限らず，代数的な演算あるいはそれらがもつ数学的な構造は，（例えば加える，減らす，分ける，回転させる，といった）操作を高度に抽象した結果得られるものです（岩崎，2007，pp.60-61）。生まれながらにして数学ができる子どもは（当然ですが）いませんから，子どもたちが可能な具体的な操作をもとに，その抽象度を徐々に上げていくことが，子どもにとって最も理解しやすく，教師の立場からも指導しやすいことが指摘されます。言い換えれば，具体的な操作に強く結びつけられたわり算が，どのような意味を持つ計算であるかを考えることから始め，徐々にその意味を高度に抽象（捨象）し，様々な操作を一つの演算に対して統合していくことが重要であるといえます。

　では，ここで等分除と包含除の意味を確認しておきましょう。等分除は，例えば「6個のリンゴを3つの箱に同じ数ずつ入れると，1つの箱にリンゴは何個入りますか？」といった問題のように，まさに「等分」するという操作の抽象から得られた意味を指します。一方，包含除は，「6個のリンゴを3個ずつ箱に入れると，何個の箱に入れることができますか？」のように，引き算を何回行うことができるか（この問題の場合は6から3を何回引けるか）という操作から抽象された，いわば「同数累減」とでもいうべき意味を指します。上述したかけ算 $a \times b = c$ の意味との関係では，a を求めるときには等分除，b を求めるときは包含除になると解釈することができます。

　では，これらの操作は別物であるといえるのでしょうか？　言い換えれば，「わり算には2つの意味がある」ということを指導すれば十分なのでしょうか？　前述した等分除の問題の場合，6個のリンゴを3等分するという操作は，「リンゴを全ての箱に1つずつ入れる操作」に帰着させることができます。こ

の意味で，等分除は実質的には包含除であるといえます（中島，1981，pp.13-14）。

　また，等分除と包含除は，2本の数直線を用いたモデルでは次のように表すことができます。このように表すと，それぞれの意味は異なっていても，モデルを見る方向（対応づける値の組み合わせ）を変えると実質的には同じ図であることが，視覚的に示されることになります。

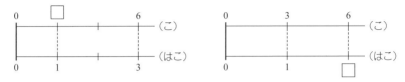

図5-7　等分除のモデル（左）と包含除のモデル（右）

　以上の背景から，わり算の指導においては，操作に基づきながら2つの意味を十分に指導しつつ，最終的には包含除へと統合しなければならないことが示されます。日本語における「割り算」という名前から，どちらかといえば「割る」イメージをもつ等分除の方が優位（あるいは重要）な意味であると誤解されることがありますが，包含除の方が優位（重要）な意味であるといえます。言い換えれば，わり算とは「包含除（同数累減）の結果，等分に分けられる（等分除）」操作であると認識することが要請されます。授業実践においても，かけ算（同数累加）の逆である点と，この後に指導される内容（例：あまりのあるわり算）との兼ね合いにおいて，指導の一貫性を保つことに繋がります。

3.3　小数・分数（有理数）のかけ算とわり算

　ここまで，整数（上述したように，算数においては0と自然数を指す用語です）におけるかけ算・わり算の話をしてきました。では，小数や分数の場合だとどうなるのでしょうか。まず，第1節で述べたように分数・小数は数の種類ではなく，数の表記方法です。したがって，小数におけるかけ算・わり算と，分数におけるかけ算・わり算は，数学的には同じ意味や構造をもつ計算であるといえます。

　さて，整数のかけ算は「繰り返して足す」という操作が抽象された同数累加の，わり算は「繰り返して引く」という操作に統合された包含除（同数累減）

の意味をもつことはすでに述べました。これらが小数・分数の場合に成立しないのは明らかです。例えば，4×0.5 は「4 を 0.5 回足す」ではありませんし，「0.2÷0.4」は「0.2 から 0.4 を何回引けるか」ではありません（0.4 等分する，でもありません）。結論を先にいえば，小数・分数におけるかけ算・わり算は，全て比の意味をもつことになります。

　ここでは，次の 2 つの問題を考えてみましょう。「1m で 4 円のリボンを 0.5m 買うといくらになりますか？」「0.5m のリボンの重さは 0.2g です。このリボンを 1m 買うと，重さは何 g になりますか？」。これらの問題場面を，2 本の数直線を用いてモデル化すると次の通りになります。すなわち，前者の問題は「4(円)を 1(m)と見なしたとき，0.5(m)に相当する値(円)を求める」，後者の問題は「0.2 (g)を 0.5(m)と見なしたとき，1(m)に相当する値(g)を求める」となり，どちらも比の意味をもっています。

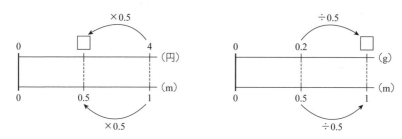

図 5-8　小数のかけ算のモデル（左）と，小数のわり算のモデル（右）

　また，分数のかけ算とわり算でも同様に考えてみましょう。「1m で $\frac{4}{5}$ g のリボンを $\frac{2}{3}$ m 買うと，重さは何 g になりますか？」「$\frac{2}{3}$ m のリボンの重さは $\frac{1}{4}$ g です。このリボンを 1m 買うと，重さは何 g になりますか？」という問題を，それぞれ 2 本の数直線を用いてモデル化すると次の通りになります。

　図が明示しているように，これらは小数のかけ算・わり算と同じ構造となります（もちろん，記号が異なるため具体的な演算方法は異なります）。すなわち，小数・分数（有理数）のかけ算 $\alpha \times \beta = \gamma$ は「ある値 α を 1 とみなしたときの比 β に対応する値 γ を求める」という操作が抽象されたものであり，わり算

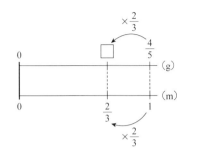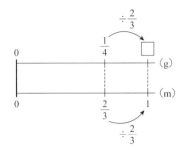

図5-9　分数のかけ算のモデル（左）と，分数のわり算のモデル（右）

$\gamma \div \beta = \alpha$ は「ある値 γ を β とみなしたときの比 1 に対応する値 α を求める」という操作が抽象されたものであるといえます。

　ところで，こうした比の意味の指導が困難であることは直観的にも明らかですから，比の意味が子どもに理解されることが最も重要な教授実践上の課題であると考えられることがあります。しかし，繰り返し述べてきているように，代数的な演算はある特定の操作を抽象した結果作られていくものです。上述したような「比の意味をもつ」演算を認めたとき，それらは本当にかけ算やわり算といってよいのか，ということが問われなければなりません。何故ならば，こうした比の意味に基づく演算は，整数におけるかけ算やわり算から導かれるものではないことが，言い換えれば同数累加や包含除から直接抽象されるものではないことが指摘されるからです。むしろ，既知の数の集合（整数）が拡張された（有理数）とき，拡張の前後でどのような性質が維持され，あるいは維持されないかを問うことがまず求められます。その上で，既存のかけ算やわり算によく似た操作を認めつつ，同時にかけ算やわり算が拡張後の数の集合では成り立たないことを認識したとき，その「よく似た操作」がどのような意味を持つものであるか，という問いから「比の意味を持つ演算」という新しい意味を持つ演算が子どもによって構成されます。このため，それらは本当にかけ算・わり算と同一視してよいか，ということが問われなければならないのです。

　そこで，比の意味をもつ演算を，整数の範囲に限定してみましょう。すると，「ある値 α を 1 とみなしたときの比 β に対応する値 γ を求める」という操作は

同数累加と同一であり，「ある値 α を β とみなしたときの比 1 に対応する値 γ を求める」という操作は整数のわり算と同一であり，γ が 1 と同じ種類の値である場合（包含除）と，そうでない場合（等分除）があります。言葉ではわかりにくいかもしれませんが，整数のかけ算・わり算を表したモデルと，小数（分数）のかけ算・わり算を表したモデル（図 5 - 5，図 5 - 7，図 5 - 8，図 5 - 9）を利用し，比較すると，視覚的にこのことが把握できます。例えば，図 5 - 7 と図 5 - 9 のわり算に関するモデルを比較すると，どちらも「1 に対応する値を求めている」ことが分かります。このことが認識されて，初めて「比の意味の演算はかけ算・わり算であり，整数に限定したときには既知のかけ算・わり算と同値である」ということができるようになり，同数累加や同数累減という操作の更なる抽象が達成されたことになります（この一連の認識プロセスを拡張ということがあります）。

3.4　問題解決とかけ算・わり算

　ところで，ここまでに述べてきたようなかけ算・わり算が，どのような問題場面において必要とされるのでしょうか。ここまでに提示してきた演算のモデルである 2 本の数直線，演算の意味を見てみると，そこには比例関係が認められる異なった 2 種類の大きさ（測度）Q_1 と Q_2 があることに気づきます。さらに，それぞれの大きさの中には，2 つずつの値が，しかもその中には必ず「1」が含まれており，場面全体では 4 つの値 1, a, b, c, が認められます。例えば，前述した「6 個のリンゴを 3 つの箱に同じ数ずつ入れると，1 つの箱にリンゴは何個入りますか？」という問題の場合，『Q_1：箱の個数』と『Q_2：リンゴの数』に対して，『箱 1 つ[1]』『箱全体の数 3 個[a]』『リンゴ全体の個数 6 個[b]』『1 つの箱に入るリンゴの個数[c]』となります。このように 2 種類・計 4 つの値があるという関係は，算数のかけ算・わり算で通常取り扱う全ての問題場面に当てはまります。このような関係を，図 5 - 10 のように表したとき，かけ算，またはわり算を用いて解決する必要がある場面は，a, b, c のいずれかが未知である場面，と考えることができます。

　ここで真に重要なのは，このような分類や違いではありません。こうした場

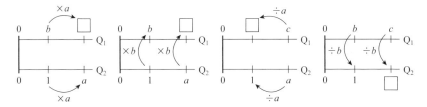

図 5 - 10　かけ算やわり算を用いる問題場面

面が，子どもの素朴な視点から見ると大きく異なっていることを認識した上で，これらの図が示唆するように，それらの問題の構造が共通していること。更に，「1」に着目し，残り3つの値が「1」とどのように対応しているかを考えることで解決していく，という意味で共通していること。そして再三繰り返しますが，これらの操作が同じ計算であるということ（中学校数学で全て乗法に統合されます）。こうしたことを子どもが認識していくことが重要です。2本の数直線の図は，こうした指導を強力に補助する指導上のツールであるといえます。

　また，わが国の算数カリキュラムにおいては，このような統合を期待した単元として「割合」と「比」が設定されています。次節では，これらについて見ていくことにしましょう。

3.5　割合と比（乗法の統合概念として）

　割合，比の概念は，様々な事象における2つの数量の関係について，それらの数量の間に成り立つ比例関係を前提として，乗法的な関係に着目することで得られます。

　割合には，同種の量の割合と，異種の量の割合があります。同種の量の割合は，もとにする数（量）（基準量，B），比べる数（量）（比較量，A），割合（P）から構成されています。したがって，これら3つのどれを求めるかによって，割合の計算は，以下の3つにまとめることができます。

　　① P＝A÷B：これは，割合を求める計算です。「比の第1用法」と呼ばれています。上述した「包含除」を拡張したものになります。

　　　例：「30人の学級で，女子は18人です。学級の人数をもとにしたと

きの女子の人数の割合を求めましょう。」

②　A＝B×P：これは，比べる数（割合に当たる量）を求める計算です。
「比の第2用法」と呼ばれます。上述した「1つ分の大きさのいくつ分」
の意味を拡張したものになります。

　　例：「へいのペンキ塗りをしています。へいの面積は24m²です。今
　　までに全体の20%を塗りました。何m²塗ったでしょうか。」

③　B＝A÷P：これは，もとにする数（基準量）を求める計算です。「比の
第3用法」と呼ばれます。上述した「等分除」を拡張したものになりま
す。

　　例：「まりさんは定価の2割引きでノートを買いました。ノートは
　　300円でした。定価は何円だったのでしょうか。」

このように，割合は，前述してきたかけ算，わり算を統合する概念と考える
ことができます。これまで示してきた2本の数直線のモデルで統合的に表すと，
図5‐11のようになります。

図5‐11　割合による数値化

ここで基本となるのが，倍の考えです。倍は，もとにする数を1とみたとき，
もう一方の数がどれだけにあたるかを表した数です。乗法的な関係に着目して
数値化しているところは割合と共通しています。但し，倍と割合には，違いも
あります。それは，後者では2つの数量の間にある比例関係を前提として，関
係を見たり表したりする点です。

具体的な問題で考えてみましょう。

Aさんは，バスケットボールを10回投げて，6回成功しました。Bさんは，8回投
げて，5回成功しました。どちらの方が，シュートが上手いと言えるでしょう。

どちらが上手いかを，単純に，成功した6回と5回を比べて判断することは

できません。投げた回数が A さんと B さんでは違うからです。差を使って，A さんは 4 回失敗，B さんは 3 回失敗なので B さんの方が上手い，と考えることもできますが，A さんの方がたくさん投げていることも事実です。たくさん投げた方が失敗する回数も多くなると考えると，一概に B さんが上手いとは言い切れません。

　そこで，投げた回数と入る回数の間の比例関係を前提として，「上手さ」を決めていきます。10 回投げて 6 回成功する A さんは，20 回投げたら 12 回成功する，30 回投げたら 18 回成功する，……，と考えます。すなわち，これらはすべて「同じ上手さ」と考えます。ここでは，比例関係が前提とされます。10 回中 6 回成功を，単なる 1 回のデータとみなすのではなく，「A さんの上手さ」という意味を持つものとして捉えていきます。B さんも同様です，8 回投げて 5 回成功する，16 回投げて 10 回成功する，24 回投げて 15 回成功する，……，を，やはり比例関係を前提として「同じ上手さ」と考えます。これらはすべて「B さんの上手さ」を表しているデータとなります。

　下の表は，A さんと B さんの「上手さ」を，投げた回数と成功した回数のデータで表したものです。

A さんのシュートの上手さ

投げた回数	10	20	30	40
入る回数	6	12	18	24

B さんのシュートの上手さ

投げた回数	8	16	24	32
入る回数	5	10	15	20

図 5 - 12　A さんと B さんのシュートの上手さ

　ここで表を縦にみると，A さんはいつも投げた回数の 0.6 倍成功することが，B さんはいつも投げた回数の 0.625 倍成功することがわかります。このように，A さんの 6 ÷ 10 ＝ 0.6 から出てくる 0.6 の意味は，単に 10 回中 6 回入ったということではなく，これらのデータの代表として A さんのシュートの「上手さ」を表していることになります。同様に，B さんの 5 ÷ 8 ＝ 0.625 の 0.625 も，同様に，B さんのシュートの「上手さ」を表していることになります。

　一方，異種の量の割合（単位量当たりの大きさ）は，混み具合や速さなど異種の2つの数量の割合として捉えられます。異種の量の割合においても，2つの数量の間の比例関係を前提として考えていきます。例えば，下のような大きさの畳の部屋CとDに子どもが割り当てられた場合，どちらの部屋が混んでいると言えるかを考えてみます。ここでも，畳の数と子どもの数の間に比例関係があることを前提にして，部屋の「混み具合」を決めていきます。つまり，Cの部屋に関わって，「10枚に7人いる」「20枚に14人いる」……は，すべて「同じ混み具合」であると考えます。シュートの上手さの時と同じように，10枚に7人を，単なる1データとみなすのではなく，「Cの部屋の混み具合」の意味を持つものとして捉えます。「畳1枚あたり0.7人」の混み具合も，そうした意味で捉えます。Dの部屋に関わっても同様に考えると「畳1枚あたり0.75人」の混み具合となり，2つの部屋の混み具合を比べることができるようになります。CとDの部屋の混み具合は，その他にも「子ども1人あたりの畳の枚数」や最小公倍数を用いて「畳40枚あたりの子どもの人数」など，一方の量の大きさをそろえて比べることができます。一方の量を「そろえて」他方の量で比べることができるのは，こうした比例関係を前提とした混み具合の捉えがあるためです。

	畳の数	子どもの数
C	10	7
D	8	6

図5-13　CとDの部屋の混み具合を比べる

　なお，ここでは離散量を扱った例を述べましたが，単位量あたりの大きさを考える場合，連続量をもとにして考え，離散量についても同様に扱っていくという考え方も指摘されています。

　上で述べてきた割合では，2つの数量AとBの割合を表すときに，どちらか一方を基準として表しました。一方，比は，簡単な整数などの組を用いて表す方法です。例えば，3dLと5dLを，3：5（3対5）と表します。比においても，具体的な場面において，比の相等（等しい比）について学ぶ際に，2量の

間にある比例関係が扱われます。例えば，麺つゆの濃さを比べるときに，「カップ1杯の麺つゆとカップ4杯の水」を混ぜてできたつゆの濃さは，「カップ2杯の麺つゆとカップ8杯の水」等と同じ濃さであるとして，1：4が2：8等と等しいことを理解させていきます。ここでも，麺つゆと水の量では，麺つゆの量を2倍，3倍，……としたときに，水の量も2倍，3倍，……にすれば濃さは変わらない（比例関係）ことに基づいて，ある濃さを決めていることになります。この理解のもと，比の値P（A：B＝P：1）は，比例関係に基づいて同じ関係とみた無数の数の組に対する1つの代表値となります。

このように，割合や比の概念においては，2つの数量の間にある比例関係が基礎となっており，比例関係は，かけ算やわり算の意味を支える本質的な乗法の構造を与えていることが分かります。

3.6 問題解決における道具としての割合と比

乗法の統合概念としての割合や比において，比例関係の重要性を見てきました。この点から考察をしていくと，問題解決における道具という側面から，幾つかのポイントが見えてきます。

第1に，割合や比は，2組の数量の関係同士の間に比例関係があることを前提とする，ある特徴を持った数量の比べ方であるという点です。例を振り返ってみましょう。投げた回数と成功した回数が比例関係にあるとして，Aさんの「10回中6回成功」Bさんの「8回中5回成功」を差ではなく商を使って捉え，0.6と0.625を比べました。畳の数と人数が比例関係にあるとして，C部屋の「10枚に7人」とD部屋の「8枚に6人」を商によって捉え，1枚当たりの人数の0.7と0.75を比べました。比においても，麺つゆと水の量の比例関係から，つゆの濃さ1：4と2：8が同じ濃さであると判断しました。これらは「シュートの上手さ」「混み具合」「濃さ」という属性を数値化して比べています。2つの数量を比べるときには，差という方法を使うことも多いでしょう。差では，特に比例関係は前提とされていません。比べる事象によって，どのような比べ方が適しているかを判断して使っていくことが大切になります。

第2に，同じ割合による比べ方をするにしても，目的に応じて，どのような

方法を用いて，問題を捉えてアプローチしていったらよいかを考え，実際に行っていくということです。以前からこの点の重要性が指摘されています。割合と比は，2つの数量の大きさを比べるときに，2つのうちの一方を基準量とするか，2つの数量を簡単な整数などの組で表すかという違った特徴を持っています。一方を基準量とする場合でも，2つある数量のどちらを基準量にするかは目的によって変わります。また，基準量についても，1とみるか，100とみるか（百分率），10とみるかなども，目的によるところが大きいでしょう。同様に，単位量当たりの大きさで比べる場合も，例えば，速さにおいて，分速で比べるか時速で比べるかは場面や目的によります。さらに，1分や1時間という単位時間以外にも，15分や30分などを使って比べた方が効率的である場合もあります。目的に照らしてユニットを上手く作り出し，効果的に使っていく力の重要性は，研究者の間でも共有されているところです（Lamon, 2005; Lobato et al., 2010）。比と比の値に関連して，島田・中島（1960）も次のように述べています。

> 子どもの考えが進むにつれて，比も比の値も，同じ関係を表しているものであること，いわば，割合の表し方として表裏の関係にあることを理解し，必要に応じて，適当な形で用いられるようになることが望ましいといえる。
>
> （p. 119）

統合的な概念としての理解が深まることと，目的に応じた適切な使い方を選択したり工夫したりできるようになることとの間には，密接な関係があると考えられます。

第3に，割合や比を使っていく際に，式だけではなく，異なる表現手段を利用し，問題解決を進めたり，解決の結果を伝えたりすることです。2本の数直線や表による表現の有用性は，これまでも述べてきました。その他にも，テープ図，関係図などがあります。その一方で，割合や比は，様々な日本語表現によって表されるため，解釈に困難が生じることもあります。Vergnaud（1994）は，概念的であるがゆえに目に見えない乗法的な構造を視覚化し，公にし，議論の対象とする上で，言葉や記号が本質的に重要であることを指摘しています。授業においても，異なる表現での視覚化と関連付けによって，子どもたちの理

解を深め，問題解決の力を支援することが求められます。

章末問題

1．なぜ算数では小数と分数を学ぶのか，それぞれのよさは何かを比較しながら考察してみましょう。

2．加法と減法，乗法と除法のそれぞれの意味についての関係を表や図などを用いて整理してみましょう。

引用・参考文献

今岡光範・坂本隆則・寺垣内政一・丸尾修（2007）『これだけは知っておきたい教員のための数学 I ―代数・幾何―』培風館.

岩合一男編（1990）『算数・数学教育学』福村出版.

岩崎秀樹（2007）『数学教育学の成立と展望』ミネルヴァ書房.

カジョリ，F.，小倉金之助補訳（1970）『カジョリ初等数学史』共立出版.

片野善一郎（1988）『授業を楽しく数学用語の由来』明治図書.

川口延・中島健三・中野昇・原弘道編（1969）『算数教育現代化全書(3) 数と計算―分数・小数編―』金子書房.

算数科教育学研究会編（2019）『新版算数科教育研究』東洋館出版社

島田茂・中島健三編集（1960）『数量関係の指導』金子書房.

杉山吉茂（2008）『初等科数学科教育学序説』東洋館.

中島健三（1981）『算数・数学教育と数学的な考え方　その進展のための考察』金子書房.

中原忠男編（2000）『算数・数学科重要用語 300 の基礎知識』明治図書.

中原忠男編（2011）『算数科授業の理論と実践』ミネルヴァ書房.

一松信（1964）『新しい数学／代数系入門』日本評論社.

溝口達也・岩﨑秀樹編著（2019）『小学校教師のための算数と数学 15 講』ミネルヴァ書房.

宮下英明（2011）「数と量の関係は，〈数は量の比〉であって〈数は量の抽象〉ではない」『日本数学教育学会誌』93(8)：2-11.

宮地淳一ほか（2018）『算数教育のための数学』培風館.

文部科学省（2018）『小学校学習指導要領解説算数編』日本文教出版.

Harel, G., & Tall, D. (1991) The general, the abstract, and the generic. *For the learning of mathematics, 11*, 38‒42.

Lamon, S. J. (2005). *Teaching fractions and ratios for understanding* (2nd ed.). Mahwah: Lawrence Erlbaum Associates.

Lobato, J., Ellis, A. B., Charles, R. I., & Zbiek, R. M. (2010) *Developing essential understanding of ratios, proportions, and proportional reasoning for teaching mathematics in grades 6‒8*. Reston, VA: The National Council of Teachers of Mathematics.

Vergnaud, G. (1994) Multiplicative conceptual field: What and why? In G. Harel & F. Confrey (Eds.), *The development of multiplicative reasoning in the learning of mathematics* (pp. 41‒59). Albany: State University of New York Press.

Vergnaud, G. (1982) A classification of cognitive tasks and operations of thought involved in addition and Subtraction Problem. In T.P. Carpenter et al. (Eds.), *Addition and subtraction: A cognitive perspective* (pp. 25‒59), Lawrence Erlbaum Associates.

（和田信哉・近藤　裕・杉野本勇気・日野圭子・早田　透）

第6章

量 と 測 定

　この鉛筆は長い・短い，あの花壇の方が広い・狭い，ジュースが多い・少ないなど，子どもたちは日頃から多くの量に接しており，それらを比べています。では，量とは何でしょうか？　量とは対象となる物体そのものではなくその属性です。例えば，長い・短いといった長さはそれ自体として存在するのではなく，「長い鉛筆」「短いテープ」といったように，対象の属性として現れます。したがって，その属性に着目して見たり考えたりする必要があります。また，量の中でも長さや面積，体積などといった連続量は，人数や個数といった離散量と違って，数える単位が明示的ではないため，cm や cm² といった単位を意図的につくっていく必要があります。

　さらに連続量は，長さ，かさ，広さ，時間，重さなどのように加法性を有する外延量と，速さ，濃度，密度などのように加法性を有さない内包量（第9章参照）とに分けられます。本章では，外延量について取りあげます。量の学習に不可欠な測定に焦点化し，学習指導上の特徴とそこでの留意点について検討します。本章を読み進めるにあたって，次の2点を考えてみましょう。

1．量の概念とその性質とは何か。また，測定の意味や意義を理解させる学習指導とはどのようなものか。
2．2次元の量である面積や3次元の量である体積の測定ではその結果は公式化される。公式化される過程を考察し，その意味やよさを明らかにせよ。

第1節　比較する・測定する

　数学的な概念の構成は数学的活動を通して行われますが，特に量概念の構成には測定（測ること）が不可欠です。なぜならば，上で述べたように，量とは対象となる物体そのものではなくその属性として現れます。ところが，色のように，物体の属性であっても量ではないものもあります。では，量とはどのような属性でしょうか。「量とは測定の対象である」（ここでは，「測定」を「比較」を含む広義の意味で捉えている）と捉えることができます。したがって，測ることを通して量概念は構成されるのです。では，測定とは何でしょうか？測定とは対象に数値化を図ることです。簡単に言えば，数の性質を利用しようとすることであり，対象の属性の順序性と演算可能性を用いようとすることです。本章で扱う外延量の指導は，通常，4つの段階（① 直接比較，② 間接比較，③ 任意単位による測定，④ 普遍単位による測定）を経てなされます。「① 直接比較」と「② 間接比較」では，対象間の「順序性」を決定すること，つまりどちらの量が大きいかを決定することを目指します。次に，「③ 任意単位による測定」と「④ 普遍単位による測定」では，「演算可能性」を背景に量の大きさを数によって表現することを目指します。もちろん一概に外延量の指導と言っても，それぞれの量の特徴によって，その指導の実際や留意点は異なります。ここでは，長さを例に指導の4段階の概要を考えましょう。

① 直 接 比 較
　2つの対象のもつ量の大小関係を直接比べます。例えば，2つの長さ A, B を比べるとき，端をそろえたり重ね合わせたりすることによって，大小を判断することです。このとき，比べる対象が鉛筆など細長いものであれば，端をそろえることに注意する必要があります。

② 間 接 比 較
　2つの対象のもつ量 A, B の大小関係を直接比べるのではなく，$A<C$, $C<B$ ならば $A<B$ であるという推移律を用いて比べます。例えば，2つの長さ A,

B を比べるとき，端をそろえたり重ね合わせたりせずに，大小を判断する場合
を考えます。その際，媒介する長さ C を用いて，$A<C$ と $C<B$ から $A<B$ が
成り立つことを判断するということです。すなわち，複数の直接比較から推論
を用いて比較するのです。そのために，教室の前方にある黒板と後方にある掲
示板それぞれの横の長さを比べるなど，直接端をそろえたり重ね合わせたりす
ることができない場面を考えることで，間接測定を行う必要性を感じさせる場
面を設けることもあります。

③ 任意単位による測定

　間接比較の段階では，2つの対象 A，B の大小関係を考える際に，媒介物 C
を用いて $A<C<B$ の関係を導きます。その際，「A は C よりかなり小さい」や
「C より B はちょっとだけ大きい」という関係があるとき，「かなり」や「ち
ょっとだけ」と判断する基準が必要になります。つまり，$|A-C|$ と $|B-C|$ の
差同士を比べることが問題となるのです。ここで初めて，A，B，C の大きさ
それ自体が決定される必要性が生じます。すなわち，比較から測定へ移行する
必要性が生まれるのです。その際には，単位と数値化の考えが重要になります。
単位はある量を数値化するための基準として必要とされますが，ここでは恣意
的なものであり，任意単位と呼ばれます。そして，その量を任意単位のいくつ
分（何倍）かで表す活動を任意単位による測定とよびます。

④ 普遍単位による測定

　任意単位による測定では，何を単位とするかによって数値化した結果が異な
り，任意単位の社会的通用性の限界が生じます。そこで，歴史的・社会的に承
認された単位を用いて測定する必要があります。そのような単位を普遍単位と
呼び，長さの普遍単位としては，メートル法に基づいて測定することが主流で
す。

　以上のように量の概念構成には測ることが本質です。そして，測る活動を通
して量の概念を豊かに構成していくためには，量の大小関係を比べたり，単位
である基準量を意識すること，測る対象である比較量を意識すること，単位の
幾つ分かを数値化した割合を意識することを学習することが重要です。そのた

めには，身の回りにあるものを単位として測る活動を行うとともに，異なる単
位で測定すると測定値（単位の幾つ分か）が異なることに気づく学習も必要で
す。このように，測る活動を通して量概念を構成することは，倍の考えや割合
概念につながる重要な学習であるといえます。小学校算数科において，割合は
難しい学習内容の1つとして取りあげられることが多いのですが，低学年での
量と測定の学習を豊かにすることがそれらの学習の素地となるのです。

　そのような測る活動では，ものさしや計器を用いて測る直接測定（実測）と，
測定値と一定の関係にある他の量について直接測定を行い，その結果から計算
によって測定値を導き出す間接測定があります。それぞれについて，以下で詳
しく考えていきましょう。

第2節　直 接 測 る

　学校生活で毎年実施される「身体測定」のように，私たちの日常ではいろい
ろな場面で「測定」が行われています。ここではまず，「測定」の意味につい
て考えてみましょう。日本工業規格（JIS 8103）による定義を参照すると，測
定とは「ある量を，基準として用いる量と比較し数値又は符号を用いて表すこ
と」とされています。一般的には，ある量の大きさを計器などを使って数値で
表すことを「測定」と考えてよいでしょう。特に，測定では，「基準として用
いる量」を決めることが重要です。「基準として用いる量」が単位となり，単
位の何倍にあたるかを数値で表したものが測定値となります。しかしながら，
計器等を用いて測定された数値は決してその量の真の大きさが得られていると
はいえません。例えば，この本の縦の長さをものさし（計器）で測ったとして
もそれはmm単位までしか読み取ることはできず，その意味で，あくまで実
測は近似測定であるともいわれています。また，測定値の単位の選択について
は自由ですが，例えば，1mと100cmのように，同じ量でも単位によって測定
値が異なってくることに注意しなければなりません。そのため，測定にあたっ
ては単位の重要性を教師は強調する必要があるでしょう。

　さて，先述の身体測定の例でいえば，身長や体重のように，測定値を直接求

める測定のことを直接測定と呼びます。本節では，直接測定として代表的に挙げられる「長さ」「かさ」「重さ」「角」について，その学習指導上の留意点をそれぞれみていきましょう。

2.1 長さを測る

長さは量概念の中でも最も基本的で，他の量概念の理解の土台となるものです。面積や体積などの他の量の測定も，測定値の算出には長さの測定が基になります。長さを表す形容詞としては「長い」・「短い」がその典型ですが，「高い」・「低い」，「深い」・「浅い」，「遠い」・「近い」など，これらはすべて長さの量概念がもとになっており，子どもたちも普段から日常的にこれらの用語を使用していることでしょう。授業では，子どもたちのそのような日常経験を活かした舞台を設定しながら長さについての理解を深めていきたいものです。

さて，連続量としての長さの指導にあたっては，量の「保存性」と「加法性」の理解が重要となります。例えば，ひもを例にしてみましょう。同じ長さに切ったひもをいくつか用意し，変形したり，位置を変えたりしてもその長さはどれも変わりません（量の保存性）。しかしながら，量の保存の概念がまだ獲得できていない児童は曲がったひもの方が短いであるとか，位置が変わると長くなる（短くなる）といった反応を示します。長さの測定指導にあたっては，児童が量の保存の概念を既に獲得しているかどうかを教師は留意するとともに，獲得していない児童がみられる場合は，ひもの端をそろえて真っ直ぐに伸ばして直接比較をするなどの活動を授業で十二分に行うことが大切です。また，このように，直接比較をする"方法"を子ども自身に考えさせることも重要でしょう。次に，2つのひも A，B について，それらの端どうしをくっつけた場合を考えてみましょう。それぞれの測定値を $m(A)$，$m(B)$ とするとき，$m(A+B) = m(A) + m(B)$ が成り立ちます（量の加法性）。量の保存性と加法性については長さに限らず，外延量の重要性質となります。

ところで，曲線の長さはどのように測定すればよいでしょうか？ 数学的には曲線の長さは，曲線上に無数の点をとって，隣同士の点と点を結んだ線分の和の極限値として定義されます。一方で，算数の授業では，ひもなどを曲線に

沿わせて，その長さを直接測る活動が行われます。円周の長さを測る活動はその典型で，円周率は，この方法で測定した円周の長さと直径の長さの比から帰納的に導出されます。また，次の図6-1は，円周率が3より大きく4より小さいことの見通しをもたせるために，しばしば教科書で利用される図です。

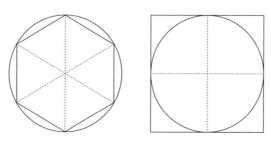

図6-1　円に内接する正六角形と円に外接する正方形

　（正六角形の周りの長さ）＜（円周の長さ）＜（正方形の周りの長さ）の不等式が成り立つことが，その根拠となります。ここで，円周の長さが正六角形の周りの長さより大きいことは自明でよいでしょう。しかし，円周の長さが，正方形の周りの長さより小さいことは，本当に自明としてよいのでしょうか？　例えば，図6-2のように，円の外側にある多角形（隣り合う辺が垂直に交わっている）の周の長さを考えてみましょう。これら3つの多角形の周の長さは全て同じになります。また，同様に，円の外側にある多角形をどんどん円に近づけてみましょう。それらの場合の多角形の周の長さもやはり全て同じになることが分かります。このように考えると，円周の長さがその外側の多角形の周りの長さより必ず小さくなるということは自明とはいえないのではないでしょうか。

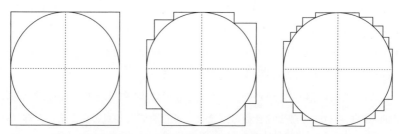

図6-2　円の外側にある多角形（隣り合う辺が垂直に交わっている）

　小学校教師として算数を教えるにあたっては，このように教科書で自明とされていることについても，鵜呑みにせず，批判的にみることも重要です。先ほどの例で言えば，円周の長さが，正方形の周りの長さより小さいことを公理とすることはもちろん一つの立場ですが，また別の立場からのアプローチを考えてみることも読者には期待します。

2.2　かさを測る

　長さが一次元の量，広さは二次元の量に対して，かさは三次元の量を表します。ある容器に入った水を違う形の別の容器に入れ換えても水の量は変わりません。また，いくつかの別の容器に移し換えたとしても水の量は変わりません。これは長さと同様に，量の「保存性」と「加法性」が成り立つためです。

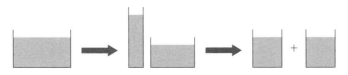

図6-3　量の保存性と加法性（かさ）

　ピアジェによれば，長さや広さの保存概念の獲得に比べ，かさのそれは最も遅れるとされています。授業者によっては算数の授業で水を扱い，コップに移すという活動に躊躇いを覚える人もいるかもしれません。「思考は行為から始まる」とは氏の言葉ですが，教室でこのような活動を厭わずに実際に行うことも大切です。このような操作的活動の充実は，子どもたちの量感の涵養にもつながります。

2.3　重さを測る

　重さは長さやかさと違って，視覚的に量の大きさを判別することが困難です。指導にあたっては，シーソーで遊ぶといった子どもたちの日常経験を活かして，てんびんを用いた直接比較へとつなげるとよいでしょう。重さの違いにあまり差がないときは，任意単位による測定が有効です。てんびんを使って，1円玉何個分といった形で数値化することでその有効性を実感させ，普遍単位による

測定へとつなげます。

　重さの単位 kg の定義については，18 世紀では水 1L の重さだったものが，その後，国際キログラム原器（International Prototype of the Kilogram: IPK）を基準としたものに変更され，2019 年には新たに量子力学における基本定数である「プランク定数」をもとに定めることになりました*。このように，量と測定の指導にあたっては，計測単位の基準についてもそれは絶対的なものではなく，科学技術文化の所産として歴史的に変遷することも子どもたちには伝えたいものです。

　　＊単位の定義の変遷については科学技術の進歩とともに，より普遍的で再現性の高い定義へと移行することが目指されてきました。しかしながらキログラムだけは 19 世紀末に定義されて以来，人工物による定義が使われ続けてきた背景があります。21 世紀に入ってからようやく原器の安定性を超える精度で「プランク定数」にもとづく新しい定義が施行されました（藤井，2019）。

2.4　角を測る

　角の大きさの概念については静的な見方と動的な見方の 2 つに分類できます。静的な見方とは，角の大きさを 2 つの半直線 OA，OB の間の開きの大きさとみることです。一方，動的な見方とは，半直線 OA を固定して，もう 1 つの半直線 OB が OA から出発して，その回転の大きさを角とみることです。静的な見方では角度は最大 360 度までとなりますが，動的な見方では 360 度以上の角を考えることもできますし，向きを導入することで，負の角を考えることもできます。

　角の概念の指導にあたっては，ともすればすぐに分度器を用いた指導に急ぎがちです。直接比較や間接比較の活動を十分に行うことを意識しましょう。直接比較の場面では，角を構成する半直線が長い方が大きい角であるというミスコンセプション*を起こす子どもも少なくありません（図 6‒4）。見た目で判断をするのではなく，一方の角を移動させ，頂点と半直線を重ねることで比較して大小を判断することが大切です。その後，三角定規などの媒介物を用いて比較する活動に展開します。「どちらの角がどれくらい大きいのだろう？」とい

図6-4　どちらの角が大きいか？

った問いから，角を数値化する必要性につなげたいところです。

　　＊ミスコンセプションとは，何らかの論理的な根拠をもった誤った認識のことを指
　　します（原田，1991）。

第3節　間接的に測る

　ここまで直接測定について述べてきましたが，すべての量をいつも直接的に測ることができるとは限りません。直接的に測ることが困難な量に対しては，その量と関数関係にある幾つかの量について実測を行い，それを用いて計算によって測定値を求める方法があります。この方法を間接測定といいます。例えば，学校にある木の高さを，木の影を実測した上で相似比を用いて求めたり，縮図や三角比を用いて求めたりする方法は間接測定にあたります。また，面積や体積もそれらと異種の量である「長さ」を直接測定して，間接的に求めるという意味で間接測定にあたります。直接測定と間接測定の橋わたしとなる数学概念といえる「面積」，「体積」について，本節ではその学習指導上の留意点について，それぞれみていきましょう。

3.1　面　積
　長方形の面積は単位正方形の個数分を数値化することで定義されます。例えば，縦の長さが2cmで横の長さが1cmの長方形や，縦の長さが3cmで横の長さが1cmの長方形の面積は単位正方形（1cm²）の数を直接数えることで，

容易にその面積を求めることができます。しかしながら，図6-5のように徐々に単位正方形の数を縦横に増やしていくとどうでしょうか。正方形の数を直接数えることが少し面倒になってくることがわかります。

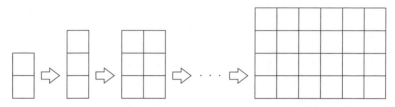

図6-5　単位正方形の数を縦横に増やしてみたときの面積を考える

　例えばここで，教師が「もっと手際よく面積を求める方法はありませんか？」と発問することは有効でしょう。面積公式は，教師が天下り的に提示するのではなく，児童たち自らの力で構成させたいものです。つまり，長方形の面積は，本質的には（縦の単位正方形の数）×（横の単位正方形の数）を計算することで求めることができます。面積公式は，あくまでもそれを形式的に（縦）×（横）でまとめていることになります。このように，面積公式の導入にあたっては，直接測定の限界による間接測定の必要性やそのよさを実感できる授業展開が望まれます。

　また，三角形や平行四辺形の面積公式については，どちらを先に扱うかということがよく問題になりますが，いずれにせよ長方形や正方形の面積が基準となって，間接的に計算することでそれぞれの面積公式が導出されることを強調したいところです。

　そして一般に，曲線で囲まれた図形Fの面積は次のように定義されます。

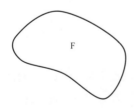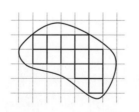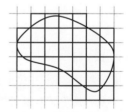

図6-6　ジョルダン測度

図 6 - 6 のように，まず図形 F の
内側を限りなく小さな長方形で重な
らないように敷き詰めていくことを
考えます。この長方形の面積の総和
を内測度といいます。一方で，図形
F の外側を覆うように長方形を敷き
詰めていったとき，この長方形の面
積の総和を外測度といいます。この
内測度と外測度が一致したとき，そ
れを図形 F の面積と定めます（詳し
くは，濵中，2019）。この方法はジョ

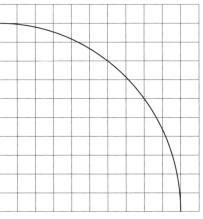

図 6 - 7 円のおよその面積を捉える

ルダン測度と呼ばれ，これにより円の面積も定めることが可能になります。小
学校では図 6 - 7 のように，方眼紙に円を作図して，円の内側にある正方形の
個数を数えて，およその面積を捉えます。これは，ジョルダン測度の考え方，
ひいては数学における極限概念の素地育成にあたる活動とも考えられるでしょ
う。

3.2 体 積

面積は単位正方形の個数を数値化することで定義されましたが，体積も同様
に，単位立方体の個数を数値化することで定義されます（図 6 - 8）。

このとき，直方体の体積を（縦）×（横）×（高さ）の式で求めることができる

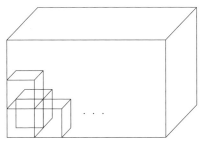

図 6 - 8 直方体の体積

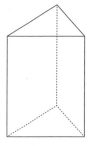

図6-9
三角柱の体積

ことについては，長方形の面積公式からの類推することで，比較的容易に導出することができるでしょう。ここで，(縦)×(横) の式に注目すると，この式は直方体の底面である長方形の面積を表していることが分かります。つまり，直方体の体積は，(底面積)×(高さ) として捉えることもできます。この見方はとても重要で，最終的には，角柱の体積の求積公式として統合することが可能になります。

例えば，三角柱の体積 (図6-9) は，直方体の体積の半分とみることで，(直方体の底面積)×(高さ)÷2 で求めることができますが，この式を (直方体の底面積)÷2×(高さ) とみれば，(三角柱の底面積)×(高さ) としても捉えられます。そしてさらに，五角柱や六角柱といった多角柱についても，多角形の面積を求積する際に獲得している三角形分割の方法知を用いれば，三角柱に分割すればよいことに気づくでしょう。このようにして，角柱の体積は (底面積)×(高さ) として統合されることになります。

章末問題

1．直接測定，間接測定を行う具体的な単元を取りあげ，指導案を作成しましょう。
2．歴史的に円周率はどのように求められてきたか調べてみましょう。

引用・参考文献

伊藤一郎・片桐重男・沢田和佐・中島健三・平林一栄編 (1978)『新・算数指導講座
　　第6巻　量と測定・図形 (中学年)』金子書房.

片桐重男 (2012)『算数教育学概論』東洋館出版社.

川口延・中島健三・中野昇・原弘道編 (1969)『算数教育現代化全書(4) 量と測定』
　　金子書房.

コープランド，佐藤俊太郎訳 (1976)『ピアジェを算数指導にどう生かすか』明治図書.

真野祐輔・溝口達也 (2019)「第6講　比較と測定」溝口達也・岩崎秀樹編著『これ
　　だけは知っておきたい　小学校教師のための算数と数学15講』ミネルヴァ書房：

64-76.

杉山吉茂（2008）『初等科数学科教育学序説：杉山吉茂教授講義筆記』東洋館出版社.

長谷川順一（2000）「量の保存性」中原忠男編『〈重要用語 300 の基礎知識　5 巻〉算数・数学科重要用語 300 の基礎知識』明治図書.

長谷川順一（2002）「測ることの学習指導（量と測定）」植田敦三編『算数科教育学』協同出版.

長谷川順一（2010）「第 7 章　量と測定」数学教育研究会編『新訂　算数教育の理論と実際』聖文新社.

濵中裕明（2019）「第 7 講　面積と体積」溝口達也・岩崎秀樹編著『これだけは知っておきたい 小学校教師のための算数と数学 15 講』ミネルヴァ書房.

原田耕平（1991）「学校数学における子どもの misconception の同定と克服」日本数学教育学会『数学教育学論究』55：3-15.

ピアジェ，J. & インヘルダー，B.，滝沢武久・銀林浩訳（1965）『量の発達心理学』国土社.

藤井賢一（2019）「プランク定数にもとづくキログラムの新しい定義」『日本物理学会誌』74（10）：700.

文部科学省（2018）『小学校学習指導要領解説（平成 29 年告示）算数編』日本文教出版.

（加藤久恵・服部裕一郎）

第7章

図　　形

　　算数・数学教育の歴史は図形教育の歴史ともいえます。わが国で学校教育が制度化された頃から，数と並んで図形は継続して教えられてきました。しかしその扱われ方は『ユークリッド原論』のような学問の典型としてであったり，広く事象を形の観点で把握するためのモデルであったりといった具合に様々です。図形教育は多くのことを背負ってきたのですが，その一端は内容がどのように整備されているかをみることによって分かります。本章では，主として《対象》と《関係》の観点から，概念としての図形の持つ特性を整理します。これは「図形について何を学ぶのか」という問いに対する1つの解答になります。そして「図形をどのように学ぶのか」をも示唆しています。最後に「図形についてなぜそれをそのように学ぶのか」へと問いを広げて，わが国の図形教育の歴史をみていきます。以上のことを通して，図形の指導内容や学習方法に込められた意味と意義を浮き彫りにすることができるでしょう。本章では次の2点を念頭に読み進めてください。

1．わが国の初等教育で扱われる図形の概念とは何か。またそれはどのような過程によって形成されうるか。

2．図形にまつわる用語は，概念の説明であると同時に人の認識の形態でもある。この両側面からみたとき，図形はどのように体系化されうるか。

第1節　図形の体系

1.1　図形の概念

　算数科での図形で学ぶ内容として，どんなことを思い浮かべるでしょうか。三角形，四角形，平行，合同などを思い浮かべる人もいるでしょう。これらの三角形，四角形，平行，合同はいずれも概念です。

　概念は事物の本質的な特徴を捉えるために人間が生み出した思考の形式です。私たちは，様々な事物についての概念を形成し，その概念を用いて事物の本質的な特徴を捉えます。概念は，ものごとを考えたり，判断したり，表したりする際に欠くことのできないものです。そこで，私たちは概念を形成するために，事物に共通な属性を抽象＊するとともにその他の属性を捨象し，その事物に名称を与えます。その共通な属性によって，その事物を他の事物から明確に区別できるようにするのです。例えば，三角形という概念を形成するために，「3本の直線で囲まれている」「3つの角がある」などを抽象する一方，形の大きさや，線の太さ，色，置かれた位置などを捨象し，三角形という名称を与えます。

> ＊抽象とは，事物の様々な属性の中から，1つまたはいくつかの属性を分離・抽出し，それ（ら）だけを考える対象とすることです。抽象と捨象は，同一の認識作用の表裏をなしています。抽象は，後述の概念の内包を明らかにするために欠くことのできないものです。

　このようにして形成された概念には，内包と外延という2つの側面が考えられます。概念の内包とは，その概念が適用される事物に共通な属性の集合のことです。概念の外延とは，概念が適用される事物の集合のことです。例えば，三角形の概念の内包としては，「3本の直線で囲まれている」，「3つの角がある」などが考えられます。三角形の概念の外延には，大きさや置かれた位置はもちろん，極端につぶれたあるいはとがったといった形状など様々な三角形が含まれることになります（図7-1）。もちろん，二等辺三角形や正三角形，直角三角形も様々な三角形として三角形の概念の外延に含まれます。

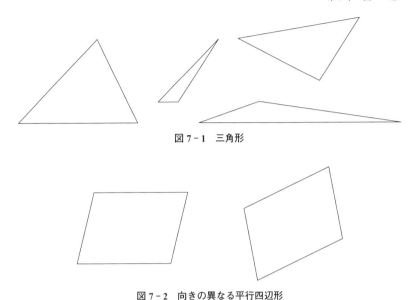

図7-1　三角形

図7-2　向きの異なる平行四辺形

　概念は抽象的な対象です。例えば，点や線は，ギリシャのユークリッド
（Euclid，エウクレイデスとも呼ばれます）によって編纂された『ユークリッド
原論』において「点とは部分をもたないものである」「線とは幅のない長さで
ある」と規定されているように（ユークリッド/中村他訳，1996），現実世界には
存在することができません。紙面であれディスプレイ上であれ，かかれた線を
拡大すれば幅があることに気づくでしょう。概念そのものを目で見たり手で触
ったりすることはできないのです。そこで，第2節2.2でも述べるように，概
念を言語で表現したり，図で表現したりすることによって，ものごとを考えた
り判断したりします。例えば，三角形の概念を言語的に表現したものが，名称
である三角形や，「3本の直線で囲まれている形」などです。これに対して，
三角形の概念を図的に表現したものが，ノートや黒板にかかれた3本の直線で
囲まれた形です。算数科において図と図形を明示的に区別して学習指導するこ
とはないでしょう。算数科での図形の学習においては，色板などの具体物，言
語や記号，図などを通して概念の理解を深めることになります。しかし，具体
物や図は，形や大きさ，位置などを具体的に表現せざるを得ないため，その特

殊性によって誤った認識を子どもにもたらす可能性があることに留意しなければなりません。先に挙げた極端につぶれていたり，あるいはとがっていたりする三角形（図7-1）をそれとして認めなかったり，底辺が紙面の底と平行に置かれていない平行四辺形（図7-2）をそれとして認めない，といった子どもの傾向は，具体物や図の特殊性によるものといえます。

1.2　図形に関わる概念の種類

　図形に関わる概念は少なくとも2つに分類できます。それは《対象概念》と《関係概念》です（文部省，1982）。先に挙げた三角形や四角形は，図形そのものを扱うという意味で，対象概念と呼ばれます。一方，先に挙げた平行や合同は，図形と図形との間の関係を扱っています。これらは，図形と図形との間や，図形に関する量の間の関係を扱うという意味で，関係概念と呼ばれます。

　対象概念を他に挙げれば，正三角形，二等辺三角形，直角三角形，正方形，長方形，平行四辺形，ひし形，台形，正多角形，円，おうぎ形，立方体，直方体，球，角，点（頂点），辺，直線，平面などです。これらの概念は，私たちの身の回りの具体物から，その材質，色，大きさ，置かれている位置などの属性を捨象し，形のみに着目して単純化・理想化*し，抽象したものです。また，関係概念として，垂直，対称（線対称や点対称），相似（拡大や縮小），辺の長さや角の大きさなどの相等や大小などを挙げることができます。

　　＊牛乳パックの形を箱の形（直方体）と考えたり，バスを真横からみた形をしかく（長方形）と考えたりするのは単純化の例です。複雑な様々な形の中から，まず三角形や四角形を考えるのも単純化の例です。また，辺の数や頂点の数など複数の属性から，まず辺の数だけに着目して三角形や四角形を考えるのも単純化の例です。教科書の角（かど）が少し丸みを帯びていたとしても角（かど）の形を直角と考えるのは理想化の例です。

1.3　図形の概念形成

　概念を形成する過程，例えば，二等辺三角形や正三角形の概念を形成する過程ではどのようなことが行われるのでしょうか。ここでは実際の指導や学習にかかわらず概念を形成する過程を考えてみましょう。

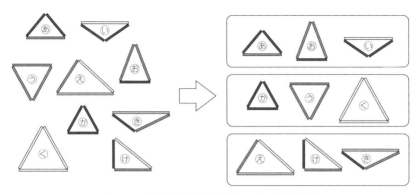

図7-3　四種類の長さのひごでつくられた三角形

　例えば，四種類の長さのひごやストローを使って三角形をつくる場面を取り
上げてみます。つくった三角形を辺の長さに着目して観察すると「似ている」
や「同じ」といったことを認識するようになるでしょう。次第に，形の大きさ，
ひごやストローの色，置いた位置などの属性を捨象し，2つの辺の長さが等し
い三角形，3つの辺の長さがみんな等しい三角形，辺の長さがみんな違う三角
形と，似ているものに分けるとともに，分けたものそれぞれに共通な属性（内
包）として，2つの辺の長さが等しい，3つの辺の長さがみんな等しい，辺の
長さがみんな違うことを抽象します（図7-3）。ここで，2つの辺の長さが等し
い三角形，3つの辺の長さがみんな等しい三角形にそれぞれ二等辺三角形，正
三角形という名称を与えます。

　次に，場面をかえて，紙に描かれた二等辺三角形，正三角形それぞれについ
て，2つの角の大きさが同じ，3つの角の大きさがみんな同じといった共通な
属性（内包）も見いだし，二等辺三角形，正三角形，それぞれの内包をより一
層明らかにします。同時に，二等辺三角形，正三角形それぞれの内包に対応す
る外延を明らかにします。二等辺三角形あるいは正三角形を他の図形から明確
に区別できるようにするために，内包と外延のいずれも明らかにしようとする
ことが肝要です。さらに，二等辺三角形と正三角形との異同や関係を明らかに
する（図7-4）など，他の概念との異同や関係を明らかにすることが続きます。

　もちろん上述の過程は典型的なものであって，行きつ戻りつばかりでなく，

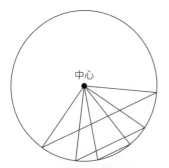

**図7-4　二等辺三角形の特別な
場合としての正三角形**

必ずしもこの順に進むばかりではないでしょう。

1.4　幾何学的思考の思考水準

　幾何学の発展にいくつかの段階があるように，図形や幾何における思考の発達にもいくつかの水準があると考えられています。オランダのファン・ヒーレ（夫妻）は，子どもの認識の変化に着目し幾何学的思考*の5つの水準と，より高次の水準へ移行するための5つの学習段階を設定し，実証しました（小山，1987；平林，1987；松尾，2000）。つまり，より高い水準への移行は，生物学的成熟というより，学習指導によりもたらされると考えたのです。以下では，幾何学的思考の5つの水準を取り上げます。

　　*図形や幾何を学ぶときに，図形や幾何をどのように考えるかに焦点を置いたものです。ものの形の性質に着目してその性質を利用したり，図形の様々な性質を演繹的に整理し，理論体系を構築したり，公理の意味に着目して公理系を相対化し，様々な幾何学を創造したりすることなどが含まれます。

　幾何学的思考の第0水準では，図形を，ものの形として全体的に捉え，外観，概形によって判断します。例えば，この水準の子どもは，長方形に相当する形を，ドアの形や箱の面の形として認識します。子どもは長方形と正方形をその外観によって見分けることができます。

　第1水準では，図形を，性質によって認識します。例えば，この水準の子どもは，図形が長方形であることを，その図形が4つの直角をもつこと，対角線が等しいこと，対辺が等しいことによって弁別することができます。それゆえ，黒板にフリーハンドでかかれた図は，それが4つの直角をもつことを明示するならば，不格好にかかれていても長方形であると認識することができます（図7-5）。

　第2水準では，性質を他の性質から演繹するようになります。図形を特徴付

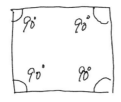 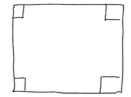

図7-5　4つの直角をもつことを明示したフリーハンドでかか
れた図

ける最小限の性質を確認できるようになり，それらの性質をその図形の定義と
します。それゆえ，局所的ながら演繹的な関係のネットワークが形成され始め
ます。この水準の子どもは，図形の定義を基に，正方形を長方形であると認識
することができます。

　第3水準では，大域的な関係のネットワークを構築します。ここでは，演繹
の意味，定理の逆，公理や必要十分条件が思考の対象となります。

　第4水準では，多様な公理系を理解できるようになります。例えば，非ユー
クリッド幾何学を学び，ユークリッド幾何学とは異なる公理系を比較すること
ができます。この水準は，数学者が幾何学を認識する水準に相当します。

　算数科では，上述の幾何学的思考の第0水準と第1水準が主となります。四
角形の4つの角の大きさの和を，三角形の3つの角の大きさの和が180度であ
ることを基に演繹的に考えることなどもするので，第2水準への移行も視野に
入っているといえるでしょう。

　幾何学的思考の水準に基づき，算数科において子どもが図形を学習する際に
教師が留意すべきことが少なくとも2つあります。第一に，子どもが長方形と
正方形を見分けることができたとしても，何によって判断しているのかは，そ
の見分けた結果だけをみて区別することはできないことです。各水準では，1
つ前の水準で内在的であったものが外在的，顕在的に現れることになります。
例えば，第0水準で思考する人が見分けた図形はその性質によって決定されて
いますが，この水準で思考する人はこの性質に気づいていません。それゆえ，
子どもが長方形と正方形を見分けることができたとしても，外観によって判断
しているのか性質によって判断しているのかは，その見分けた結果だけをみて

区別することはできません。

　第二に，異なる水準で思考する二人，例えば子どもと子ども，子どもと教師，は互いを理解できないことです。第 0 水準の子どもが用いる「さんかく」と第 1 水準の子どもが用いる「三角形」はその意味する内容が異なります。同じ「三角形」であっても，第 0 水準の子どもが用いるときと第 1 水準の子どもが用いるときではその意味する内容が異なります。黒板にフリーハンドで三角形の図をかいて三角形について教師が語ったとしても，第 0 水準の子どもは三角形と認識できないことに留意しなければなりません。また，第 1 水準の子どもは，図形の性質を並列的，羅列的に捉えています。それゆえ，第 1 水準の子どもに教師が第 2 水準に相当する事柄，例えば，三角形において 2 つの辺が等しいならば 2 つの底角は等しいことや，四角形において 2 組の向かい合う辺がそれぞれ平行ならば 2 組の向かいあう角はそれぞれ等しいことを語ったとしても，第 1 水準の子どもはその意味を理解することはできません。

1.5　図形の概念及び操作の学習

　算数科において，図形の学習は概ね対象概念から関係概念へと展開します。まず，身の回りにあるものを「さんかく」や「しかく」「ながしかく」など，ものの形に着目して全体的に捉えます。次に，図形の構成要素に着目して，図形を捉えたり構成したりします。同時に，数学的な表現を用いて自分の考えを表現し伝え合います。例えば，頂点（点）の数や辺（直線）の数に着目して，三角形と四角形を弁別します。また，直角に着目して，三角形の中から直角三角形を弁別したり，四角形の中から長方形や正方形を弁別したりします。他にも，面に着目して箱の形を捉えたり構成したり，辺，頂点の数に着目して箱の形を捉え直したりします。

　続いて，図形の構成要素間の関係に着目して，図形を捉えます。例えば，辺の長さが等しいことに着目して，三角形の中から二等辺三角形や正三角形を弁別したり構成したりします。また，半径がすべて同じ長さになることに着目して，円や球を捉えます。さらに，辺（直線）や対角線の位置関係に着目して，四角形から平行四辺形，ひし形，台形を弁別するとともに，既習の長方形や正

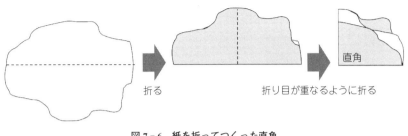

図7-6　紙を折ってつくった直角

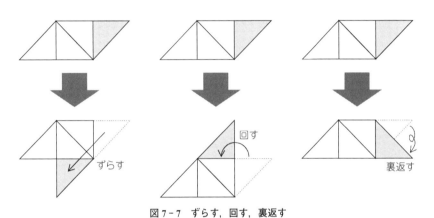

図7-7　ずらす，回す，裏返す

方形を捉え直します。同様に，辺や面の位置関係に着目して，立方体，直方体を弁別します。最後に，図形間の関係，例えば合同，対称（線対称や点対称），拡大や縮小に着目して，図形を捉えたり，捉え直したりするとともに図形を構成します。また，別々と捉えてきた図形を仲間と認め，一方の特別なものとして分類・整理した方が便利であると実感する体験もします。

　前述のように概念は抽象的な存在であるため，算数科では図形の概念を表現した色板や図など具体物への操作を通して概念の理解を深めることになります。例えば，紙を折って直角や長方形をつくります（図7-6）。また，様々な形状をした三角形の図の中から，コンパスを使って辺の長さが等しいか等しくないかを確かめたり，定規とコンパスを使って二等辺三角形や正三角形をかいたりすることを通して，定義に相当する内容に基づいて二等辺三角形や正三角形を弁別したり，構成したりします。「二等辺三角形の2つの底角は等しい」や

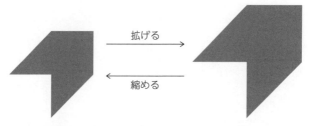

拡げる

縮める

図7-8　形を変えずに大きさを拡げる・縮める

「平行四辺形の2組の向かいあう角は，それぞれ等しい」などの性質は，角を重ねたり角の大きさを測ることによって見出したり，確かめたりします。

　図形を分解したり，構成したり，形や大きさを変えずに移動（ずらす，回す，裏返す）したり（図7-7），形を変えずに大きさを拡げたり縮めたり（図7-8）など，図形に対する操作は様々あります。具体物に対する操作を想像し，次第に念頭で図形を操作できるようにしていくことも重要です。

第2節　対象概念として図形を捉える

2.1　概念としての図形

　算数科で扱われる図形は，点と直線およびこれらの組み合わせです。直線は点と点を真っ直ぐに結んでできますから，すべての図形の最も基本となる要素は点といえます。図形の活用や指導までを視野に入れると，直線による図形の分割を見越して三角形を基本の要素とする立場があります。また，身の回りには四角の形が多いですから四角形，特に長方形を基本の要素とする立場もあります。いずれにしても，図形はある条件を満たすような点の集まりですので，点は最も基本となる図形です。

　次に，直線と直線を1つずつ組み合わせてできるものが角です。したがって，角も図形の一種になります。そして三角形や四角形のような多角形は「有限個の直線で囲まれた図形」として一括して説明することができます。角の数によって図形の名称がつけられ（3つの角があるから三角形というように），等しい辺の数や辺と辺の位置関係などによって形容詞が適宜つけられていきますが

（等しい長さの辺が 2 つあるから二等辺三角形というように），算数科では本来
的に直線の数によって図形は規定されます。

　算数科では，曲線の図形である円とその一部であるおうぎ形も扱われます。
ただしおうぎ形は円と他の図形を組み合わせる過程で登場する程度なので，そ
の性質までは考察の対象にはなりません。直線と曲線の区別は厳密ではなく，
文字通り真っ直ぐか曲がっているかによります。中等教育以上では楕円や放物
線，双曲線も考察の対象に数えられますが，初等教育での曲線の図形は円にし
ぼられます。

　円はある 1 点から同じ距離にある点の集まりですが，2 点から同じ距離にあ
る点の集まりは直線になり，3 点の場合は点になるというように，点と点の距
離を視点とすれば次々と図形を作り出していくことができます。このようにあ
る図形に名称が付けられるのはその構成の仕方が明確であり，かつ考察に値す
るほどの性質を備えているからであることに留意してください。円は対称性を
はじめとして多くの性質を備えているだけではなく，円周上に互いの距離が同
じになるように点をとって結ぶと正多角形ができるというように，それ自身で
も他の図形の関係においても極めて重要な図形です。

　ここまで基本的な要素（点，直線，…）を使って組み立てていく仕方で，算数
科で扱われる図形を順にあげてきました。ではさらに人の認識という視点を加
味したとき，図形とはどのような特色をもつ概念といえるでしょうか。

　イスラエルの数学教育者フィッシュバイン（Fischbein, E.）によれば，図形と
は**空間的特性**と**概念的特性**とを同時にもつ形的概念（figural concept）です。空
間的特性とは，形，位置，大きさのような視覚によってイメージできるもので
あり，あたかも念頭でずらしたり回したり裏返したりできるのはこの特性があ
るためです。それに対して概念的特性とは，理想性（直線の太さや曲がり具合
などの物理的特性を無視できること）や抽象性（ある条件だけに着目して取り
出し他を無視すること），一般性（特定の図形によってすべての図形を扱うこ
とができること）を指します。この概念的特性があるからこそ，見た目に左右
されることなく図形についていえそうな事柄の正しさを確かめることができま
す。

たとえば，次の場面を考えてみましょう。

> 二等辺三角形の２つの底角は等しいことを説明したい。

　まず辺の長さや角の大きさが等しいことは「ぴったり重なる」というように図形の空間的特性に基づいた言い方になっていることを押さえてください。そして，二等辺三角形という概念をイメージすることもできるでしょう。このイメージのおかげで，念頭でずらしたり折り曲げたりすることができるため，紙をずらしたり折り曲げたりする具体的操作は，この命題の正しさを確かめるための方法になります。では，念頭にせよ具体にせよ，操作によって果たして２つの角が確かにぴったり重なることまでいえるでしょうか。

　算数科では，二等辺三角形の図による表現に働きかけて，分度器で角の大きさを測ったり別の紙に写し取って重ねてみたりするなど，いくつかの方法で試してみたときに概ね同じ結果が得られた場合，命題は正しいだろうと判断します。しかしながら，紙面や分度器の活躍する世界は物理的制約を受ける現実世界ですから，これらの方法によって正しさを保証するためには，紙面や分度器はそれぞれ平面と角のモデルなのだという認識が欠かせません。そして，もともと平面の一部である二等辺三角形やその角を三次元空間内に取り出して動かすという操作も暗黙的に認められねばなりません。このような複雑な事情があるがために，ぴったり重なることの保証は空間的特性からだけでは十分ではなく，概念的特性からもなされねばならないのです。したがって，二等辺三角形の定義「２つの辺が等しい三角形を二等辺三角形という」およびそのことから必然的に導かれる性質，認められた論理によって，すべての二等辺三角形について２つの底角はいつでも等しいことがようやく保証されます。

　以上のように，しばしば言われる説明や証明の妥当性は，図形の場合，それがもつ二重の特性（空間的特性と概念的特性）を考えに入れて判断しなければならないのです。

2.2　図形を表現する方法

　図形を学習内容とするためには，教師にとっても子どもにとっても扱いやす

く，また図形にまつわる探究を可能にするように工夫しなければなりません。
数の概念に対しては数字や式，文字のようなある表現上のルールに基づいた記
号がありますが，図形に対して表現は多様であることに留意してください。前
項で図形の空間的特性と概念的特性とを挙げましたが，表現の多様性は概念と
しての豊かさの現れといえるでしょう。第 2 項では図による表現とともに言語
による表現を取り上げます。

　まず，算数科で主に扱われる図による表現には次のものがあります：作図に
よってできる平面上の図，見取り図・展開図，拡大図・縮図。作図のために使
用してよい道具は限られており，通常は定規とコンパスです。このこと自体に
数学上の厳密なルールがあるわけではないですが，古来より図形の研究対象が
直線と円およびそれらの組合せによって実現されるものであったことが大きい
でしょう。

　フリーハンドでかかれる図はここでは図形の表現とは呼びません，なぜなら
ばそのかき方が明確ではなく，いつでも誰にでも再現できるわけではないから
です。このことはその図がどのような意図でかかれているのかを読み取ること
も一意ではないことにつながります。図のかき方と読み方とは本来一体であっ
て，ちょうど言語における文法のように，その使用と解釈ができるだけ一意に
定まるようにします。空間的特性を備えた図形とその図による表現とは形が似
ているという大きな特徴をもちますが，図による表現は探究に耐えるための歴
とした数学的表現であることを忘れてはいけません。

　次に，見取り図と展開図ですが，これらは立体図形を二次元で処理する際に
有用です。見取り図と展開図には，それぞれ次のような意図があります。

- 見取り図：立体図形の実際の見え方をできるだけ反映させること。面
  の形や角の大きさは損なわれるかわりに，同じ平面上の線分どうしであ
  れば位置関係を保ち，かつ長さの比較ができること。
- 展開図：立体図形が何によってできているかをできるだけ反映させる
  こと。辺や面どうしの空間内の位置関係は保たれないかわりに，面の数
  と形，面どうしのつながりの視点での分析に役立つこと。

図形にまつわる探究をどのように進めるかに従って，表現の選択をします。

見取り図はその立体図形の全体的形状をイメージするのに都合がよく，展開図は立体図形を面の視点で分析的にみるときに役に立ちます。実際は複数の表現を組み合わせて使うことになりますが，三次元の立体図形を二次元にするのですから，何らかの情報の欠落と余分な情報の付加があるのは致し方のないことです。

　最後に，拡大図と縮図ですが，これらは図形間の関係概念である相似をベースとしており，対応する辺の比がすべて同じであることと，角の大きさが一致していることによって「同じ形」の意味とします。詳細は次節で扱いますが，算数科においては「ある図を拡大したり縮小したりする」という操作のほうが主題であることに注意しましょう。もちろん一方向だけに延ばしたり縮めたりすることも考えられてもよいですが，現行の算数・数学教育ではすべての辺の比を保つ操作に重点が置かれています。

　次に，言語による表現についてです。言語による表現は句や節で成り立っており，形容詞句を加えていくことによって特殊な概念を表していきます。そして表現の働きによって，名称，定義，定理というように分けられます。二等辺三角形の場合，次のようになります。

　　● 名称…二等辺三角形。
　　● 定義…二等辺三角形は，2つの辺の長さが同じ三角形である。
　　● 定理…二等辺三角形は，2つの底角の大きさが等しい　など。

　特殊な二等辺三角形によっては，頂角と底角の大きさが違うことがありますが，このことを一般的に説明することはできないため，定理にはなりません。定理とは，言語による表現から論理的に導かれる事柄ですから，空間的特性によって特殊な図形をイメージして成り立ちそうな事柄を挙げたとしても，それらが定理になるためには，概念的特性による説明が必要です。言語による表現とはこの概念的特性の側を担当します。

　学年や校種が上がっていくと言語による表現および言語によってこそ可能な論理が重視されるようになっていきます。このことは第1節1.4でみたように，図形的に考える水準が上がることは，もとの考察対象であった具体物やその形から離れてしまうことを意味するためです。それでは，改めて正三角形や二等

辺三角形の本質は何でしょうか。

　本質とは，その概念を概念たらしめている何かで
あり，個々の定理がなぜ導かれてしまうのかの意味
を与えるとしましょう。正三角形や二等辺三角形の
場合，それは線対称です。辺や角が互いに等しい関
係はすべて線対称の意味です。しかしながら，言語
による表現からだけではこのことへの気づきは容易
ではないでしょう。そのかわりに，たとえば底辺が
同じで高さの異なる二等辺三角形の図をいくつか重
ねてみると，線対称であることは一目瞭然になって
きます（図 7-9）。

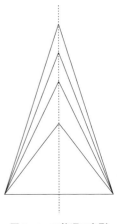

図 7-9　二等辺三角形

　他にも，たとえば一辺と対角線の長さとの比が一
定であることは，正方形を含む正多角形のもつ性質です。そして，円にも大き
さによらずその直径と円周の長さとの比は一定であるという性質があります。
正多角形と円とはその名称や定義のかかれ方の違いを超えて，しばしば対称性
という視点によって統一的にみられますが，図形を構成する部分と部分の比と
いう視点でもまた統一されることでしょう。この視点は，図形を関係概念とし
て捉えることに関わる，形状比というアイデアにつながるものであり，形状比
が一定であることが正多角形や円の本質ということもできるでしょう。

　算数科では早々に論理の世界へと駆け上がるのではなく，空間的特性と概念
的特性とを十分に加味した指導によって，豊かな図形概念の形成を目指したい
ものです。

2.3　平面や空間の一部としての図形

　算数科では平面図形や空間図形を個々の対象として扱いますが，これらはそ
れぞれ平面と空間の一部でもあります。直線はまっすぐな線ですが，両方向に
どこまでものばすことができるのは一次元の広がりが背景にあるためです。正
方形や長方形のような有限の平面図形をどこまでも並べたり敷き詰めたりでき
るのは，無限の広がりをもつ二次元の平面を考えているからです（図 7-10）。

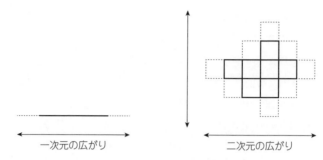

一次元の広がり　　　　　　　　　二次元の広がり

図7-10　一次元，二次元の広がり

　そして同じように，立方体や直方体のような空間図形からは三次元の空間を
考えることができます。私たちは二次元平面上にかかれた図をみたり，三次元
空間内を動き回ったりしますが，これらの物理的平面や空間とは異なり，数学
で考える平面と空間には，無限性（どこまでも広がっていること）や均質性
（いたるところ同じ状態であること）という特質があります。これらのことも
また図形のもつ空間的特性と概念的特性に関わります。

　一辺の長さが1である正方形を辺と辺が重なるように敷き詰めていくことは
2方向の広がりをもつ平面を理解するための素地になりますが（図7-10右），
敷き詰められた結果は，その平面を正方形の集まりとしてみることにつながり
ます。これは座標系につながるアイデアです。すなわち，正方形を敷き詰める
ことによって縦，横方向に直線がでてきますが，これらは互いに垂直または平
行になっています。これらの直線は正方形の辺1つ分の幅を1として目盛りの
付けられた数直線でもありますが，縦，横方向に直交する2本の数直線を組み
合わせて座標系を作ることができるのです（図7-11）。

　座標系を設定することによって，直線（一次元），平面（二次元），空間（三
次元）にある点の位置を数値の組合せによって表すことができます（図7-11
左下）。点の位置を数値で表すことの恩恵は大きく，例えば2点間の距離を考
えたり，図形を式で表したり，図形を計算によって扱うことができるようにな
るのです。

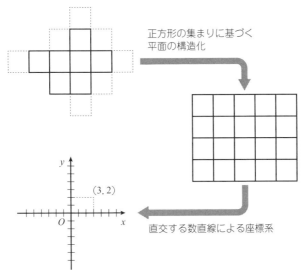

正方形の集まりに基づく
平面の構造化

直交する数直線による座標系

(3, 2)

図 7 - 11　正方形の集まりとしての平面の構造化

第 3 節　関係概念として図形を捉える

3.1　図形の決定条件から見た学習内容

　「図形の合同」は 2 つの図形を対象としてその関係を表す概念なのに対して，「図形の決定」はいくつかの条件から新たな図形を作ることを意味します。三角形の決定条件とは，三角形の 3 つの辺と 3 つの角の合計 6 つの構成要素のうち 3 つをうまく選ぶことで三角形を 1 通りに決定できるものです。それに対して，三角形の合同条件とは，与えられた 2 つの三角形が合同かどうかを確かめられるものです。

　初等教育では，与えられた三角形と合同な三角形を作図する活動を通して，三角形の決定条件を見出させます。しかし，三角形の決定条件だけを扱うとその必要性が分かりづらいため，作図の学習を振り返り，様々な図形の決定条件を見出すことも考えたいものです。つまり，既習の図形についてどれだけの条件が分かれば図形を決定できるかを考えるのです。

　例えば，円は直径もしくは半径の長さのみで決定します。正方形も1辺の長さのみで決定します。これらは1つの条件だけで形と大きさが決まります。長方形を決定するには2辺の長さが必要で，ひし形は1辺の長さと1つの角の大きさが必要です。そして，平行四辺形は2辺の長さと1つの角の大きさが必要です。これらの決定条件は一例ですので他の条件でも図形を決定できますが，このように見てくると，一般的な四角形になるほど図形の決定に必要な条件が増えることが分かります。さらに決定条件から図形の相互関係も示唆されます。

　三角形では，正三角形と直角二等辺三角形は1辺の長さのみで決定します。直角三角形は2辺の長さで決定します。二等辺三角形は等辺と底辺，等辺と頂角など2つの条件で決定します。このように既習の図形の決定条件について考えると，一般の三角形の決定条件について考える必要性がわかり，これまでの学習の流れの中に位置づきます。小学校では学習した図形を作図する活動が行われますが，その前提条件を与えるには図形の決定条件が必要となるのです。

　さらに，一般の四角形の決定条件を扱うこともあります。四角形は，4つの辺の長さだけでは決定せず，それに加えて1つの角の大きさが必要です。このように，図形を決定するには4つの辺と4つの角の合計8つの構成要素のうちの5つをうまく選ぶ必要があります。一般に，n角形を決定するには，n個の辺とn個の角の合計$2n$個の構成要素のうちの$2n-3$個をうまく選ぶ必要があります。すなわち，構成要素のうち調べなくてよい要素は3個だけなのです。このため，n角形の決定条件と比較すると，半数の要素だけで決定できる三角形の決定条件の有用性が際立ちます。そうなれば，図形の性質の証明において三角形の合同条件を用いる理由も理解できるでしょう。

3.2　図形の移動とその合成

　図形をその形と大きさを変えないで単にその位置だけを変えることを移動といいます。移動では形も大きさも変わらないので移動によって重ねられる図形は必ず合同です。逆に，平面上の2つの合同な図形において一方をどのように移動させれば他方に重ねられるかはそれぞれの場面で考える必要があります。平面上での図形の移動では平行移動，回転移動，対称移動の3つが基本となり

ます。平行移動は方向と大きさで，回転移動は中心と角（向きを考えた角）で，対称移動は軸となる直線で定まります。合同な図形を重ねる移動は，それらのいずれか 1 つまたは 2 つの合成で表されます。

　移動の合成については「2 つの移動を続けて行う移動の合成は，それが 1 つの移動として解釈できないか」という問題があります。例えば，対称移動 2 つの合成は，対称軸が平行の場合は平行移動，対称軸が交わる場合は回転移動となります。また，対称軸が一致する場合は元通りとなり恒等移動です。平行移動 2 つの合成は平行移動，回転移動 2 つの合成は回転移動か平行移動です。このため，平行移動，回転移動，対称移動に恒等移動を加えれば，移動の合成という演算は閉じるように思われますが，実際には「すべり対称移動」を新たに加える必要があります（詳しくは清宮（1972）を参照）。

　なお，空間内での図形の移動については，平面上の移動と類比的に，平行移動，直線のまわりの回転移動，平面に対する対称移動の 3 つが基本となります。

3.3　図形の移動から見た学習内容

　小学校の学習では敷き詰めや折る活動で意識せずに移動を用いています。例えば，二等辺三角形の学習では，折って重ねる操作を通して 2 つの辺や角が等しいという特徴を見出します。また，円では，円周上の 2 点を重ねるように折れば折り目が直径になるので，それを 2 度繰り返すことで中心を見出します。これらの場面では対称移動を用いていると解釈できます。

　このような移動は，対称な図形の学習で意識されるようになります。例えば，二等辺三角形を 2 つに折ると直角三角形ができます。一方，長方形を対角線で分割しても直角三角形ができます。これらは合同な直角三角形ができるという意味では同じですが，合同な三角形の重ね合わせ方が違っています。前者は対称移動で重なり，後者は 180 度の回転移動で重なります。このため，対称な図形の学習ではそのような違いを線対称や点対称という概念から捉え直します。

　線対称な図形も点対称な図形も対称な図形という意味では同じですので，違いを明確にするだけでなく，それらを同じとみなすことも大切にしたいものです。例えば，線対称な図形も点対称な図形も，その半分を動かしてもう半分に

重ねられる図形という意味では同じです。また，対称軸からか中心からかという違いはあるものの，対応する点までの距離が等しいという点も同じです。

　そして，対称な図形と捉えるだけでなく，捉えたことを活用することも大切にしたいと考えます。例えば，線対称な図形の対称軸に着目すると，図形の関係が見えてきます。正方形には対称軸が4本あります。そのうちの2本は対角線で，実はひし形も同じく2本の対角線が対称軸になっています。では，正方形の残り2本の対称軸はというと，向かい合う辺の中点を結んだ直線です。これは長方形の対称軸と同じです。このように見ると，正方形は長方形とひし形の両方の性質を持っていることに気づけ，四角形の相互関係が示唆されます。

　対称な図形以外で移動が用いられる学習内容に図形の求積公式があります。例えば図7−12のように，平行四辺形の求積公式を導く際に，平行四辺形を長方形に等積変形する場面で直角三角形を平行移動させます。台形の求積公式を導く際にも，台形2つで平行四辺形をつくる倍積変形の場面で台形を回転移動させます。このような移動を用いる説明では，成り立つと仮定している事柄が多く存在することに注意が必要です。例えば，台形 ABCD を回転移動させる説明は辺 BC と辺 D´A´ が同一直線上にあることを前提としています。これは台形において同側内角の和（$\angle C + \angle D$）が180度であるためですが，根拠は問わずに成り立つことを仮定しています。AB//B´A´ も同様です。このように多くの仮定が存在するため，平行四辺形の求積公式の説明において仮定している事柄に目を向けさせることで中学校での論証指導を導入することを提案する研究もあります（杉山，1986/2010）。

　また，求積公式の意味を平行移動から捉えることもできます。平行四辺形は，底辺 s を垂直方向への距離が h となるように平行移動させてできる図形ですので，その面積は sh と解釈できます。柱体の体積公式も同様で，底面積 S の平面を垂直方向への距離が h となるように平行移動させた立体ですので，その体積は Sh と解釈できます。この捉え方からは，線分を点が動いた跡として，平面図形を線分が動いた跡として，立体図形を平面図形が動いた跡として解釈でき，図形が動いた跡としてできる図形は元の図形より次元が高くなっています。こうして次元の異なる図形について類推すれば，求積公式や図形を統合的に捉

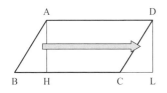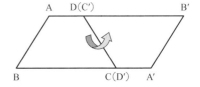

図 7 - 12　移動を用いる求積公式の説明

えることが可能となり，積分を用いた求積の素地ともなります。

3.4　合同な図形と拡大図・縮図の学習過程の類似

　「拡大・縮小」と「相似」の関係も図形の決定と合同の関係と同じです。「拡大・縮小」は図形を操作して新たな図形を作ることを意味するのに対して，「相似」は 2 つの図形を対象としてその関係を表す概念です。

　図形の形のみに着目する相似は，図形の形と大きさに着目する合同を拡張した概念ですので，図形の決定条件がその素地となります。決定条件を考えた図形の中で円，正方形，正三角形，直角二等辺三角形は 1 辺の長さだけで決定しました。1 辺の長さだけで形と大きさが決定する理由は，これらの図形がいつも相似だからです。このように相似という観点で決定条件を見直すと，他の図形はいつも相似ではないことも分かるため，相似になるためにはどのような条件が必要かを考えたくなります。そうして決定条件と同様に図形を一般化していくと，中学校で学習する一般の三角形の相似条件が出てきます。

　このように相似は合同を拡張した概念ですのでその学習過程も類似します。合同な図形の学習では，まず，移動させて重ねるという具体的な操作を用いてぴったり重なるものを合同と定義します。そして，いつでも動かして重ねられるとは限らないことから，重ねるという具体的な操作を行わずとも，対応する辺や角の相等から図形の合同を判断することを考えます。つまり，図形の構成要素に着目し，対応する辺の長さや角の大きさが等しいという性質を見出して，その性質から合同かどうかを判断できるようにします。そのうえで，合同かどうかを判断する際に，すべての辺の長さと角の大きさを調べるのは大変だということで，もっと能率的な方法はないかと考えて，図形の決定条件を導きます。

すなわち，思考の節約を図ろうと考え，図形の構成要素のうちどの要素が定まれば図形が決定するかを調べるのです。そうして図形の決定条件が導かれれば，それに基づくことで能率的に合同な図形を作図したり，合同かどうかを判断したりできるようになります。

　このように，合同な図形の学習は① 操作を用いて定義する，② 操作せずに判断するために性質を見出す，③ 作図や判断を能率化するという過程で進みます。

　拡大図・縮図の学習も類似な学習過程を経ます。まずは，形を変えないように大きくすることを拡大，小さくすることを縮小とし，拡大，縮小した図形を拡大図，縮図というように操作を用いて定義します（①）。次に考えることは，拡大，縮小といった操作をせずに形が同じかどうかを判断する方法です（②）。その結果，対応する辺の長さの比が等しい，対応する角の大きさが等しいといった性質が発見され，それを用いれば作図，判断できるようになります。そのうえで，能率的な作図法を考え，1つの頂点に集まる辺や対角線の長さの比を一定にしてかくような相似の位置を活用した作図方法をみつけることに進みます（③）。さらに，もっと能率的に作図や判断をしたいと考えれば，様々な図形の相似条件について考えるような発展的な学習にもつながります。

　実は対称な図形の学習過程もそれらと類似で（中川，2017），図形領域には学習過程が類似する内容が多くあります。その類似を活用すれば次に考える問題や事柄が明らかとなるため，子どもの主体的，発展的な活動が可能となります。

3.5　変換から見た学習内容

　変換については移動との違いを意識することが大切です。変換とは，平面（空間）全体の自分自身との1対1の対応のことです。このように変換は平面（空間）全体を動かすので必然的に図形も動くことになりますが，移動とは平面（空間）を固定して図形だけを動かすことです。図形の移動では，移動前後の図形で対応する構成要素の関係について考察するのに対して，平面（空間）全体を点集合と見なし，全体から全体（それ自身）への写像を考える変換では，対応のさせ方に着目します。この点で，図形を移動や合同といった観点で考察

する際に，図形をどう動かすかということだけでなく，対応する辺や角，頂点
に着目することは変換の考えの素地となります。

　移動や決定，拡大・縮小について述べてきた内容は合同変換や相似変換と捉
え直せます。他の変換については小学校の学習内容と関連がないように思われ
がちですが，図形の移動と同様に，いくつかの変換は無意識に用いられていま
す。例えば，求積公式の学習ではせん断（shear）変換が用いられています。せ
ん断変換は決められた方向に点を移動する変換で，その移動距離はある直線
（移動する方向に平行な直線で，下の例では底辺）からの距離に比例します。
図形の大きさのみに着目する等積変形はこの変換と解釈でき，図 7 – 13 の長方
形や直角三角形から平行四辺形や一般の三角形への変形はせん断変換です。せ
ん断変換は面積やその比を考える際に様々な図形で活用できます（中川，2015）。

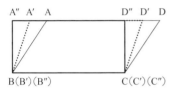 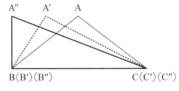

図 7 – 13　せん断変換とみなせる等積変形の例

　位相変換もそれとは意識せずに用いられています。位相変換は図形の点，線，
面などの結びつき方やつながりに着目した変換です（大田，2012）。位相変換を
用いる場面としては一筆書きやオイラーの多面体定理が有名ですが，それ以外
にも例えば「平面は 10 本の直線によって最大いくつの領域に分けられるか」
という平面の分割問題で用いることができます。領域数を数える際，ひく線は
直線でなくとも互いにすべての他の線と交わるようにひけば問題の本質は変わ
らないことに気づけば，図 7 – 14 のように位相変換を用いて数えやすい図形に
変形して求めることができるのです。

　変換の考えは変換によって変わらない性質を調べるものなので，操作や変形
で変わらないものに着目して教材を見直すと上記のような変換が見えてきます。

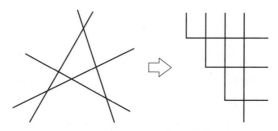

図 7 - 14　直線が 4 本の場合の変換例

第 4 節　算数教育の歴史における図形の扱われ方

4.1　明治初期における図形教育とペスタロッチの思想

　日本の近代教育は 1872（明治 5）年の学制頒布に始まります。この頃の小学校には「算数」ではなく「算術」という教科がありました。算術とは簡単にいえば四則計算のことで，この教科名の通り，当時の小学校では図形に関する内容はほとんど指導されていません。上級学年には幾何学の初歩的内容が指定されてはいましたが，この学年まで進級する子どもの数は少なく，実際には多くの子どもが算術で図形を学習することはありませんでした。しかしながら，小学校で図形教育がまったく行われていなかったわけではありません。それは算術科の中ではなく「問答」という教科において行われていました（図 7 - 15）。

　問答科では，生活場面に現れる様々な事物について，それがかかれた「掛図」を見せながら問答によってその名称や用途を知らせる，という指導が行われていました。生活場面の様々な事物を扱っているため，そこには図形以外の要素も多分に含まれていますが，問答科は図形教育の理念を捉える上で重要なものです。というのも，それがスイスの高名な教育者ペスタロッチ（J. H. Pestalozzi）の思想に影響を受けており，その思想はこの時代のみならず大正，昭和以降の図形教育にも強く影響を与えているからです。

　ペスタロッチは人間の認識において，事物の有する「数・形・語（名前）」の役割を重視しました。ここで注目されるのは，これが算数や数学における認識についてではなく，人間のあらゆる認識の基礎であるということです。また，

単に命数法を知らせたり，図形の名前
を覚えさせたりすることが重要なので
はなく，事物の経験から数や形を見出
させ，名前を付けることによって未分
化な経験を組織づけることが肝要なの
だ，ということにも注意が必要です
（松田，1961）。ペスタロッチは自身の
教育実践の経験からこのような洞察を
得て，例えば「身の回りの事物から，
種々の形を探し出させて，それに正し
く命名させる」という方法を実践して
います。そして，これを後世の教育実
践家や教育学者が教授法として定式化
したものが「実物教授」あるいは「庶
物指教」と呼ばれるものであり，上記
の問答科は，この教授法がイギリスや

図 7 - 15 「問答」の教科書の一部

アメリカを経由して日本にもたらされたものです。
　ペスタロッチの思想は洞察にあふれたものであり，ドイツではその理念に影
響を受けて小学校に「空間科」という教科が設定されました。さらに，これを
受けた数学者のトロイトライン（P. Treutlein）が「直観幾何」という画期的な領
域を考案し，ドイツだけでなく日本の図形教育にも大きな影響を与えます。こ
れについては後述することとして，ここでは問答科と明治期における図形教育
についてまとめます。実のところ，明治期の図形教育にはペスタロッチの思想
はほとんど反映されず，形式的な部分のみが取り入れられるか，あるいは図形
の内容そのものが削除されてしまったのです。
　問答科における実物教授に掛図が用いられたことは上で触れました。その中
でも特に図形教育と関係しているのは「形体線度図」と呼ばれる掛図です。形
体線度とは，平面図形（形）・立体図形（体）・直線や曲線（線）・角度や方位
（度）のことを指しています。いろいろな形体線度を掛図によって提示して名

称を唱えさせる実物教授が行われていましたが，実際には「見せて，言わせて，覚えさせる」という方法の側面だけが広まり，形骸化した指導がなされていたことが報告されています（松原，1982）。そして，本来の実物教授の理念を汲み取って具体化するには至らず，形体線度図は問答科の内容から姿を消すことになります。日本の算数における図形教育の構築は，明治初期に大きな困難にぶつかっていたのです。ここでは，このような事態が，元来の教育思想に対する反省の欠如に起因していることを強調しておきたいと思います。

4.2　明治中期から大正中期における図形教育と数学教育改造運動

　明治中期以降の小学校算術科は，当時，帝国大学の教授であった数学者の藤沢利喜太郎に代表されます。1903（明治36）年の国定教科書制度の発足に伴って『尋常小学算術書』や『高等小学算術書』（いわゆる黒表紙教科書）が編纂されますが，これらは藤沢によって先導されたものです。藤沢の編纂方針には「数え主義」や「精神的鍛練」などがありますが，図形教育の立場からは「分科主義」と呼ばれる考えに注目する必要があります。なぜなら，この考えによって，小学校における図形教育の解体が積極的・徹底的になされているからです（大照，1981）。分科主義によれば，性質を異にする算術と幾何とは分離するべきものであり，それらを同時に扱うことは混乱のもととなります。したがって，数について学習したり算術の問題を解いたりするのに図を用いることも避けるべきこととされました。これにより，算術の教科書からは図の類が一掃されることとなります。例えば，長さ・広さ・かさなどの度量衡に関する計算においても，問題文が示されているだけで，問題状況を表す図などは一切掲載されていません。

　黒表紙教科書は，明治後期から大正を経て昭和初期にいたるまでに，教育現場の実態や社会状況の変化を反映しながら3回にわたって修正されました。問題状況を表す図が入るようになり，面積と体積の指導にあたって図形の簡単な性質が触れられるようになるなど，当初の徹底的な分科主義からの方針変更が見て取れます。この方針変更は，黒表紙教科書の計算偏重・注入主義に対する批判を受けてのことでしたが，ここでは関連する他の背景として，世界的に広

がりつつあった新たな教育改革運動の 1 つ，「数学教育改造運動」が重要です。数学教育改造運動は，1901 年，イギリスのペリー（J. Perry）による数学教育に関する講演に始まったとされています。当時のイギリスといえば，産業革命の波及によって社会構造すらも大きく変わった時代です。この大きな変化を受けて，数学教育の内容と方法を見直さなければならない，特に幾何的内容については，ひたすら古典を読ませるような指導であってはならない，という主張がなされました。ここで，幾何的内容に関する古典とは，紀元前 3 世紀ごろにギリシャのユークリッドによって編纂された大著『ユークリッド原論』を指します。『ユークリッド原論』では，はじめに用語の説明である「定義」と前提として認めることがらである「公理・公準」を明記し，そこから図形の性質を 1 つずつ証明して演繹的な体系をつくるという構成をとっています。これがギリシャの時代より学問の規範としてみなされ，様々な言語に翻訳されながら時と場所を超えて読まれ続けました。ペリーがこれを批判しているように，19 世紀にあっても『ユークリッド原論』の内容を勉強させることが図形（幾何）教育の正統な方法だとみなされていたのです。もちろん，ユークリッドが数学の古典としての価値を失っていたわけでは決してありません。ペリーが問題視したのは，子どもの教育とは無関係に編まれたこの書物を近代の学校教育において用いることだったのでした（小倉・鍋島，1957）。この数学教育改造運動の波は，図形教育にどのような影響を与えたのでしょうか。

4.3　大正後期から昭和初期における図形教育と「直観幾何」

　数学教育改造運動を受けた図形教育の改革は，イギリスのシドンズ（A. W. Siddons），フランスのボレル（E. Borel）らによって，実験・実測に基づく直観的な幾何学の推進という形をとって進められました。これらは基本的には中等教育の改革を促進したものですが，それらの中で日本の小学校図形教育に大きな影響を与えたのが，すでに登場しているドイツのトロイトラインです。トロイトラインもシドンズやボレルと同様に直観的な幾何学の扱いを重視しましたが，一方，ドイツにはペスタロッチ以来の直観教授の伝統とそれを受けて設定された空間科という固有の特徴がありました。トロイトラインはこれにヒント

を得て，『ユークリッド原論』のような論証幾何への入門としてだけでなく，それ自体として一般教育的価値をもつ「直観幾何」を提案しました（平林，1987）。

　私たちは身の回りの事物を空間内のある位置における事象として認識します。また，ペスタロッチの洞察によれば，その認識の基礎には「数・形・語（名前）」が必ず控えており，それを直観し認識へと高めるためには事物への積極的な働きかけと反省（組織づけ）が重要なのでした。トロイトラインはこのような，すべての人にとって欠かすことのできない認識の作用を重視し，その教育を担いうる領域として直観幾何を考案したのです。直観幾何においては特に「空間的直観能力」が強調されています。この能力については，例えば，与えられた図形を念頭で構成する「直観的想像力」と，それらを念頭で操作する「結合的想像力」を合わせた能力である（山本，2001），のような解説が試みられていますが，トロイトラインの一般教育的な理念との具体的な関連は明らかではないところも多くあります。これに関しては以下でも触れることになりますが，ここでは，トロイトラインが図形教育を「空間における人間の直観と認識」に絡めて考え，その一般教育的価値を理念として掲げたことを銘記しておくことが大切です。

　時代を少し遡りますが，直観幾何に関するトロイトラインの思想に加えて，幾何学に関して注目すべき別の考え方が現れていました。それは，トロイトラインと交友のあったドイツのクライン（F. Klein）が提示した「幾何学とは，ある変換のもとで保存される性質（不変量）を探究する領域である」という幾何学の規定です。例えばこの規定によれば，私たちが辺の長さや面積などを「図形の性質」と捉えるのは，それが合同変換——図形教育では「ずらす・まわす・裏返す」と表現されます——と呼ばれる変換における不変量であるから，ということになります。この他にも，角の大きさは相似変換における不変量として，直線の平行性はアフィン変換——ある平行線の組を平行性を保ったまま移す変換——における不変量（性質）として捉えられます。クラインによる規定は，変換と不変量をキーワードにして当時の幾何学を統一的に捉える視点を提供し，さらにその視点は数学全体の発展に寄与しました。

　この考え方は元来，学問としての純粋数学の中で提示された考えでしたが，変換の概念が図形の操作と結びつくことによって，図形教育にも応用されるようになりました。操作という図形の動的な取扱いは，ペスタロッチの伝統を継ぐドイツにあって，「空間内における図形の操作に基づく直観的な概念形成」の方法と親和性が高かったのだと考えられます。「具体的な操作を通した形の構成」という現在の日本でもよく見られる図形学習の方法は，この幾何学の考え方に 1 つの淵源をもっているのです（河口，1960）。なお，図形の操作がそのまま変換の概念に対応するわけではないことには留意が必要です。図形教育における操作はそれによって図形概念を形成させたり図形の性質を理解させたりすることに主眼が置かれていますが，一方で幾何学における変換は，図形というよりもむしろ，その図形が存在している空間（平面を含む）そのものの性質を探究することに目的があります。

　さて，日本の算数教育における数学教育改造運動の受容は，国定教科書の第 4 次修正（1930 年）および第 5 次修正（1941 年）の内容に最も明瞭に見ることができます。この頃には，直観幾何教育や空間観念指導の理念を解説する書物も現れるようになり（例えば，国元，1925；加藤，1937），第 4 次修正版の『尋常小学算術』（緑表紙教科書），第 5 次修正版の『カズノホン（1・2 年生）』『初等科算数（3〜6 年生）』（青表紙教科書）では，低学年から図形教材が配置されました。従前の黒表紙教科書においても，修正版では図形は登場していましたが，それらは求積の問題で利用されるばかりで，空間における図形の操作，それによって直観される図形の性質などは扱われていません。一方，緑表紙や青表紙教科書では，例えば「豆細工」（何本かの竹ひごを豆に刺してつないで形をつくる工作）を用いた図形の構成や操作が扱われ，図形の直観的な理解や空間観念の育成がねらわれていることがわかります。ペスタロッチの思想を継ぐ図形教育が，この大正から昭和初期における数学教育改造運動の波に乗って構築されようとしていたのでした。

4.4　算数教育の歴史から見る図形教育の目標と課題の明確化

　緑表紙や青表紙教科書に始まった日本の図形教育の構築は，太平洋戦争とそ

の後の占領期の情勢の中で停滞します。算数教育に関する議論や研究が再び盛んになったのは，『試案』から改訂された学習指導要領（1958 年）の頃からでした。改造運動期の理念の再検討に基づいたこれらの議論，そして学習指導要領の改訂を見て注目されるのは，図形の学習内容の系統が現在のものと大きく変わらないということです。1968 年の「教育内容の現代化」，1977 年の「ゆとりと充実」というフレーズで象徴される改訂では，それぞれ内容に大きな変化があったことはよく知られています。しかしながら，図形教育の立場から見れば，現在に至るまでに大きな――その理念や方針に関わるような――変化は起きていないといえるでしょう。すなわち，改造運動期の再検討から形づくられたカリキュラムが，日本の算数における図形教育の骨格をなしているのです。

　このように見れば，現在の図形教育の内容と方法が，比較的"安定した"理念の上に構築されていると考えることができます。しかし一方で，それは「なぜそのようなことをそのように教えるのか」という根源的な問いが表立って問われなくなっていることも意味していると思われます。実際に，図形教育のねらいについて言及している文献には，その理念や目標のあいまいさに触れるものが，過去から現在にいたるまで様々に見受けられます（例えば，大照，1981；川嵜，2010）。本節の目的はまさにこれらを再確認することにありました。以下では，これまでに振り返ってきた算数教育の歴史における図形教育の形成過程の要点をまとめ，その理念や目標について明らかになっていること，そして，未だ実践的にも理論的にも明瞭でないことを整理していきます。

　算数科における図形の指導は，『ユークリッド原論』に代表される論証幾何のための準備という目的の他に，人間の認識の基礎である「空間」と「形」の直観的把握を経験させるという目的があります。ブロックを用いた形づくり，立体物の制作，折り紙を折る・重ねる等の操作は，第一にその直観的把握のためにあるのです。ただし，操作活動の有効性はそれだけには留まりません。現実世界における操作活動は，その経験の組織づけに図形概念の形成や図形の性質の参照を必要とするのです。例えば，「回して重ねる」という操作の経験を振り返るとき，子どもは図形の「対称性」や「相等性」に類する言葉・説明を発するでしょう。これは，幾何学的概念が人間の認識の基礎に関わる活動から

発生していることを示唆しています。このように，広く一般教育的価値に関わる目標から算数・数学に固有の目標を繋いでいるのが，算数科における図形教育であるといえるでしょう。先に図形教育の目標のあいまいさに触れましたが，それには人間形成と数学への接続をともにカバーしうる領域であるから，という積極的な側面もあるのです。

　その一方で，目標の不明確さには別の原因もあります。それは直観や空間観念といったキーワードが理念的に用いられることが多く，具体的な子どもの姿や活動との関連において語られることがほとんどないということです。そしてこの背景には，現在の図形教育のカリキュラムの安定性に潜む，思想的な無反省があるように思われます。思想的な反省に基づく理念の具体化，この作業は私たちに残された課題であり，それはまさに「理論と実践」が一体となって進められなければ実現しません。

　本節では算数教育の歴史を振り返ることで，実践から生じた理念とその普及や受容，そして新たな実践という図形教育の形成過程を再確認しました。この確認を新たな契機として，より明確な図形教育の目標と内容・方法の関係を構築して行く必要があると考えます。

章末問題

1．《対象》,《関係》をはじめとする図形の体系が一目でわかるように，工夫して図にして表してみよう。
2．図形の指導にあたっては身の回りの具体物を扱います。平面的な図だけではなくて立体物を扱う理由とその扱い方とを考えてみよう。

引用・参考文献

大田春外（2012）『はじめての集合と位相』日本評論社.

大照完（1981）「小学校図形教育の歴史的考察—その一，明治大正期一」『国士舘大学文学部人文学会紀要』13: 39-59.

小倉金之助・鍋島信太郎（1957）『現代数学教育史』大日本図書.

加藤重義（1937）『空間観念陶冶の本質と新指導』成美堂.

河口商次（1960）『図形教育』日新出版.

川嵜道広（2010）「第8章　図形」数学教育研究会編『新訂 算数教育の理論と実際』聖文新社.

国元東九郎（1925）『直観幾何教授の理論と実際』培風館.

小山正孝（1987）「van Hiele の「学習水準理論」について」『日本数学教育学会 数学教育学論究』47・48：48-52.

杉山吉茂（1986/2010）『公理的方法に基づく算数・数学の学習指導』東洋館出版社.

清宮俊雄（1972）『初等幾何学（基礎数学選書〈7〉）』裳華房.

中川裕之（2015）「「平行線と面積」の学習の位置づけに関する一考察―教材の作成とそれを用いた調査を通して―」『日本数学教育学会第48回秋期研究大会発表集録』：403-406.

中川裕之（2017）「数学的活動とは何か―従来の算数的活動とどう違うのか―」『新しい算数研究』561：8-11.

平林一栄（1987）『数学教育の活動主義的展開』東洋館出版社.

松尾七重（2000）『算数・数学における図形指導の改善』東洋館出版社.

文部省（1982）『小学校算数指導資料 図形の指導』大日本図書.

ユークリッド著，中村幸四郎・寺坂英孝・伊東俊太郎・池田美恵訳（1996）『ユークリッド原論』縮刷版，共立出版.

伴虎之助（1876）「形体線度問答全」四明堂

松田義哲（1961）「ペスタロッチーの直観の原理について」『教育学研究』28(2)：95-101.

松原元一（1982）『日本数学教育史Ⅰ 算数編 (1)』風間書房.

山本信也（2001）「トロイトラインの「幾何学的直観教授」に於ける「空間的直観能力」の養成」『全国数学教育学会誌 数学教育学研究』7: 105-116.

Fischbein, E. (1993) "The theory of figural concepts", *Educational studies in mathematics*, 24(2): 139-162.

（影山和也・茅野公穂・中川裕之・袴田綾斗）

第8章

データの活用

　本章では，算数科における統計教育の理論と実践について考察します。まず第1節では，算数科に新設された「データの活用」領域のねらい及び領域で働かせる数学的な見方・考え方を踏まえ，「統計的探究プロセス」について考察します。第2節では，仮説を探索して検証する活動について考察します。目指すべき統計的な問題解決の一つは，仮説の形成とその検証を繰り返すことで，暫定的な解決となるより精度の高い仮説を形成することです。これは問題の明確化に基づく計画の立案と連動的に作用します。これらについて，「晴れの国おかやま」に関する活動例を通して解説します。第3節では，データを適切に読み取ることについて分布のアイデアと文脈の観点から検討するとともに，結論を導く際には蓋然性に注意を払う必要があることを取り上げます。最後に第4章では，統計的な問題解決の方法を活用することについて，特に教科横断的な統計学習のあり方を検討する必要性について考察します。この後に，本章を読みすすめるにあたって，次の4点を考えてみましょう。

1．「統計的探究プロセス」とはどのようなプロセスか。
2．統計的な問題解決における仮説を探索して検証する活動とは何か。また，それがなぜ重要であるのか。
3．データの分布からその特徴をどのように読み取ればよいのか。そして，読み取った結果から結論付ける際に，どのような点に注意すべきか。
4．統計的な問題解決の方法を活用するために，算数科以外の教科との関連付けをどのように考えたらよいのか。

第1節　統計的な問題解決の方法について知る

　AI（Artificial Intelligence）や IoT（Internet of Things）に代表される技術的変化，世界経済の重心の変動や人口動態の激変に見られる経済・地政学的変化，SDGs（Sustainable Development Goals）の採択や ESG（Environment, Social, Governance）投資の拡大などが示すマインドセットの変化という3つの大きな変化が，これからの社会において，より顕在化し，加速していくと言われています（日本経済団体連合会，2018）。このような不確定な社会に身を置く子どもたちにとって，目的に応じて情報を適切に捉え，的確な判断を下し，行動する力を身に付けることは，極めて重要なことです。

　2017年告示の小学校学習指導要領の算数科の改訂においては，統計的な内容の改善・充実が図られ，「身の回りの事象をデータから捉え，問題解決に生かす力」，「データを多面的に把握し，事象を批判的に考察する力」の育成を目指すとともに，小中学校間の統計教育の円滑な接続のため，従前の「数量関係」領域の資料の整理と読みの内容を中心に，統計に関わる領域「データの活用」が新たに設けられました。この領域では，2009年改訂の高等学校学習指導要領の「数学Ⅰ」及び「数学活用」において，生活の中での活用や統計学とのつながりを重視して用いられた「データ」の用語が，新たな領域の名称として用いられています。このことは，小学校算数科において，小・中・高等学校を通じた系統的な統計教育の基礎を一層充実させることを意味しています。

　「データの活用」領域の一つ目のねらいに「統計的な問題解決の方法について知ること」が明記されています。渡辺は，新学習指導要領の改訂に向けて「統計教育で育むべき資質と能力」として，「統計的問題解決のプロセスを理解し活用力を付ける」ことを挙げ，統計教育が海外で拡充された背景は，統計的な問題解決の有効性が広く認識されたからであり，医療，経営，行政，教育等，あらゆる領域における質保証のための世界共通のマネジメント方式（Total Quality Management :TQM）として定着していることを指摘しています（渡辺，2014）。

　「統計的な問題解決の方法について知る」ことが，新学習指導要領の内容の「ア　次のような知識及び技能を身に付けること」に記述されたことについて，青山は，「方法知」として統計的な問題解決を理解し，使いこなしていくことができる児童の育成が目指されていることを示すものであると指摘しています（青山，2018）。端的に述べれば，「データの活用」領域の一つ目のねらいに明示された「統計的な問題解決の方法について知ること」は，「統計的探究プロセスについての理解を深めること」と換言できます。

　2017 年告示の小学校学習指導要領解説算数編に示された「統計的探究プロセス」は，Wild と Pfannkuch が 'investigative cycle'（PPDAC）として示した 5 つの段階（Problem（問題）－Plan（計画）－Date（データ）－Analysis（分析）－conclusion（結論））（Wild & Pfannkuch, 1999）に沿って記述されています。

　図 8−1 の Conclusions から Problem への矢印が示すように，PPDAC の探究サイクルは，一巡して完結するものではなく，新たな探究サイクルへとつながっていきます。

　PPDAC の探究サイクルに基づく日本の中学年児童を対象とした授業実践においては，問題を定めること，調査対象や調査項目の設定，授業で扱うデータの選定及び変換，結論のまとめ方など，随所において，細やかな配慮が必要であることが報告されています（青山・小野，2016）。新学習指導要領において，「統計的な問題解決の方法」は，第 5 学年及び第 6 学年の内容として明記され

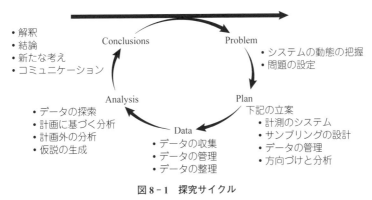

図 8−1　探究サイクル

出典：Wild & Pfannkuch (1999, p.226).

ていますが，低学年の学習においては，「児童にとって身近な題材に注目し，
関係するデータを整理しながらデータの特徴を捉えることを中心に行う」（文
部科学省，2017，p.68），また中学年の学習においては，「身近な題材から問題を
設定する活動や，その問題に対して集めるべきデータとその集め方などについ
ても徐々に扱っていく」（同，p.68），高学年では，「一連の統計的探究プロセス
を意識し，自分たちで問題を設定し，調査計画を立てることや，分析を通じて
判断した結論についても別の観点から妥当性を検討できるようにすることも扱
う」（同，p.68）というように，計画的・段階的に，統計的探究プロセスの経験
を積み重ねていくことが大切です。

第 2 節　仮説を探索して検証する

　前節で述べたように，統計教育では，平均値のような計算によって求められ
る知識や，棒グラフのような表現の知識だけでなく，統計的な問題解決の方法
という一見すると目には見えない知識も存在します。2017 年告示の小学校学
習指導要領によれば，小学校算数科では主に統計グラフを学習し，第 6 学年で
は新たに代表値などの知識を学習します。小学校段階における統計グラフの学
年移行については，データの種類や表現の目的に応じて系統立てられています
（福田・内田，2019 を参照）。ところが，これらの学習の背景には統計的な問題解
決が位置づいています。そこで本節では，統計的な問題解決の方法に焦点化し，
特に仮説を探索して検証する活動について具体例を示しながら考察します。

2.1　問題の設定

　統計的な問題解決の方法は，数学的モデリングの活動に似通っています。一
般に，数学的モデリングは，「現実世界における課題を数学世界の課題へと変
換するために，「単純化」や「理想化」がなされた上で，数学的の解決（つまり，
数式的処理による解決）が行われ，それを現実世界の課題へと当てはめる」
（福田，2016b，p.153）と説明されます。それに基づけば，データの統計的処理
を伴うものが，統計的な問題解決のように思われます。しかし，決定的に異な

る点があります。それは，定式化をするための問題を把握したり設定したりするという統計的な問題解決において最初に行う探究が，数学的モデリングには存在していない点です。数学的モデリングにおける探究の始まりは問題の定式化である一方で，統計的な問題解決においては定式化を行うための問題それ自体の探索から探究が開始されます。知識基盤社会では，知識が複雑に絡み合って社会が成立していますが，知識の複雑化は現実世界における課題を単純化したり理想化したりすることを困難にするほどに進んでいます（平林，2001 を参照）。数学的モデリングのように教師が子どもに問題を与える前に子ども自身が問題を把握したり設定したりする探究を行うことはとても難しいものですが，今日社会を生き抜く能力としてとても重要なものです。

　問題を把握したり設定したりすることができなければ，それ以降の計画を立てたり，データを収集したり，分析したり，結論を出したりする活動へ進むことは実際には不可能です。しかしながら，問題を把握したり設定したりすることは，いかなるデータを収集し，いかに分析するかといった計画を立てることを要します（Shaughnessy, 2007）。つまり，実際にデータを収集したり分析したりする活動は発生しないけれども，仮想的にデータを収集したり分析したりすることによって，子どもによって問題が把握されたり設定されたりします。

　さらにいえば，統計的な問題解決においては，問題の「完璧な」解決は想定されていません。今日の社会の状況を踏まえれば，完璧な解決が可能となるような問題を設定することにはほとんど意味がありません。むしろ，誰もが完璧な解決をすることができないがゆえに，仮説の形成とその検証を繰り返すことによって，暫定的な解決となるより精度の高い仮説の形成を目指すことこそが重要であり，そのためのプロセスがまさに統計的な問題解決の方法なのです（Pfannkuch, Ben-Zvi, & Budgett, 2018 などを参照）。

2.2　仮説形成と仮説検証の反復

　統計的な問題解決の具体例として，以下の記事が存在したとします。

晴れの国おかやま!!

日本の都道府県の中で，年間降水量1mm以上の日数を調べた結果，岡山県は非常に日数が少なく，「晴れの国おかやま」であることを確認することができました。

(2014年3月23日発刊)

この記事に対して，「最近の岡山県は晴れの国なのか？」という問題を立てたとします。この問題に対して統計的に解決を図る場合，最初に「晴れ」を定義しなければ，どのような仮説が形成され，どのようなデータを収集し，どのように分析を行うのかという計画を立てることができません。例えば，記事にあるように「晴れ」を「降水量が少ない」と定義することによって，仮説「最近の岡山県は他の都道府県と比べて降水量が少ない」を立てることができます（Problem）。そして，この仮説を検証するため，2019年の日降水量1mm以上の都道府県ごとの年間日数を気象庁のHP*より調べることが考えられます（Plan）。気象庁のHPのデータセットの中には，日降水量1mm以上の年間日数は入っていなかったため，月ごとの日数をそれぞれ収集し，12ヶ月の合計を求めることによって年間日数のデータを収集することにします。また，例えば岡山県の2019年1月の日降水量1mm以上の日数を調べると，岡山市や倉敷市などの岡山県内の多くの都市・地域のデータが得られるため，欠損値が無い都市・地域のデータを平均したものを，岡山県の2019年1月の日降水量1mm以上の日数とします。より具体的に述べれば，次のように岡山県の2019年の日降水量1mm以上の年間日数を調べることができます。B列からF列までが各都市・地域のデータであり，G列がそれらの平均値，H列がG列の12個の平均値の合計値となり，この値が岡山県の2019年の日降水量1mm以上の年間日数となります（図8−2）。

　　* https://www.data.jma.go.jp/obd/stats/etrn/index.php

　同様のデータ収集ならびにデータ整理を全都道府県に対して行います。そして，全都道府県のデータのみを集約し，昇べきの順に並べ替えたものが図8−3になります（上位5府県のみ示しています）（Data）。

⬕	A	B	C	D	E	F	G	H
1		今岡	高梁	奈義	・・・	陣山	平均値	岡山県
2	19-Jan	7	3	5	・・・	4	5.6	102.48
3	19-Feb	6	5	6	・・・	6	6.8	
4	19-Mar	13	11	12	・・・	13	12.52	
5	19-Apr	12	9	12	・・・	10	10.52	
6	19-May	6	4	5	・・・	6	4.72	
7	19-Jun	8	9	9	・・・	9	8.8	
8	19-Jul	16	11	15	・・・	12	12.64	
9	19-Aug	10	12	11	・・・	12	11.6	
10	19-Sep	6	6	8	・・・	8	7.68	
11	19-Oct	10	8	9	・・・	8	8.64	
12	19-Nov	3	3	3	・・・	4	4.52	
13	19-Dec	6	7	6	・・・	7	8.44	

図 8 - 2　岡山県の 2019 年の日降水量 1mm 以上の年間日数

⬕	A	B	C
1	順位		2019年における日降水量 1mm以上の日数
2	1	香川	98.875
3	2	大阪	99
4	3	埼玉	102.3571429
5	4	岡山	102.48
6	5	広島	107.0909091

図 8 - 3　全都道府県の 2019 年における日降水
量 1mm 以上の日数を昇べきの順に
並べ替えた表（上位 5 府県）

　表から，岡山県は 47 都道府県の内，4 番目に降水量が少ないとわかります
（Analysis）。したがって，仮説は妥当であるとみなすことができ，「最近の岡山
県は晴れの国なのか？」という問題への解答として，「晴れの国です」とある
程度言えそうです（Conclusion）。

　一方で，記事では「晴れ」を「降水量が少ない」と定義していましたが，日
照へも着目すべきでしょう。「晴れ」を「日照量が多い」と考えることによっ
て，仮説「最近の岡山県は他の都道府県と比べて日照量が多い」を立てること

ができます（Problem）。気象庁の HP のデータセットに存在する日照データとして，日照時間 0.1 時間未満の年間日数を降水量の場合と同様にしてデータ収集ならびにデータ整理を行います（Plan）。そして，全都道府県のデータを集約し，昇べきの順に並べ替えたものが図 8 - 4 になります（上位 3 県と岡山県のみ示しています）（Data）。

	A	B	C
1	順位		2019年における日照時間 0.1時間未満の日数
2	1	長野	33.39285714
3	2	香川	35.33333333
4	3	山梨	38.1
5	・・・	・・・	・・・
6	12	岡山	44

図 8 - 4　全都道府県の 2019 年における日照時間 0.1 時間未満の日数を昇べきの順に並べ替えた表（上位 3 県と岡山県）

　このデータから，岡山県は，47 都道府県の中で 12 番目に日照量が多いことがわかります（Analysis）。12 という数値をどのように評価するかは人によって様々ですが，降水量と比較すれば，岡山県の日照量はそれほど多くないと評価することもありえそうです（Conclusion）。

　これまでの問題解決の探究を全て踏まえると，「晴れ」を「降水量が少なくて，日照量が多い」と考えれば，仮説「岡山県は他の都道府県と比べて降水量は少ないが，日照量は十分に多くない」を立てることができます（Problem）。この仮説の検証を行うために，これまで 2019 年のデータを利用してきましたが，「最近」を踏まえて 2019 年以前のデータも併せて確認しなければならないでしょう。そこで，2015 年から 2019 年までの過去 5 年間の日降水量 1mm 以上の年間日数ならびに日照時間 0.1 時間未満の年間日数を，上記と同様の方法で都道府県ごとに求め，順位づけを行います。そして，岡山県の順位だけでなく，2019 年の日降水量 1mm 以上の年間日数が岡山県よりも少ない香川県，大阪府ならびに埼玉県の順位にも焦点を当てます（Plan）。全 4 府県の 5 年間の

順位を集約したものが図 8 − 5 になります。ここでは，わかりやすさのために，表と折れ線グラフの両方でデータを表現しています（Data）。

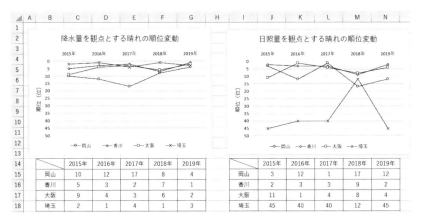

図 8 − 5　全都道府県の 2015 年から 2019 年までにおける日降水量 1mm 以上と日照時間 0.1 時間未満のそれぞれの日数を昇べきの順に並べ替えた際の岡山県・香川県・大阪府・埼玉県の順位変動の折れ線グラフと表

　これらの折れ線グラフもしくは表より，岡山県の 2018 年のデータは 2019 年のものと類似していることが見て取れます。降水量を観点とする晴れの順位（以下，降水量順位）は高いですが，日照量を観点とする晴れの順位（以下，日照量順位）はそれ程高くありません。ところが，2017 年や 2015 年ではこれらが真逆で，日照量順位は高いが，降水量順位はそれ程高くありませんし，2016 年では両者の順位ともそれ程高くないことがわかります（Analysis）。したがって，仮説「岡山県は他の都道府県と比べて降水量は少ないが，日照量は十分に多くない」は，このデータによって裏付けることができないことになります（Conclusion）。それでは，「最近の岡山県は晴れの国なのか？」という問題に対して，いかなる仮説が立てられるかを最後に考えます。

　仮説を立てるために，岡山県以外の府県に着目します。香川県と大阪府は 5 年間にわたって降水量順位も日照量順位も共に高いといえます。それゆえに，「晴れ」を「降水量が少なくて，日照量が多い」と考えたときに，仮説「香川県と大阪府は他の都道府県と比べて降水量は少なく，日照量は多い（＝香川県

と大阪府は晴れの国である）」を形成することができます。また，埼玉県の5年間の傾向として，降水量順位は非常に高いのに対して，日照量順位は非常に低いことが分かります。したがって，仮説「埼玉県は他の都道府県と比べて降水量も日照量も少ない」を立てることができそうです。これら3府県と岡山県を比較すると，降水量順位は高いものの3府県程ではなく，日照量順位も高いものの香川県や大阪府程ではありません。したがって，仮説「岡山県は他の都道府県と比べて降水量はそれなりに少なく，日照量はそれなりに多い」を形成することができます。事実，2015年から2019年までの5年間における日降水量1mm以上ならびに日照時間0.1時間未満のそれぞれの日数を昇べきの順に並べ替えれば（図8‒6），岡山県は両方とも47都道府県中の第6位であり，かなり上位ではあるものの，香川県や大阪府よりは低い順位であることがわかります。

	A	B	C	D	E	F	G
1	順位		2015年から2019年までにおける日降水量1mm以上の日数		順位		2015年から2019年までにおける日照時間0.1時間未満の日数
2	1	埼玉	494.7142857		1	香川	198.6666667
3	2	山梨	510.3846155		2	長野	204.3238916
4	3	香川	512.5		3	大阪	205.6666667
5	4	大阪	519.5454545		4	山梨	210.1
6	5	茨城	524.9439855		5	愛知	215.8181818
7	6	岡山	550.92		6	岡山	220.6666667
8	7	長崎	552.978355		7	静岡	224.5882353
9	8	愛知	555.2		8	広島	226.3888889

図8‒6　全都道府県の2015年から2019年までにおける降水量1mm以上と日照時間0.1時間未満のそれぞれの日数を昇べきの順に並べ替えた表（上位8府県）

　以上の統計的な問題解決の具体例に見られるように，PPDACの探究サイクルは一巡で終わらないことがわかります。「最近の岡山県は晴れの国なのか？」という問題に対して，「晴れ」を定義することで問題を少しずつ明確にしながら，仮説を探索的に形成し，それを検証することの反復によって，より精度の高い仮説を形成することが目指されます。問題の明確化とそれに基づく仮説の形成の段階において，いかなるデータを収集し，いかに分析するかといった計

画を立てることも含まれており，仮説の検証の段階においては実際の収集と分析が行われます。そして最後に，新たなより精度の高い仮説の形成の段階において，再び新たな計画を立てることになります。こうして，問題の明確化に基づいて計画を立てることと，仮説を探索的に形成することと，仮説の検証結果に基づいて新たな仮説を形成することは，連動的に作用し合い，こうした一連のプロセスこそが統計的な問題解決においてとても重要な意味をもつのです。

第 3 節　データを適切に読み取り判断する

　前節で具体的に示した統計的問題解決の過程では，順序尺度のデータを用いていました。一方，第 6 学年では比率尺度のデータを扱い，それを表現するグラフやそれを要約する値を学習します。本節では，一変数の量的データについて，その表現であるドットプロットやヒストグラムによって把握できるデータの分布 *distribution* からその特徴をどのように読み取ることができるかを取り上げます。そして，その結果から結論付ける際に注意すべき点に言及します。

3.1　データの分布の読み取り

　Wild（2006）によれば，データを分布として認識することは，データの変動 *variation* の認識と同様に，統計的な見方・考え方の 1 つです。分布のアイデアはデータの変動を認識するレンズの役割を果たします。分布は，変動に次ぐ，統計学における第 2 の基礎石であるとも指摘されており，統計における重要な観念 *big idea* の 1 つに数えられています（Garfield & Ben-Zvi, 2008）。分布のアイデアは，代表値の意味の学習でも重要な役割を果たします。さらにいえば，分布とそれを通して認識される変動のアイデアは，小学校で取り扱われる統計的内容だけでなく，中学校以降の統計教育の中核をも形成しており，そのような認識をもつことは小学校における統計教育の目標であるといえます。

　データを分布として認識することは，データをある特性を有する集合体として全体的に認識することであり，データを個々の値の集積として考えることではありません（Bakker & Gravemeijer, 2004）。分布は概念的実在であるゆえに，実

はこの認識は容易ではないことが指摘されています。例えば，あるクラスにい
る子どもたち全員の身長のデータをヒストグラムに表したとします（図 8-7）。
このとき，彼らはしばしば自分のデータがどこにあるかに目を向けがちです。
個々の値に着目しているため，これは分布の見方ではありません。「データの
大部分は平均値の 145cm 付近に密集しているが，身長の高い人がいるため全
体的に左側に偏っているように見える」のように，データを 1 つの集合体とし
て認識しなくてはなりません。データ全体で認識できるのは何か，そしてその
認識から何が言えるのかに焦点を当てることが求められます（Wild, 2006）。

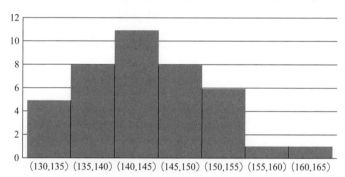

図 8-7　架空の子どもたちの身長を表すヒストグラム（以上，未満）

　概念的実在である分布の認識*に当たっては，その構成要素が手掛かりにな
ります。例えば，Bakker & Gravemeijer（2004）などを参照すれば，データの分
布は少なくとも次の 4 つの要素を用いて言及されることができます：

　　中心 *center*：平均値，中央値，範囲中央値 *midrange***，最頻値　など
　　広がり *spread*：範囲，四分位範囲，分散，標準偏差，外れ値　など
　　密度 *density*：相対度数，累積相対度数，四分位数，過半数 *majority* など
　　形状 *shape*：対称性，歪み，峰（山）の数，過半数の位置　など

　＊分布について，Wild（2006）では，変数の変動パターンであると説明されていま
　　す。データを 1 つの集合体として認識するとき，その全体的な挙動を指示する言
　　葉が分布であるといえます。学習者にとって分布というモノが予め存在するわけ
　　ではないため，統計学習においては，分布という言葉によってその概念化を促す
　　ことが最初に求められるといえるでしょう。

＊＊最大値と最小値の平均値

　分布からそのデータの特徴を読み取るためには，これらの要素を互いに関連づけながらデータの全体的な傾向を把握する必要があります。子どもたちは，代表値のような数的要約を学習すると，平均値が○○で，中央値が□□で，範囲は△△で，…と構成要素を列挙し，それによってデータの特徴を解釈しようとすることがあります。しかし，これは分布の特定の側面を切り取っているだけで，データの特徴を読み取っているとは必ずしも言えません。先に述べたような，全体的な読み取りこそが分布の認識には求められます。データの最も簡潔な要約としての代表値をはじめとする数的要約それ自体を求めることよりもむしろ，求めた数的要約どうしの関連性や求めた数的要約とデータとの関連性の中で，データの分布の認識を深めていくことが望ましいといえます。すなわち，「データの中心（シグナル）は最初から明白であるわけではないから，それを決定するために，誤差が生じて散らばったデータ（ノイズ）を考慮しなくてはならない」（大谷，2016，p.143）のです。

　同様に，2 つのデータセット A と B を比較する際に，平均値は A が高く，中央値と範囲は B が小さく，…のような特定の側面だけを比較することも適切とは必ずしも言えません。数的要約を用いた部分的な比較は，「A がよいのは平均値の 1 つで，B がよいのは中央値と範囲の 2 つだから，B のデータセットのほうが優れている」といった多数決的な判断につながる可能性があります。これはデータの全体的な傾向に目を向けておらず，望ましいデータの認識ではありません。第 6 学年の統計学習では，データセットを 1 つの集合体として考察する分布の見方へと子どもたちの認識を洗練させることが求められます。

　また，データの分布を読み取りその特徴を説明する際には，上記の 4 つの構成要素が用いられますが，量的表現だけが使われるわけではありません。しばしば，その前駆となるような，非形式的な表現が使用されます（e.g., 福田，2016a）。例えば，中心，まとまっている，散らばっている，偏っている，とがっている，以上以下，などがあります。これらの表現のいくつかは，平均値や標準偏差のように，形式的な表現として将来的に学習し直されます。分布の要素に暗黙的に言及する非形式的な表現は，それ自体が分布の見方を指示するも

のであり，教育的な価値が認められます（Garfield & Ben-Zvi, 2008; Wild, 2006）。非形式的な表現は，非形式的であるために，そして認識の仕方であるために，明示的に取り上げられにくいという問題もありますが，学習される統計的な知識や技能の根底にはこうした統計的な見方・考え方があり，むしろこの見方・考え方こそを強調して指導するべきです。代表値や範囲といった知識・技能を学習する際には，そうした形式的な量的表現を，中心や広がりに関連する非形式的な表現が数量で精緻化されたものとして取り扱いたいものです。

3.2　データの背景にある文脈の考慮

　データを適切に解釈するために，データを分布として理解することは不可欠ですが，それだけではまだ十分ではありません。より重要なのは，統計学の本質とも指摘される文脈 *context* の要素を踏まえることです。数学的モデリングの過程を表す種々のモデルが示唆するように，統計的な問題解決でも，数学の世界と現実の世界の往還が起こります。しかし，統計的な問題解決では，この往還が数学的モデリングより頻繁に生じます。統計と文脈は相互作用するものだという前提があるため，統計的探究モデル（Wild & Pfannkuch, 1999）には，そのような活動は明記されていません。このことは第2節での具体例からも明らかです。データは単なる数ではなく，文脈を伴う数なのです（ムーア, 2000）。いったん文脈を切り離さなくてはデータを統計グラフに表し，その全体的な傾向を把握することはできませんが，その後では必ず，文脈の観点から傾向を再解釈しなくてはなりません。問題の置かれた文脈やデータの収集された文脈を考慮しなければ，データの傾向は適切に解釈されることができません。

　ところが，統計の授業において具体的な文脈はほとんど考慮に入れられていない可能性があります。例えば，上ヶ谷・大谷（2018）では，2012年度の全国学力・学習状況調査（中学校数学）で出題されたスキージャンプの問題を事例として，スキージャンプ競技について解答者が有している様々な概念がデータ分析や結論づけの際に影響を及ぼし得ること，そうした統計的でない概念を適切に補わなければ結論を適切に導出できないにもかかわらず，そのような情報が与えられていないこと，そして，模範解答でも文脈の視点が欠落しているこ

となどが指摘されています。分析する飛距離データはどのように得られたもの
か，飛型点はどうであったか，個人戦か団体戦か，といったスキージャンプ競
技の具体的な文脈の情報を抜きにして統計的な結論を導くことはできませんが，
そのような情報は全くといってよいほど考慮されません。文脈の欠落は教科書
でもみられます。大谷・上ヶ谷（2019）は，中学校第1学年の数学教科書の統
計的問題を分析することで，一見すると教科書記述には現実的な要素が豊富に
含まれているものの，実際の活動では具体的な文脈を考慮して結論づけること
にはなっていないことを指摘しています。そしてまた，この知見を小学校の統
計学習にも敷衍することができます。例えば，ハンドボール投げの記録につい
ての2つのデータセットを比較するという典型的な活動では，ハンドボール投
げや比較の動機などの具体的な文脈の要素を本当に踏まえた活動になっている
でしょうか。問題の置かれた具体的な文脈を捨象することはデータの全体的な
傾向を把握するために不可欠ではありますが，その文脈化による解釈もまた統
計的には不可欠です。データの適切な解釈には，文脈を意識しながら数学の世
界と現実の世界の往還を図ることが求められます。データを適切に解釈した後
は，その解釈に基づいて結論を導くことになります。

3.3　蓋然性を意識した結論付け

　結論付けの際に注意を払わなければならないのは，どの対象に対する結論を
どのように導くのか，という点です。特徴を知りたいあるいは解決したい対象
集団（母集団）と実際に得られるデータ（標本）が異なる場合があります。そ
のズレを認識したうえで結論を導くことは，統計的な見方・考え方の1つであ
るといってよいでしょう。例えば，ある子どもたちが夏休み前の7月に借りた
読書冊数のデータの分析から，その子どもたちが11月に読む本の冊数につい
ての推測がどの程度できるでしょうか。データの傾向を分析して解釈すること
はできますが，そこから得られるのは単に子どもたちが7月に借りた本の冊数
の傾向だけです。多くの場合，標本と母集団は同一ではないため，両者の間の
ズレを踏まえた蓋然的判断が統計的な結論付けには求められます。

　蓋然性を定量化する際に用いられるのが推定や検定などの形式的な統計的推

測の方法です。しかし，高等学校に限らず大学水準でもその学習の難しさが指摘されており，まして小学生には極めて困難だと考えられます。そのため，小学校段階では，蓋然性を定性的に表現することによる非形式的な統計的推測（例えば，Makar & Rubin, 2009）を意識すべきでしょう。それは，手元のデータを超えた対象について，蓋然性についての言葉を用いながら，データ分析から得られた特徴を一般化する，というものです。例えば，データ分析で得られた知見だけでなく，7月と11月についての子どもたちを取り巻く状況の異同を踏まえた結論付けが求められます。小学校算数科における統計学習ではデータを分析することが主な学習内容ですが，統計的な問題解決を意識するならば，手元のデータを超えた推測はしばしば避けられません。形式的な統計的推測の素地となる非形式的なそれは小学校段階から可能であり，むしろそれを積極的に取り扱うことが期待されます（大谷，2017）。

第4節　統計的な問題解決の方法を活用する

　統計的な問題解決の方法は，指導内容として明記されることで，その活用が強調されています。しかし，子どもたちはそもそも日常生活や他教科の学習のあらゆる場面で統計に遭遇しています。それゆえ，統計的な問題解決の方法を活用することには，算数科以外の場面でそれを活用して問題解決するという通常の意味に加えて，様々な場面ですでに活用されている統計的な問題解決の方法を意識化して算数科における統計学習との連携を図るということも含めるべきであるといえます。多くの学校で教科担任制を採らない初等教育段階では教科間の関連付けを図ることが十分に可能であり，むしろ社会科や理科などでは統計が教科内容の学習方法としてその理解を促進する役割を担っているため（木村，2005），そのような関連付けは学習者の側からみて特に重要です。

　種々の統計的知識については，算数科以外の教科でそれらがどのくらい取り扱われているのかが松浦・景山（2003）によって調査されています。算数科で折れ線グラフを学習する前に理科で気温の変化の学習のためにその知識を扱うように，算数科で統計的知識を学習するよりも先に他の教科でそれが扱われる

表 8 - 1　算数科（統計単元）・社会科・理科での学習方法の対比

Wild & Pfannkuch (1999), 算数科	社会科	理科
問　題	つかむ：気づいたことや疑問に思ったことを話し合い，学習問題をつくる	「ふしぎ」を見つけよう： ・「ふしぎ」を見つけ，問題にまとめる
計　画	・学習問題を予想する（仮説を立てる） ・調べることを決める	予想しよう，計画しよう： ・調査対象や問題に対する自分の考えを明確にする ・観察や実験の方法を考える
データ	調べる：見たいこと，知りたいことを整理して，調べる	「ふしぎ」をとき明かそう： ・観察や実験を通して違いや変化を調べ記録する
分　析	・実地調査，図書館やインターネットの利用，解決可能な人物への質問	・調べた結果を整理する
結　論	まとめる：わかったことや考えたことをまとめる ・調べたことを整理する ・話し合いを通してまとめる ・学習したことを次の学習や生活にいかす	まとめよう： ・結果からわかることを考え，理科の言葉でまとめ，発表する ・分かったことから，新たな「ふしぎ」を見つける

出典：大谷・五十嵐（2019）に一部修正を加えて作成.

可能性があることが指摘されています。ただし，これはやや古い調査報告で，現在では，教科間の関連付けが少しずつなされてきています。各教科の教科書を見れば，統計グラフの扱いに注意が払われていることがわかります。統計グラフのような知識は，統計的な問題解決の方法それ自体ではありませんが，算数科以外の教科で利用されるため，教科横断的な取り扱いが求められます。

　一方，そうした統計的知識を用いた活動のレベルでの関連付けはほとんど注目されていません。大谷・五十嵐（2019）では，これを課題意識に，3・4 年生の社会科と 3 年生の理科の教科書を統計的探究の視座から分析しています。その結果，社会科と理科の教科書に記述されたそれぞれの教科の学習方法はまさに統計的探究そのものなのですが，それを統計的な問題解決の方法として明示的に取り扱ってはいないこと，そして対照的に，算数科では社会科や理科よりも抽象的な文脈での統計的な問題解決がなされていることを明らかにしていま

す。表8-1は，算数科における統計的な問題解決の方法と，社会科と理科における学習方法を対比したものです。これを見れば明白であるように，統計的な問題解決の方法は社会科や理科の学習方法として潜在的に用いられています。しかし現状では，これらが教科横断的に関連付けられることはありません。

大谷・五十嵐（2019）は，教科横断的な統計的な問題解決を実現することに向けた方策の1つとして，社会科や理科での具体的な事象の探究にそれを用い，算数科でその事象探究の方法自体を考察し学習するという関連付けの方法を検討しています。そして，社会科との関連付けを図る場合には標本の代表性のアイデアが，理科とでは測定値の誤差のアイデアが，それぞれ算数科における統計的な問題解決とをつなぐ結節点になり得ることを指摘しています。

特に理科では，実験を通して得られた測定値を平均する活動がしばしばなされます。これは，測定値には誤差が伴うことを前提として，真の値の近似値を得るためになされます。算数科において測定値の平均を学習するのは第5学年ですが，測定値の平均が真の値の近似値になることを明示的に学習するのは高等学校まで待たなくてはなりません。そのため，この点で算数科と理科を関連づけることは十分に可能ですが，どこまで取り扱うのかには注意が必要です。また，真の値の近似値を得るために測定値を平均することと代表値を得るためにデータの数値を平均することでは，平均の計算それ自体は同じですが，意味が異なる点にも注意が必要です。代表値としての平均値は，データの分布の中心を示す指標の1つであり，真値の探究を目的にしているわけではありません。例えば，6年生のあるクラスの子どもたち全員の身長のデータについて，その中心的位置を知るために数値を平均する際には代表値としての意味になります。一方で，一般の6年生の身長を推測するためにそのデータの平均値を利用する場合，これは真の値の近似値として平均値を理解しています。算数科において代表値としての平均値を学習するのは第6学年です。これらの違いを取り上げることは大切ですが，その取り扱い方を検討しておくことは不可欠です。

統計的に問題を解決する活動は，実は算数科以外の教科の様々な場面でみられるものです。このことを踏まえれば，算数科での統計学習に期待されるのは，統計的な問題解決の方法を学習することよりもむしろ，すでに他の教科で暗黙

的になされている統計的な問題解決の方法を対象化し，それを再構成することであるかもしれません。教科の垣根を越えて統計学習のあり方を検討することは，統計的な問題解決の方法をどのように指導するのか，それをどのように活用させるのかを検討することに直結します。

　小学校においては様々な教科や場面で統計的な問題解決がなされたり統計的な知識が用いられたりしますが，現在のところ，教科を超えた立場からそれらが有機的に関連付けられているわけではありません。統計的な問題解決の方法や統計的な知識を学習内容として取り扱えるのが算数科であることを踏まえれば，算数科を中核として，総合的な学習の時間や特別活動を含めて教科横断的に統計学習のあり方を検討することが求められます。その実現にはカリキュラム・マネジメントが不可欠です。これからの時代の統計教育にとって，教科横断的な視座から算数科における統計学習のあり方を検討し，それを実現する教師の力量は，かなり重要な位置を占めるといえるでしょう。

章末問題

1．問題「最近の岡山県は晴れの国なのか？」に対して，晴れの定義を「降水量が少なくて，日照量が多い」としたときに，仮説「岡山県は他の都道府県と比べて降水量はそれなりに少なく，日照量はそれなりに多い」を検証し，新たな仮説を作成してみましょう。
2．算数科における統計学習と理科や社会科における学習の方法とをどのように関連付けることができるか，具体的に検討してみましょう。

引用・参考文献

青山和裕（2018）「「D データの活用」の指導」鈴木将史編著『小学校算数科教育法』建帛社.

青山和裕・小野浩紀（2016）「多変数を扱う小学校算数での統計授業について―統計的探究プロセスによる授業国葬と多変数による授業の広がり―」日本数学教育学会誌『算数教育』98(8)：3-10.

上ヶ谷友佑・大谷洋貴（2018）「数学教育における推論主義の可能性―学力調査で求められる実践的知識としての統計的概念に関する批判的考察―」全国数学教育学

会『数学教育学研究』25(1)：67-76.

大谷洋貴（2016）「否定論を視点とした回帰直線の学習指導に関する一考察」全国数学教育学会誌『数学教育学研究』22(2)：141-151.

大谷洋貴（2017）「統計的に推測する力を育む統計カリキュラムの開発の必要性」全国数学教育学会『数学教育学研究』23(2)：91-103.

大谷洋貴・五十嵐敏文（2019）「初等教育段階における教科横断的な統計指導に向けた基礎的考察―統計的探究に着目して―」『初等教育カリキュラム研究』7：1-14.

大谷洋貴・上ヶ谷友佑（2019）「教科書における統計的問題の推論主義的分析―中学校第1学年に焦点を当てて―」全国数学教育学会『数学教育学研究』25(2)：27-36.

木村捨雄（2005）「第1章「新しい知の創造」社会に向けての子どもの統計リテラシー―賢い市民になる子どものための統計教育と授業設計―」木村捨雄・垣花京子・村瀬康一郎編著『進む情報化「新しい知の創造」社会の統計リテラシー』東洋館出版社.

日本経済団体連合会（2018）『Society 5.0 ―ともに創造する未来―』 https:// www. keidanren.or.jp/policy/2018/095_sasshi.pdf （2020年3月31日確認）

平林一榮（2001）「最近の数学教育研究の視点―「文化」と「エコロジー」―」全国数学教育学会誌『数学教育学研究』7：1-6.

福田博人（2016a）「統計的探究活動における知識の様相を捉えるモデルの構築－記号・言語及び複雑系の観点から」全国数学教育学会誌『数学教育学研究』22(1)：191-199.

福田博人（2016b）「生命論－進化的方法によるモデリングの実現に向けた統計教育の在り方」全国数学教育学会誌『数学教育学研究』22(2)：153-162.

福田博人・内田豊海（2019）「第11講　統計グラフの小学校における系統の数学的意味づけ」溝口達也・岩崎秀樹編著『これだけは知っておきたい　小学校教師のための算数と数学15講』ミネルヴァ書房.

松浦武人・景山三平（2003）「小学校における統計教育の歴史的考察と今日的課題―統計教育カリキュラム改善への提言―」日本数学教育学会誌『算数教育』85(4)：11-20.

ムーア，D.（2000）「不確実性」スティーン，L. A. 編著，三輪辰郎訳『世界は数理でできている』丸善.

文部科学省（2017）『小学校学習指導要領（平成29年告示）解説算数編』日本文教出

版.

渡辺美智子（2014）「不確実性の数理と統計的問題解決力の育成―時期学習指導要領の改訂に向けて―」日本数学教育学会誌『数学教育』68(1), 33-37.

Bakker, A., & Gravemeijer, K. P. E. (2004) "Learning to reason about distribution," In D. Ben-Zvi & J. Garfield (Eds.), *The challenge of developing statistical literacy, reasoning, and thinking* (pp. 147-168), Dordrecht, the Netherlands: Kluwer Academic Publishers.

Garfield, J. & Ben-Zvi, D. (Eds.) (2008) *Developing Students' Statistical Reasoning: Connecting Research and Teaching Practice*, Dordrecht, the Netherlands: Springer.

Makar, K. & Rubin, A. (2009) "A framework for thinking about informal statistical inference," *Statistics Education Research Journal*, 8(1): 82-105.

Pfannkuch, M., Ben-Zvi, D., & Budgett, S. (2018) "Innovations in statistical modeling to connect data, chance and context," *ZDM Mathematics Education*, 50(7): 1113-1123.

Shaughnessy, J. M. (2007) "Research on statistics learning and reasoning," In F. K. Lester (Ed.), *Second Handbook of Research on Teaching and Learning (Volume 2)* (pp. 957-1009), Charlotte, NC: Information Age Publisher.

Wild, C. (2006) "The concept of distribution," *Statistics Education Research Journal*, 5(2): 10-26.

Wild, C. J. & Pfannkuch, M. (1999) "Statistical thinking in empirical enquiry," *International Statistical Review*, 67(3): 223-265.

（松浦武人・福田博人・大谷洋貴）

第9章

数量の変化の関係

　　従来，他の領域を統合する位置を与えられていた「数量関係」は，
「変化と関係」（及び「データの活用」）として解体されることとな
りました。このことについての賛否は色々にあるものの，本章では，
特に数量の変化の関係に関わる算数の様々な内容とその指導につい
て考えます。当然のことながら，それらは，他の領域との内容的連
関が認められ，したがってその指導においても，相互に密接な影響
を及ぼし合うものであることを見ていきます（第1節）。特に本章
では，数量の表現と操作（第2節），単位量あたりの大きさと割合
（第3節），そして比例（及びその双対としての反比例）を取り上げ
（第4節），算数の最も本質的な部分について検討することを主眼と
します。

　　本章を読み進めるにあたって，次の諸点を考えてみましょう。

1．「数量関係」領域と「変化と関係」領域とは何か。なぜ，重要なのか。

2．数量を表現し，操作することは，数学的にいかに保証されるか。

3．速さや密度などの単位量あたりの大きさにおける学習の難しさの背景に何があ
　　るか。

4．伴って変わる数量の関係にいかに着目し，それをいかに問題解決に活かしてい
　　くか。

第1節　「数量関係」領域と「変化と関係」領域の
　　　　特徴について考える

1.1　学習指導要領における「数量関係」領域の誕生

　数学では，数量や図形という対象について考察するとともに，対象間の関係について考察します。関数は，対象間の関係の典型例の1つです。2つの集合A，Bにおいて，Aの各要素に対して，Bの要素がただ1つだけ対応している場合，この一意対応をAからBへの関数と呼びますが，その対応がどのような対応なのかを考察したりするのです。また，ある対象間の関係が他の関係と同じとみられるのかどうか，つまり，対象間の関係についての関係を考察したりします。例えば，集合の要素間の相等関係，図形の合同関係，図形の相似関係に対して，どのようにみればこれらを統合できるかを考察し，いずれも同値律（反射律・対称律・推移律*）を満たすことから，同値関係として統合したりします。

> ＊ある集合Xの任意の2つの要素 x, y に対し，関係Rが存在することを xRy と書くとします。もしこの関係が任意の要素 x に対して xRx を満たすとき，この関係Rは反射律を満たすといいます。また，もしこの関係が任意の要素 x, y に対して xRy ならば yRx を満たすとき，この関係Rは対称律を満たすといいます。そして，もしこの関係が任意の要素 x, y, z に対して xRy かつ yRz ならば xRz を満たすとき，この関係Rは推移律を満たすといいます。

　このように，数学では，数量や図形という対象だけでなく，対象間の関係について考察を行いますが，対象間の関係，特に数量の関係の考察が，小学校教育においても重要であると考え，明示的に学習の対象としたのが，昭和33年告示の学習指導要領（以降，昭和33年の学習指導要領）からです。昭和33年の学習指導要領では，「数と計算」領域，「量と測定」領域，「数量関係」領域，「図形」領域を設定し，さらに「数量関係」を「割合」「式・公式」「表・グラフ」の3項目で構成しました。この3項目は，数量の関係を捉える際の中核的な内容であると考えられたため，選択されました。しかし，「割合」の選択に

関しては，当時中学校で学習されていた小数・分数の乗法・除法が小学校の学習へ移行されたため，小学校において乗法の意味の拡張の指導が必要となり，それに伴い，割合としてみる見方を系統的に指導しておくことが重要となったことも，選択された理由として考えられています（中島，1991）。

1.2 「数量関係」領域の特徴

　ここで，「割合」と「式・公式」の2項目について，具体的に見ることを通して，「数量関係」領域の特徴を顕在化してみます。「割合」の項目は，第4学年から設定されており，この学年では，「二つの数量の割合について理解を深める」，並びに「簡単な場合について，割合の計算のしかたをまとめて理解させる」（文部省，1960，p.216）ことが目標として挙げられています。前者は，例えば，二つの数量 A，B に関して，A の大きさを2とみるとき，B の大きさが3とみられるといった考え方や A は B の 2/3 とみられるといった考え方の理解に関する目標です。一方，後者は，例えば，図9-1に示す問題の考察を通して，これまで学習してきた整数の乗法・除法を「基準量」，「割合」，「比較量」という視点から捉え直し，乗法や除法の理解を深めるとともに，比の三用法の素地を養うことに関する目標です。

　正方形のまわりの長さは，1辺の長さの4ばいです。まわりの長さが 20cm の正方形では，1辺が何センチメートルでしょう。この問題を次の式にあてはめてとくとき，□，○，△にあたるものはそれぞれ何ですか。

$$\square \quad = \quad \bigcirc \quad \times \quad \triangle$$

（わりあいにあたる　　（もとにする　　　　　（わりあい）
　ものの大きさ）　　　　ものの大きさ）

図9-1　教科書の問題

出典：野村武衛・和田義信監修，1961，『算数』，p.143.

　上記の内容は，数量間の関係を捉える考え方の学習や数量間の関係を割合の視点で見直す学習にあたります。これら2つの共通点は，関係を考察の対象としていることであり，ここに「数量関係」領域の特徴が色濃く表れています。次に，「式・公式」の項目についても見てみましょう。「式・公式」の項目は，

第3学年から設定されていますが，第5学年には，公式を変量の関係とみることが目標として位置づけられています。これは，例えば，(縦) × (横) ＝ (長方形の面積) という公式に対して，単に面積を計算する公式とみるのではなく，縦の長さが2倍，3倍になると，面積も2倍，3倍になることなどをよみとり，関係を表す式として見直すことを意味しています。「数量関係」領域は，このように，数量間の関係についての見方や考え方を学習するために設定された領域であり，他の領域とは異なった性格を持っているのです。しかし，「数量関係」領域の内容を他の領域と切り離して指導するのではなく，他の領域の学習場面と密接に関連付けながら指導していくことが望ましいという考えが背景にあることも留意したいことです。

　昭和43年告示の学習指導要領では，それまでと同様に，「数量関係」領域が設定されましたが，項目は，「関数」，「式表示」，「統計」へと変更されました。昭和33年の学習指導要領においても，関数的な見方や考え方は重視されていましたが，この点は項目として明示化されていなかったため，その重要性が伝わりづらかったことを反省し，項目として「関数」を明示化したのです (中島，1997)。一方，昭和33年の学習指導要領において示されていた「割合」の内容は，「数と計算」領域などの他の領域や「数量関係」領域の「関数」や「統計」へと位置付けられ，項目としては明示化されませんでした。このように，昭和43年告示の学習指導要領では，項目の変更が行われましたが，数量間の関係についての見方や考え方を学習するという「数量関係」領域の性格は変更されませんでした。そして，表9-1が示すように，この学習指導要領以降も項目の名称変更は行われますが，「数量関係」領域の性格は，継承されていきました。

　しかし，平成29年告示の学習指導要領では，これまでの領域構成を編成し直し，下学年では，「数と計算」領域，「図形」領域，「測定」領域，「データの活用」領域の4領域とし，上学年では，「数と計算」領域，「図形」領域，「変化と関係」領域，「データの活用」領域の4領域としました。これまで「数量関係」領域の中核的内容であった「式の表現と読み」は，「数と計算」領域に位置付けられ，「関数の考え」は，「変化と関係」領域へ，そして，「資料の整

理と読み」は、「データの活用」領域に位置付けられました。つまり、平成29年告示の学習指導要領では、「数量関係」領域は解体され、新たな領域編成で構成されることになったのです。新たな領域編成にすることによって、「数と式」領域、「図形」領域、「関数」領域、「データの活用」領域という中学校数学の領域と小学校算数の領域との接続をより円滑にすることが期待できたり、統計内容の充実をより顕在的に示すことができたりという長所がある一方で、「式の表現と読み」や「関数の考え」を各領域に位置づけてしまったため、他の領域の学習において、これらを常に意識するという視点が弱くなってしまったという短所も指摘されます。

表 9 - 1　「数量関係」領域の項目名の変遷

学習指導要領の公示年	項目
昭和 33 年	割合，式・公式，表・グラフ
昭和 43 年	関数，式表示，統計
昭和 53 年	項目立てはないが，中核的内容として「関数の考え」，「式に表したりよんだりすること」，「統計的考察」，「集合の考え」が挙げられている.
平成元年	項目立てはないが，中核的内容として「関数の考え」，「式で表すことと式をよむこと」，「統計的な処理」が挙げられている.
平成 11 年	同上
平成 20 年	項目立てはないが，中核的内容として「関数の考え」，「式の表現と読み」，「資料の整理と読み」が挙げられている.

1.3　「変化と関係」領域の特徴

　我々の回りにある様々な事象は、変化の現れであり、この変化を理解し、制御することは極めて重要なことであるという考えは、世界において広く認められており（例えば、スチュアート、2000, pp.265-266）、変化と関係を捉える見方、考え方、そして表現方法の学習の重要性が指摘されています。実際、「変化と関係」という用語は、経済協力開発機構（OECD）が行っている数学的リテラシーの PISA（Programme for International Student Assessment）調査において、調査問題を特徴づける 4 つの包括的アイディアの 1 つとして用いられており、その学

習の重要性を示唆しています。こうした潮流の中で新しく設定された「変化と関係」領域は，事象における数量がどのように変化するのか，また，それらはどのような関係になっているのかを捉えることができること，捉えた変化や関係を問題解決にいかすことができることを目指しています。昭和33年の学習指導要領では，同時には明示化されなかった「関数の考え」と「割合」を中核的内容としながら，「変化と関係」という新しい領域が構成されたのです。

　ここで，いくつかの海外のカリキュラムに目を向けてみます。TIMSS 2015 ENCYCLOPEDIA の web サイト*では，56ヶ国の第4学年の算数カリキュラムにおける内容領域（またはストランズ）を見ることができます。その領域を分析してみますと多くの国に共通する領域は，「数」または「数と演算」，「幾何」，「測定」または「量と測定」，「統計」または「データ」です。一方，将来的に関数につながっていく内容を領域として設定している国は多くはありません。その国を挙げてみますと，カナダ：「パターンと関係」，ハンガリー：「数列，関係，関数」，イタリア：「関係，データ，確率」，韓国：「パターン」，スロバキア：「パターン，関係，関数，表，図」，南アフリカ：「パターン，関数，代数」，そして，スウェーデン：「関係と変化」です。スウェーデンの「関係と変化」は，領域名が日本と完全に一致しています。しかしながら，上記を見てもわかりますように，小学校から，関数を意識した領域を設定している国は少ないということがわかります。つまり，意図されたカリキュラムの視点からみても，日本の算数教育は特徴的であると言えます。

　＊ http://timssandpirls.bc.edu/timss2015/encyclopedia/countries/ を参照してください。

第2節　数量の関係を表現し，操作する

2.1　□を用いた式の意味とその指導

　□は，多くの教科書で，加法・減法の文脈を式に表現するために登場します。通常，「わからないもの」を表現するために導入を図られることが多いですが，厳密に考えれば，「わからないもの」は文字通りわからないものであり，子どもたちにとって，それを式に表現することはとても困難であると言えます。な

ぜならば，子どもたちは，これまで，所与の数値や文脈から読み取れる数量の関係を式に表現してきたのに対し，「わからないもの」には手を出してきていないからです。一見すると，中学校で扱う「未知数」のような扱いに受け取られることもありますが，杉山（1999）によれば，「ここに□があるのは，方程式の初歩を教えるためなのではなく，1つは，言葉で述べられたことを素直に式表現することを通して式のよさを理解してもらうため，また，そのことを通して加法と減法の関係を知ってもらうため，そして，等号の理解を深めるために置かれているのである。」（p.21）と指摘されます。更に加えるとすれば，上記の「わからないもの」という認識では不十分であり，「あたかもわかったものとして見る」ことが要請されると言えます。そうでなければ，それは存在しないものであり，そもそも式の要素とすることはできません。実はこの点は，多くの指導において見逃されてきた点であることも指摘されます。

　上の杉山の指摘から，□の導入は「等号の理解を深める」ことも意図されています。例えば，□＋4＝16（①）という式について，子どもたちは，《「□にあてはまる数」と4を足した結果が16である》という認識のもとに，等号（＝）の定義は，それまでの《左辺の計算を実行すると右辺の数値が得られる》から特に進化が要請されることはありません。ところが，□＝16－4（②）といった式においては，右辺のみが独自に計算され，□＝12を得ることになります。①では直接□の中に適当な数をあてはめていくことができたのに対し，②では，□に対して直接何か操作することはありません。さらに，等号の定義も，①とは異なる認識が要請されることになります。すなわち，①では，□＋4というひとまとまりの中での□として，特に新しい対象であるという自覚を必要としないのに対して，②では，左辺は新しい対象としての□であり，右辺はこれまで扱ってきた数や式であるため，これら異なる対象間に相等性を見ることが要請されるわけです。等号は，学習指導において，特段に位置づけられることが多くありません。それゆえに，こうした認識の変容が要請される場面については，教師側の注意が必要となります（溝口，1999）。

　①を中学校で学習するような「移項」に似た操作を施して□の値を求めるのでは，子どもたちの等号についての認識は，それまでと同様に「は」の域を出

ることはありません（杉山，1999，p.22）。□＋4の□に9や10を入れると16よりも小さくなる，あるいは15を入れると今度は16よりも大きくなる，さらには，問題の文脈に示される数量の関係を□を用いた等式として表現する，といった活動を通してこそ，等号が両辺の等しいことを示している，といった認識が達成されることが期待されます。

2.2　テープ図：加法・減法を表現し操作するモデル

　教科書では，概ね4時間配当とされる単元（第2学年）において，通常次のような一連の問題構成により指導計画が組まれることがあります。

第1時　$\square - a = b \ \rightarrow \ \square = a + b \ [c]$

第2時　$\square + b = c \ \rightarrow \ \square = c - b \ [a]$

第3時　$c - \square = b \ \rightarrow \ \square = c - b \ [a]$

第4時　$a + \square = c \ \rightarrow \ \square = c - a \ [b]$

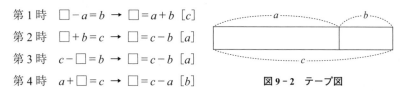

図9-2　テープ図

　教科書では，なるほど巧妙に求めるものを変更することを通して，いわゆる逆思考の問題場面を配列しているようです。そもそも逆思考とは，問題場面において求める数量の時系列が順でない（すなわち逆である）ことを意味し，こうした場面を様々に経験させようとします。しかしながら，「場面を様々に経験する」ことが問題場面の構造を理解することには，必ずしもつながりません。まさにテープ図（図9-2）を通して，問題場面の構造から問題の構造を把握し，これによって演算決定を経ることが求められるべきであると考えられます。実際，こうした学習の結果，多くの子どもたちが，問題は解けるが図がかけない，何のために図を書くのか理解していない，といった傾向を示しています。つまり，演算決定の有用なツールであるはずのテープ図が，算数の儀式と化してしまっている現状があります。これは，取りも直さず，上記の指導計画に問題があるのではないでしょうか。

　そこで，この状況に対して，次のように改善を図ります。先ず，子どもたちはテープ図を用いる以前にブロック図と呼ばれるツールを用いてきています。よく見かける授業風景では，ブロック図をこれ見よがしに囲んで，「ほらテープ図ができた」とする類のものですが，これはおよそ「算数」ではありません。

ブロック図とテープ図では自ずとその目的が異なるはずです。ブロック図は、その形状から《数える》ことが可能な図であると言えます。すなわち、子どもたちは、ブロック図を《数える》ことで問題解決を図るのです。あるいは、そこからその数量の関係を式で表現することももちろんあるでしょう。一方、テープ図は、その形状から《数える》ことは不可能です。つまり、《数える》ことを意図した図ではありません。では、何を意図した図かといえば、まさに数量の関係を捉え、演算決定の根拠とするための図であると言えます。したがって、ブロック図からテープ図への移行にあたっては、「数えなくてもできないか」（この通りの表現ではないにしても）といった類の問いが決定的であると言えます。

　以上の議論を基に、次のように指導計画を変更してみましょう。第1時は、これまでのブロック図を用いて問題解決を図る場面を設定しますが、そこで扱われる数値としてかけないことはないものの、なかなかかくことが大変であるような数値を設定します。ここで、上の問いが機能してくるわけです。つまり、第1時は、その問題解決を通して、ブロック図のよさ（機能）と課題を明らかにし、では《数える》という行為に対してどのような行為を代替させる必要があるか、という次時への課題設定が重要な役割となります。第2時では、第1時の課題を受けて、これを解決するためのテープ図を構成することが主たる目的となります。このとき、通常教科書に示されるような1本のテープ図ではなく、2本のテープ図にしていくことを考えたいと思います。通常教科書等に表記されるテープ図は、1本のテープ図を分割し、それを上と下にメタ表記としての数量の名称や数を書き加えることでよませようとします。しかし、子どもたちにとっては、この1つの対象を2通りに見ることが困難であることが少なくありません。またメタ表記も、表記に対する表記であることを考えれば、初めてテープ図を用いる子どもたちにとって障害になる可能性が高いと言えます。そこで、図9-3のように、以下の「約束」として改めてテープ図を導入します。

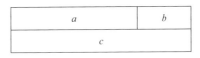

図9-3　新しいテープ図

● 数量（の数）をそれぞれテープで表現する

● それらを足したり引いたりする操作を，テープをつなげたり切り取ったりすることで表現する

● 等号が成り立つことを同じ長さで表現する

　実際，このようにすることで，子どもたちは積極的にテープ図をかくようになり，次第にテープの実際の長さそのものは問わなくなるという実践の結果も見られます。まさに，テープ図を構成するとは，この「約束」を子どもたちと一緒に作り上げていくことに他ならないと言えます。第3時は，第2時で構成したテープ図の習熟を図る活用場面と位置づけます。そして第4時は，もう1時間習熟を図る活用場面を位置づけることも考えられますが，むしろより発展的な活用場面を設定したいところです。

例えば，テープ図の構造が図9-4のような問題場面です。もちろん，これでなくてはいけないということではあ

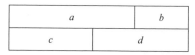

図9-4　発展的な問題場面

りません。さらにいえば，子どもたちが精通することをねらうものでもありません。子どもたちが，学んだことを学んだ以上に使いこなすような姿を期待したいものです。

　なお，次学年（第3学年）では線分図が導入されます。上記のメタ表記とそれに伴う認識は，この時点で導入することでよいと考えられます。加えて，テープ図を用いるか，線分図を用いるかは，子どもたち一人ひとりの自由に任せて構わないと思われます。どちらも，全体と部分を表現することに変わりはありません。

2.3　比例数直線：乗法・除法を表現し操作するモデル

　テープ図や線分図が加法・減法を表現するモデルであるのに対して，比例数直線（2本の数直線）は乗法・除法を表現するモデルです。特にこのモデルを必要とするのは，小数の乗法（×小数）の学習場面（第5学年）以降になります。それは，乗法の意味が，それまでの同数累加から割合による意味付けへと拡張することが要請されるからに他なりません。（もちろん，ここで突然比例

数直線を導入することを避け，それ以前から少しずつ導入するような場合もあります。）以下では，この比例数直線の表現と操作について，分数の除法（第6学年）を事例に見ていくことにしましょう。

比例数直線についても，共有される「約束」があります。それは，以下の通りです。

● （2本の）数直線は，比例関係を表す

一方が2倍，3倍，……になれば，他方も2倍，3倍，……になる

数直線上の操作は，相互に対応する（上下の数直線施される演算は一致する）

● 数直線を表記する上で，メタ表記 ⟋▲ によって対応する操作（演算）を表現する

例えば，次のような問題を考えましょう。（同様の問題に対して，各種調査の結果がなかなか向上しないと多方面で報告されてきています。）

［問題］すいそうに水を入れています。$\frac{2}{3}$ 分間に $\frac{5}{6}$ L が入ります。同じ割合で水を入れていくと，1分間では何Lの水が入りますか。」

① 水を入れる時間 $\left(\frac{2}{3}\ 分\right)$ を2倍にすれば，入る水の量は $\frac{5}{6} \times 2 (\mathrm{L})$，3倍にすれば $\frac{5}{6} \times 3 (\mathrm{L})$ となるので，時間と水の量は比例する。

② 1分間に入る水の量を□Lとすれば，比例関係から2分間では□×2 (L)，3分間では□×3(L)，……である。したがって，$\frac{2}{3}$ 分間に入る水の量は□$\times \frac{2}{3}$(L) であり，これが $\frac{5}{6}$ L。つまり，□$\times \frac{2}{3} = \frac{5}{6}$。

③ ②の式を数直線に表すと，図9−5(a) となる。これより，□を求める式は，$\frac{5}{6} \div \frac{2}{3}$ である。（演算決定）

④ さらに，数直線上の操作から，計算の仕方は，「わり算の決まり」として導かれる。（図9−5(b)）

$$\frac{5}{6} \div \frac{2}{3} = \left(\frac{5}{6} \times 3\right) \div \left(\frac{2}{3} \times 3\right) = \frac{5 \times 3}{6} \div 2 = \frac{5 \times 3}{6 \times 2}$$

なお教科書では，よく「面積図」（図9−6）が用いられています。しかし，

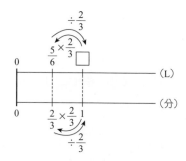

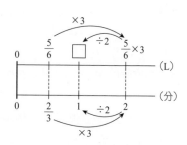

図9-5(a)　比例数直線の表現と操作　　**図9-5(b)　比例数直線の表現と操作**

ここで用いられる「面積図」は演算決定の根拠とはなり得ません。むしろ，計算の仕方を考案するものとして用いられていると言えます。では，それはどのように用いられるのでしょうか。

$\frac{5}{6} \div \frac{2}{3}$ が得られた後，図9-6が作られます。この図から，$\frac{1}{6} \div 2 = \frac{1}{12}$ を単位とすると，求める商はその15個分ですから，$\frac{5}{6} \div \frac{2}{3} = \frac{1}{12} \times 15$ とされます。こうした考え方は，数学的には「正しい」ものです。すなわち，数学的には，有理数の乗除が同数累加（累減）で意味づけられることを指します。しかし，学校数学では，小数の乗除において，意味の拡張が図られているわけですから，こうした「面積図」による計算の仕方の考案は，それゆえ子どもたちが学んだ計算の意味に基づくものにはなっておらず，その場凌ぎ（ad hoc）のものに過ぎないと指摘されかねません。「面積図」そのものは否定されないまでも，その扱いには，教師として十分留意する必要があると言えます。

また，教科書では，この他にも，その都度異なる図が用いられる傾向があります。もちろん，これは，子どもたちの理解のための手立てと見ることもできますが，一方で，一貫性にかけることも同時に指摘され得ます。演算（式）とモデル（図）が対応すること

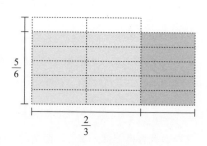

図9-6　面積図

で，子どもたちは，異なる内容を相互に関連づけることもしやすくなると期待できます。

第3節　単位量あたりの大きさ，異種の量の割合，割合を伴う種々の問題を考える

3.1　異種の量や単位量あたりの大きさ

　事象にはある2つの量の間に関係を見いだすことができないもの，関係性があるものの2つがあります。後者の場合には，2つの量の間にある構造やパターンを見つけ出し，考察してその関係性を数式を用いて表します。この事象の関係性についての学習は単位量あたりの大きさ，割合，関数の内容に相当します。割合や単位量あたりの大きさの学習は小学校第5学年で主に取り扱われます。この学習では，ある2つの数量の関係と別の2つの数量の関係との比べ方を考察するだけでなく，それらの知識や技能を身の回りで活用することが求められています。この学習を元にして，それらに関連する思考や見方，考え方を基礎とする関数について中学校以降で学ぶことになります。関数は私たちの日常生活にも関わる科学技術の発展には欠かせない内容で，かつ，様々な職業にも影響を与える重要な内容であることから，高等学校の第3学年まで継続して学習し，大学（特に理系）の数学においては重要な位置付けとなっています。このように関数と割合，単位量あたりの大きさの学習を長期的な視点で捉えるとき，これらは後の数学の学習にも関わる内容であることがわかります。

　一方で，意外と高校生や大学生でも速さや密度といった割合の見方を，完全には身につけていない場合があります。例えば，お店のセールでよく見かける「50％割引された洋服」と「20％割引されて，そこから30％割引された同じ値段の洋服」ではどちらが安いのかということを把握できない人たちもいます。このことからもわかるように，割合に関わる概念の獲得は簡単なことではありません。子どもの円滑な理解を図るため，指導する側が工夫する必要があります。

　単位量あたりの量の考え方は私たちの身近な生活にも根差しています。たと

えば，速さ，人口密度，収穫度，物質密度，濃度などを挙げることができるでしょう。この中には，現実生活においては不均等なものを算数において均等なものとして考える概念（人口密度や速さ，収穫度）と，元々均等に存在する概念（物質密度，濃度）があります。平成 29 年告示の学習指導要領では後者の均質に存在するものの学習については記載がなくなりました。ただ，両者には質的な違いがあり，児童がつまずく一つの要因にもなりますので，指導者は 2 つの区別を明確に把握しておくべきでしょう。

　単位量あたりの大きさを考えるにあたって，2 つの注意点を述べます。最初に，離散量と連続量の概念の違いを確認しましょう。離散量は自然数で表すことができる量を指しており，生徒の人数や具体物の個数がそれにあたります。連続量は離散量とは異なり数えることができず，連続している量を指します。長さ，広さ，重さ，体積，容積などがそれにあたります。連続量には，温度，時間，質量，電流なども含まれます。私たちの身の回りでは連続量が多く使われていることに気づくでしょう。物理的な視点からは，物質量や光度などが含まれ，これらは国際単位系（SI）で定められています。小学校における単位量あたりの大きさの学習には速さや人口密度が扱われます。これらの量は離散量と連続量のどれか異なる 2 つの量を組み合わせることで，複合量と呼ばれる量となり，単位量あたりの大きさを表すことができるようになります。同種の 2 つの量を組み合わせた場合には，割合や比率を表すことになります。次に，単位量あたりの大きさ（異種の量の割合）では直接測定による量（たとえば，長さ）とは異なり，加法性が成り立たないことにも注意が必要です。ここで「外延量」と「内包量」の違いを考えてみましょう。外延量は加法性の成り立つ量で，内包量とは加法性の成り立たない量を意味しています。加法性とは，加減が可能である量のことを指しています。たとえば，長さという量では 2cm と 3cm の鉛筆の長さを合わせると 2＋3＝5 で 5cm となり，加法性が成立します。すなわち，長さは加法性が成り立つ外延量だといえます。時間も同様に外延量です。一方で，速さでは加法性が成り立たず，内包量だといえます。他にも人口密度や濃度なども内包量に含まれます。

3.2　単位量あたりの大きさの例：速さ

単位量あたりの大きさを考えるにあたり，児童が難しいと感じる傾向にある速さの概念に注目して考えてみましょう。速さを測定するのは簡単で，小学校低学年の児童でさえも，「だれが走るのが速いのか」を比べるといった幼児期から積み重ねてきた生活の経験から，速さが何なのかを感覚的には知っています。ただ，突然，算数の時間で「速さについて道のりと時間を使って考えよう」と切り出しても，何を用いて速さを表すのかが，児童にはわかりにくいでしょう。そこで実際に速さ比べをしたり，児童が知っている速さについての概念を確認したりすることで，速さが何の要素の変化で決まってくるのかを考える機会を与えられるでしょう。

また，速さを規定する際に「道のり÷時間」と「時間÷道のり」の2通りの表し方があることを押さえ，そしてどちらがよりよい表し方なのかを考える機会を与えることが大切です。一般的には，どちらか一方が増えると数値が増えるという表記（比例関係）を採用すると考えやすいことに帰着することになります。ただし，私たちの身の回りには例外があり100m走やマラソンのように「時間÷道のり」で表す場合もあります。どちらを基準にしても速さを求めることが可能であるということを理解できるように指導することが望ましいでしょう。人口密度を比較する場合，面積を単位量として1km²あたりの人口で比べるというのでもいいですし，人口を単位量として1人当たりの面積で比較しても問題ありません。ただ，速さの考えと同じように，密度が高い際に大きい数値が対応するように考える方が考えやすいため，面積の方を単位量として，人口で比べるとわかりやすいということになります。

3.3　比例的推論

割合や単位量あたりの大きさに関する問題の解決のために必要な数学的な考え方の一つとして比例的推論があります。比例的推論は，小学校算数科における集大成の思考であり，かつ，数学における高次の思考の最も基礎となる重要な考え方です。過去に「比例的推論とは何か」という問いについて様々な論争がありました。ピアジェによれば，比例的推論の特徴としては2つの直接認知

できる量同士の関係ではなく，2つの関係の関係性を考える，二次的な関係を含むものだとされてきました。ピアジェ流派では児童らの比例的推論を $a-b$ $=c-d$ と捉えていましたが，その後，$a-b=c-d$，あるいは $a+b=c+d$ のような加法的な方程式で特徴づけられる問題で行う数学的考え方は，比例的推論とは言えないということになりました。それでは $a \cdot b=c \cdot d$ という乗法的な解決の思考が比例的推論だとされたのでしょうか。そうではなく2つの実数間の表現だと言える $\frac{a}{b}=\frac{c}{d}$ で表される関係（4つの数の関係）が，比例的推論であるとされています。わかりやすく言えば，比例的推論は2つの量で一方の量が a 倍になるときもう片方の量が b 倍になるという，2量間の比例関係を前提として，未知の量を求めたり量を比較したりすること，またそれに準ずる考え方を指しています。

3.4　授業で大切にしたいこと

　授業で大切にしたいことについて速さを例として考えてみましょう。速さの学習内容は以前から小学校の算数では難しいものとされています。公式を使って，機械的に数的な処理ができることだけが教室の中での実質的な目標として捉えられてきたことを疑問視する声もあります。授業で教師が強調した式や大切だとされる意味以外でも，児童らは自分なりに様々な式の表し方やその意味について取り上げて話し合い，授業である一定の意味が教師から伝えられた後でも，個別に何度もそれを振り返って考え，自分の見方・考え方を刷新しているという，ダイナミックな児童の思考の様子が研究から明らかにされてきています（日野，2008）。これを踏まえて，授業で大切にしたいこととして次の三つの点を挙げます。

　第一に，表記（式の表し方やその意味）が問題となる場面を授業中に教師が全体の場で意識的に扱うことが重要となります。速さの公式をただ機械的に使うのではなく，式の意味を意図的に取り上げて，説明したり問いかけたりして児童に考えさせる場面が必要でしょう。

　第二に，一斉授業の後に行われる自力解決や班活動の中でも，積極的な教師による介入が必要です。発表を行う際に児童が行った工夫や探究のプロセスを

適切に評価していくことが指導者には求められます。これは思考力・判断力・表現力を身につけていく上でも重要となります。児童の日本語の表現力を高めるには，話す行為だけでは十分ではなく，論理的に書く練習を行うことが大切です。表や図と関連づけて文章や数式を用いながら算数的に論理的な解答を書くことができているかどうかを確認すべきでしょう。それゆえ，自力解決や班活動では，考えたことや話し合ったことを文章や式で整理していけるような支援の方法を考えることが望ましいでしょう。

　第三に，一斉授業，班活動，自力解決の中で，児童の考えの根拠が不明確な場面があれば，その場面を教授に活用するのはどうでしょうか。たとえば，人口密度の問題において，異種の量の割合を数直線で表したり，数直線からよみ取ったりすることが難しい際に，別の表記が考案できないかということを提案して論点とするのはどうでしょうか。

　単位量あたりの大きさや割合は，単なる計算指導で終わるのではなく，与えられた量の関係性を関数的に考察し，既習事項である乗法・除法・分数などの内容においても関係的な見方や考え方について視点を与えることで，より包括的に理解が深まるでしょう。この土台を小学校の学習で作ることで，中学校以降の関数の学習によい影響を与えることができるでしょう。

第 4 節　伴って変わる数量の関係に着目し，変化と対応を捉え，活用する

4.1　関数の考えの意味とその機能

　現実事象の問題や数学の問題と対峙したとき，問題を解決するために，自分にとって把握しやすい変量 (x) を見出し，考察対象にあたる変量 (y) と変量 (x) との関係 (f) について考察する考えは，関数の考えと呼ばれています（中島，1981/2015）。この関数の考えのように，未知の事柄に対して，自分が既知の事柄や把握しやすい事柄に対応させたり，置き換えたりして考察する考えの重要性は，古くから指摘されてきました。例えば，小倉金之助は，今からおよそ 100 年前に，以下に示す科学的精神は，関数観念そのものであると考え，

それをいかに育成していくかが数学教育の核心であると強く主張しました。

　　　茲に二つ又は多くの現象あるとき，経験的事実を基礎としてその原因を
　　穿鑿し，それ等の現象の間に因果の関係ありや否やを求め，若し関係あり
　　とせば如何様に関係ありや，その間の方法を発見せんとする努力，精神，
　　これが即ち科学的精神である。　（小倉，1924/1953，pp.149-150）

　その後，上記の考えは，昭和10年から逐次発行された尋常小学算術（通称，
緑表紙教科書）にも取り入れられるとともに，昭和43年からは，学習指導要
領にも明示的に位置づけられるようになりました。では実際に，問題解決にお
いて，関数の考えを，どのように活かすのでしょうか。以下の問題の考察を通
して具体的に考えてみましょう。

> 問題　5つの平面が一般な位置にある場合，空間はそれらによっていくつの部分に分
> 割されるか。
> 　　　　　　　　　　　　　　　　　　　　　　　　　　　　　（ポリア，1959，p.48）

　上記の問題を解決する際，最も素朴な解決方法は，平面が1枚，2枚，3枚
のときの空間分割数を数えていく方法です。しかし，平面が4枚以上になると，
状態をイメージすることさえも難しくなります。そこで，平面が1枚から3枚
までの空間分割数を表に整理し，規則を見出します（表9-2）。

表9-2　平面数と空間分割数

平面数（枚）	0	1	2	3	4	5
空間分割数（個）	1	2	4	8		

　表9-2の数値を横に見て，変化の特徴を探ると，平面が1枚増えるごとに，
空間分割数が2倍になっていることがわかります。この規則を基に，帰納的に
推論すると平面が4枚，5枚のとき，空間分割数はそれぞれ16個，32個にな
ります。しかし，この推測が妥当な推測であるのかは不明であるため，他の方
法を考え，空間分割数が同じになるかどうかを確認します。そこで次に，問題
の条件を満たすわかりやすい4平面の状態（図9-7）をイメージし，空間分割
数について考えます。図9-7を観察すると，2平面が交わるときに交線が生

成され，3平面が交わるときに交点が生成
されており，交線や交点に対し，分割され
た空間が1対1に対応していることがわか
ります。つまり，交線の数，交点の数，面
の数そして内部の数を数えることによって，
空間分割数が求められるのです。ここに，
図形の構成要素に着目して，空間分割数を
求めるという関数の考えが機能します。し
たがって，平面が4枚のときの空間分割数
は，4（交点の数）＋6（交線の数）＋4
（面の数）＋1（内部の数）＝15となりま
す。この個数は，先の推測と異なるため，
さらに他の方法で考えてみます。

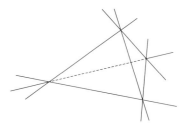

**図9-7 4枚の平面によって分割
された空間**

　平面を4枚にしたとき，その平面は必ず
他の3枚の平面と交わり，3本の交線が生
成されます。そして，3本の交線から3つ

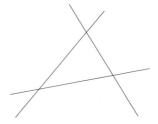

**図9-8 3枚の平面に対して4
枚目の平面を入れた
時の断面図**

の交点が生成され（図9-8），空間分割数が7個増えるのです。つまり，平面
が4枚のときの空間分割数は，8（平面が3枚のときの空間分割数）＋7（直線
が3本のときの平面分割数）＝15と考えることができます。ここにも，直線
の交点に着目することで平面分割数を求め，その平面分割数によって空間分割
数を求めるという関数の考えが機能しています。ここで平面が5枚のときの空
間分割数を求めるために，空間分割数を表に整理し直してみます（表9-3）。

表9-3　平面数と空間分割数（2）

平面数（枚）	0	1	2	3	4	5
空間分割数（個）	1	2	4	8	15	

　表を横に見てみると，空間分割数は1，2，4，7と増加しており，その差は
1，2，3と増加しています。この規則より，次は差が4に増加し，空間分割数
が11に増加するという推測をたて，平面が5枚のときの空間分割数は26個に

なると求めることが考えられます。また，図形の構成要素に着目する先の考え
を基に，5枚の平面から3枚の平面の選び出し方によって交点の数が求まり，
5枚の平面から2枚の平面の選び出し方によって交線の数が求まるという考え
に洗練させ，${}_5C_0 + {}_5C_1 + {}_5C_2 + {}_5C_3 = 26$ のように求めることも考えられます。こ
れは，平面が5枚のときの対応を考えたことになります。上記の関数の働きを
踏まえ，改めて関数の考えの意味を整理しましょう。

> ①二つの数量間の依存関係に着目する：ある数量と関係づけられる数量と
> して，どのような数量があるのか，それらの二つの数は伴って変わる
> か，その変わる範囲はどこまでか，などについて考察する。

> ②伴って変わる二つの数量の間の対応や変化の特徴を明らかにする：数量
> 間の対応や変化の特徴を捉えやすくするために，数量の関係を表・グラ
> フ・式に表したり，それらからよみ取ったりする。

> ③二つの数量の間の対応や変化の特徴を，問題解決に積極的に活用する。

　平成29年告示の学習指導要領では，関数の考えを明示的に学習するのは上
学年に位置づけられている「変化と関係」領域においてですが，例えば，第1
学年の「一つの数をほかの数の和や差としてみること」や第2学年の「乗数が
1ずつ増えたときの積の増え方のきまりを活用してかけ算九九を構成するこ
と」などの下学年の学習においても，関数の考えの素地を培える場面であると
いう意識をもつことが肝要です。

4.2　比例とその双対としての反比例

　小学校では，上述した関数の考えを学習するとともに，伴って変わる数量の
関係として，主として比例を学習します。小学校において，比例を定義するの
は第5学年であり，伴って変わる二つの数量（□と○）が書かれた表を観察し，
表を横に見て□と○の関係を捉えたうえで，「□が2倍，3倍，…になると，
それに伴って○も2倍，3倍，…になるとき，○は□に比例するという」（以
下では倍比例と呼ぶ）と定義します。そして，第6学年では，伴って変わる二
つの数量xとyにおいて，yがxに比例するとき，$y \div x$は一定になっており，
そのことから，$y =$決まった数$\times x$になることを導きます。一方，中学校では，

比例を倍比例で定義するのではなく，「y が x の関数で，$y = ax$ という式で表されるとき，y は x に比例する」のように式で定義します。では，なぜ小学校では，中学校のように比例を式で定義しないのでしょうか。それにはいくつか理由があります。1 つ目の理由は，比例を式で定義した場合，比例は一次関数であり，反比例は分数関数であるため，全く関係ないとみなされ，同じ学年で扱うことができなくなってしまうからです（杉山，2010）。しかし，速さと時間と距離の関係を考えてみてもわかるように，速さが一定の場合，距離と時間は比例し，距離が一定の場合，時間と速さは反比例します。1 つの事象において，比例を考えれば反比例を考える場が表れるため，同じ学年で学習することが自然なのです。2 つ目の理由は，式を見て比例かどうかを判断することも大切ですが，小学校では式をつくること，すなわち，二つの数量が比例しているかどうかを判断し，かけ算の式をつくることを大切にしており，その際に倍比例の定義が役立つからです（杉山，2010）。

　上記では，反比例は，共通事象の中で比例とともに現れる概念であり，比例と不可分な関係にあると述べました。しかし，それは，双方が同じ重みかというとそうではありません。比例を A とすれば，反比例は non-A であり，小学校では，比例の理解をより深めるために，反比例が提示されているのです。

章末問題

1．問題 1 の様々な子どもの考え方・解き方を挙げなさい。
　［問題 1 ］A さんは30分歩いて，5km 走りました。また，B さんは 1 時間で9km
　　歩きました。どちらが速いと言えるでしょう。
2．問題 2 を，比例数直線を用いて表現し，解決しなさい。
　［問題 2 ］A と B が 2 人ですると15日で終わる仕事があります。この仕事を A
　　だけですると21日かかります。
　　⑴ B だけでこの仕事を全部するには何日かかりますか。
　　⑵ いま，この仕事を A と B の 2 人で10日間したあと，残りの仕事を B
　　だけでしました。全部で何日間で仕事が終わりましたか。
3．問題 3 を解決するとともに，解決過程のどこに関数の考えが表れているのかを

分析しなさい。

［問題3］5本の直線が一般な位置にある場合，平面はそれらによっていくつの部分に分割されるか。

引用・参考文献

小倉金之助（1924/1953）『数学教育の根本問題』玉川学園大学出版部.

国立教育政策研究所監訳（2004）『PISA 2003 年調査評価の枠組み』ぎょうせい.

杉山吉茂（1999）「これからの数学教育・数学教育研究のあり方」杉山吉茂先生ご退官記念論文集編集委員会編『新しい算数・数学教育の実践をめざして』東洋館出版社.

杉山吉茂（2010）「比例の定義について」日本数学教育学会誌『算数教育』92(4)：2-6.

スチュアート，イアン（2000）「変化」L.A. スティーン編，三輪辰郎訳『世界は数理でできている』丸善.

中島健三（1981/2015）『算数・数学教育と数学的な考え方―その進展のための考察―』金子書房.

中島健三（1991）「数量関係の指導内容の概観」能田伸彦・中島健三編集『新・算数指導実例講座』金子書房.

中島健三（1997）『算数教育 50 年―進展の軌跡―』東洋館出版社

野村武衛，和田義信監修（1961）『算数』中教出版.

日野圭子（2008）「数学的表記の内化を促す文脈についての一考察―『単位量あたりの大きさ』の授業を事例として―」『日本数学教育学会誌』90(4)：33-44.

ポリア，G.，柴垣和三雄訳（1959）『数学における発見はいかになされるか1　帰納と類比』丸善.

溝口達也（1999）「学校数学における等号『＝』の認識の変容を捉える観点の設定」『鳥取大学教育地域科学部紀要　教育・人文科学』1(1)：195-203.

文部省（1960）『小学校算数指導書』大日本図書.

文部科学省（2018）『小学校学習指導要領解説（平成 29 年告示）算数編』日本文教出版.

TIMSS & PIRLS International Study Center（2015）
　　http://timssandpirls.bc.edu/timss2015/encyclopedia/countries/（最終確認日：2020 年 6 月 27 日）

（清野辰彦・溝口達也・中和　渚）

第Ⅲ部
算数教育を取り巻く今日的課題

第10章

アルゴリズム的思考
──国際的パースペクティヴと学校数学教育との密接な関係──

　多くの国々において，デジタル・テクノロジーに関係するカリキュラムは，かなり急速に動いています。これらのテクノロジーは，数学といった既存のディシプリンに対する学習・指導のツールとして見られるだけでなく，科学的，社会的，経済的理由で開発されるべきリテラシーの新たな形式が組織されています。アルゴリズム的思考（計算論的思考とも呼ばれる）は，新たなデジタル・リテラシーの鍵となる1つの要素です。本章は，アルゴリズム的（計算論的）思考（CT/AT）と学校数学との間の相互のインターフェースに対する以下の注意点を描き出します。各々が学校カリキュラムの中の他のものを開発するのに貢献すべきであるかについて論議し，カリキュラムの内にCT/ATを統合するために，異なる国々において用いられている異なるモデルと実践の実際のアウトラインを示し，いくつかのカリキュラム・チャレンジと統合を実現していくための機会を議論します。

1．問題解決と数学的推論につながるアルゴリズム的思考（プログラミング的思考）はどのようなものであるか。
2．カリキュラムにおけるアルゴリズム的思考（プログラミング的思考）に関係することは，小学校とミドルスクールにおいて数学を指導するやり方を変えるのか－ちょうどトピックを付け加えるのではなく。
3．アルゴリズム的思考（プログラミング的思考）の指導は，馴染みのない問題を解いたり数学的推論を説明したり正当化するために，子どもたちの能力をどのように強化すべきか。

第1節　定　　義

　異なる国々の間で，異なる用語が用いられています。「計算論的思考」という用語は，公正に，基底となる論理的かつ数学的プロセスに対する注意点を描き出します。そのプロセスは，コンピュータ科学の基盤となるものであり，またデジタル・マシンを使用する中で容易くなったり慣れ親しんだりするのと対照されるべきものです。これらのプロセスは，ニュージーランドのプログラム *computer science unplugged* の中で子どもたちに紹介されていて，よく知られる1つの事例を提供してくれます。

　「計算論的思考」という用語を用いる代わりに，最近の英国（Stephens, 2018）やアルゼンチンの教育記事では，ほとんど多くが「アルゴリズム」や「アルゴリズム的」という言葉を使っています。アルゴリズムとアルゴリズム的思考は，オーストラリアのカリキュラムでは大変好まれる用語です：デジタル・テクノロジー（ACARA, 2016）は，学校教育すべての学年を横断しています。「アルゴリズム」や「アルゴリズム的」という用語を用いることの優先度は，フランスのカリキュラム *Algorithmique et Programmation* に見られます——数学とテクノロジーのカリキュラムの両方の領域と，これら2つの教科の教師が指導にあたっています。そこでは *Scratch* がメインのプログラミング言語となっています。高等学校では，algorithmics もまた数学の部分として指導されていて，このときのプログラミング言語は *Python* です。

　他の国々では，基礎教育におけるコーディングとプログラミングがカリキュラムの記載として強調されています。フィンランドでは，例えば，クロスカリキュラム上に明確な強調点があります。プログラミング言語の利用に関連して，低学年ではコンピュータを利用しないプログラミングに対して具体的な注意を払っています。同様に，日本政府は，2020年から小学校と中学校にプログラミングを導入することを決定し，カリキュラムを横断したプログラミングに明確に焦点を当てています。日本の『小学校プログラミング教育の手引（第三版）』（文部科学省，2020）には，「アルゴリズム」という専門用語はただ1回だ

け登場します（p.10）；しかしながら，プログラミング的思考は50回以上登場しています。論理的に考えていく力として定義される，プログラミング的思考は小学校でのプログラミング教育のコアとして述べられています（pp.11-13）。文部科学省（2020）では，マシンをプログラムすることを学習するものとは区別して「プログラミング的思考」をくり返し用いています（Stephens, 2018）。

International Computer and Information Literacy Study（ICILS）2018に対して，Fraillon et al.（2019）は，次のような計算論的思考の定義を付け加えています。それは，本章で主張する思考とかなり近く整理してくれています。計算論的思考は，コンピュータを用いて解法を得るためにアルゴリズムをつくったり用いたりすることに関係する，問題解決の1つの形式であることを示唆しています：

　計算論的思考は，現実世界の問題の諸側面を認識するための個人の能力に関わるものです。計算論的定式化に適当な，コンピュータで操作化された解決でそれらの問題に対するアルゴリズム的解法を評価したり開発したりします。（p.27）

　現在のところ，国際的な展開はかなり急速に進行しています。日本の読者の方々は，これらの用語が用いられているのとは異なるやり方で勤勉に取り組んで頂きたいです。しかしながら，それらが何を意味しているか，基調となる一貫性があります。これらの展開が，次第に自動化されグローバル化されつつある世界の中での子どもたちの将来の学び，仕事，参加にとって，極めて重要であるということに論争はありません。これらの動向を説明することは本章の主要なゴールです。

第2節　学校カリキュラムにおける CT/AT に関連したアーギュメント

　はじめに，PISA 2021の枠組みには計算論的思考（CT）が含まれていて，PISAのモデリング・サイクルは次の4段階から構成されています（認知的活動）：定式化，活用，解釈と評価，これら3つと関係／統合する推論。*The*

Mathematics Framework of the Programme for International Student Assessiment（PISA）2021（OECD, 2018）は，「21世紀の数学的リテラシーは数学的推論と計算論的思考のいくつかの側面を含むということを論議します」(p.3)。アーギュメントの1つ目は，数学的リテラシー（社会的／経済的）論議と呼ばれるかもしれません。1つの中心的な主義は，「新たなテクノロジーによって稼働する目まぐるしく変化する世界と，市民が創造的に携わり，彼ら自身がルーチンでない判断を行うという流れの中で，そして，彼らが生きている社会」(p.7)の中で子どもたちが生活しているということです。

　アーギュメントの2つ目は大学での数学に起因します。（後期）中等教育段階で教わった数学が，どのように反映すべき／する必要があるか，という最近のカレッジでの数学の変化についてのアーギュメントです。このアーギュメントは，数学とコンピュータ科学に関わる4つの学会が高等学校数学の将来的なプログラムを提案していて，フランスのある報告書に提示され続けています（*Quatre sociétés savantes de mathématiques et d'informatique font des propositions pour le futur programme de mathématiques du lycée*, 2016）。

　報告書——以下，the 2016 French Report として参照——は，次の4つの学会を代表するメンバーによるワーキング・グループによって一年以上かけて準備されていました：SFdS —フランス統計学会，SIF —フランス情報学会，SMF —フランス数学会，そして SMAI —フランス応用数理学会。ワーキング・グループは，高等学校での数学のプログラムがコンピュータ科学に関連づけてより近いものになるかどうかについて考えるよう依頼されていました。

　The 2016 French Report の著者たちは，フランスにおいて2016年の学年暦のはじめから，新たなカレッジ・プログラムが施行され，カレッジでの数学プログラム内にアルゴリズムとプログラミングの指導が含まれていることを記しています。似たような動向は，現在，多くの国々の大学での数学指導においても明白です。同時に，現在の高等学校の数学プログラムは，かなりマイナーなやり方でアルゴリズムの考えを位置づけていて，これはカレッジでの数学で何が起きているのかと共により良いアライメントとして進展していかなくてはなりません。はじまりはミドルスクールでなされ，そこでの新たな教科・科目

Algorithmique et Programmation（Ministere de l'Education Nationale, 2016）は，数学教師とコンピュータ科学の教師によるジョイントで指導されていました。

　3つ目のアーギュメントは，認識論的かつ歴史的なものです。数学とコンピュータ科学は独立したものではありません：それらは別々に自律的に存在しているかもしれませんが，歴史にはかなり共通点が多く，くり返し相互に携え合っています。現代の発展において，学際的研究（例えば物理学，生物情報学など）が中心的な役割を果たしています。グラフ，組合せ理論，論理といった鍵となる数学的なアイデアは，コンピュータ科学において基盤となる考えです。数学とコンピュータ科学の間の歴史的・認識論的近接でみてきたように，すべての段階での数学教育がこの新たなリテラシー他の領域に貢献することが期待されています（Stephens, 2018）。さらにいえば，学年暦を通じてデジタル・テクノロジーの利用の増加は，新たなやり方で数学の指導・学習に影響を及ぼす潜在性を有しています。

第3節　アルゴリズム的思考と現在の研究の状況

　アルゴリズム的思考（AT）は数学的推論の1つの形式であり，代数的，空間的・幾何的，統計的といった多くの形式を取るかもしれません。AT は，アルゴリズムを包括したり，テストしたり，改善したりデザインしなければならないときはいつでも要求されます。それは手短にいえば「1つの結論に導く応用的かつ系統的であり得るルーチンな手続きを詳細に記述したもの」（*The Concise Oxford Dictionary of Mathematics*, 4th ed, p.11）として定義されるかもしれません。とにかくより詳細にはアルゴリズムは，いくつかのニューメリック，シンボリックもしくは幾何的データを扱う一連のはっきりと定義された指示で表現された，ある数学的問題に対する解法として定義されるかもしれません。アルゴリズムを成功的に扱うために AT は紛れもない認知的活動と呼ばれています。それは，アルゴリズムのデザインと創造と同じく，分解（ある問題が急に副問題になる），パターン認識，一般化と抽象化（概念，手続き，関係，そしてモデルの基底にあるとみなしている特定の事例をまとめることで一般的なステートメン

トにする）を含んでいます（Ministere de l'Education, 2016）。

　研究は，AT に関して，数学教育に限られています。しかしながら，価値あ
る知見が，Lockwood et al.（2016）によって報告されていて，手続き的知識は
発達するかもしれないということを明らかにしました。手続き的知識は，つな
がりの中で豊富である知識における結果となるものであり，手続きを実行する
ことを通して，特に手続きとアルゴリズムをデザインすることを通して，発達
します。コンピュータ・ツールが数学者の思考をサポートするのに用いられる
とき，他の著者がこの文脈で計算論的思考という用語を好むかもしれませんが，
彼らの研究もまた，数学者が AT という用語を用いるのを好むかもしれないと
いうことを示唆していました（Stephens & Kadijevich, 2019）。

　Abramovich（2015）は，AT は概念的知識（すなわち，ある概念的理解の深
化）を発達するのに用いられるかもしれないと指摘しています。もし定式化の
特別な場合や，一般的にアルゴリズムがそれ（AT）を応用することで得られる
結論について高度な問いをたずねるための 1 つの意味として用いられるならば。
現在の数学教育における AT の限られた研究にもかかわらず，数学教育におけ
る AT レンズの応用は数学学習に実りあるかもしれません。なぜならば，AT
における指示により焦点が当たっている結果であり，そのコアとなる構成要素
（分解，パターン認識，一般化と抽象化，そしてアルゴリズムデザイン）はた
ぶん具体的な自動化（特定のコンピュータ・ツールの利用）によってサポート
されているからです。次節では，数学カリキュラムに対するこれらの潜在性を
探求することに終始して注意を払うことにします。

第 4 節　カリキュラムの側面と数学教育との密接な関係

4.1　いくつかの鍵となる原理との関連及びインターフェースに対する
　　共通領域

　数学者とコンピュータ科学者は，自然に，数学とコンピュータ科学は共に何
かしらの利害関係を有する指導内容を定義することとの問いによって関連づけら
れています。数学とコンピュータ科学の将来的な発展は，両者の間にしっかり

とした境界を定義することを探ることではうまくいきません。反対にゴールは，2つの学問の交わりで開かれた境界線を同定すべきです。2つの学問は，これらの教科・科目が高校生にどのように指導されるのかにおいて，知らせたり証拠となります。同時に，数学とコンピュータ科学における継続した研究のための1つのサウンドベースを提供します。

The 2016 French Report におけるコンピュータ科学者によって与えられた解答は，学校数学の将来的な方向性について，特に次の義務教育の学校の学年において考えるのに一役買っています。例えば彼らは，カレッジですでに指導されている数学的モデリングとコンピュータ・モデリングは高等学校において深められるべきであると論議しています。とりわけ高校生がマシン・ベースの計算を用いる数学的かつコンピュータに関連する問題に対して敏感です（例えば，煩雑さとコストにおいて；ストレージ，データの圧縮）。

The 2016 French Report もまた，数学に対するコンピュータ科学の潜在的な貢献に対して指摘していました。高校生のコンピュータ科学における知識とスキルは，以前はなかったコンピュータ・スキルに基づく数学的知識の発達を可能にします。コンピュータがどのようなものであるかを知ることを利用することは，1つの実験的なアプローチを通して，特定の数学的話題及びより一般的に数学を指導する手助けとなるでしょう。

The 2016 French Report の中で同定された相互のインターフェースの4つの領域：論理，グラフ，組合せ理論，表象と情報モデリング，これらのテーマはそれぞれに対してワーキング・グループが，高等学校で指導されるべきコンピュータ科学にとって必要となる数学的概念を同定しました。この提案もまた，数学に対するコンピュータ科学の貢献を示すことをねらいとしています。コンピュータに「関連した」数学は，それ自体を研究するに値するという事実の失われた視界なしに，それ自体が数学的に完全な状態です。

4.2　数学カリキュラムとの密接な関係

学校数学カリキュラムにおける CT/AT のいろいろと関係することは，CT/AT が子どもたちの数学的推論にどのように貢献するかを演じする必要があり

ます。焦点はプログラミング・スキルを指導する上で単純にはいきません。アルゴリズム的思考と計算論的思考は，数，幾何，統計といった特定の数学の領域でリンクする必要があります。そして，これらの領域がカリキュラムの中でどのように発展するのか，ひょっとしたら時間外で変形しています。論理的思考，アーギュメント，正当化と一般化といった数学的推論の鍵となる要素はCT/AT によって応用されサポートされる必要があります。Stephens and Kadijevich（2019）から取り上げる7つの事例は，学校数学の異なるステージでの，この2つの関係の豊富さを例証しています：

1. 数学的概念と手続きを例示し取り出す（unpack）ためのアルゴリズムの言語を用いること（例えば，小学校においてアルゴリズムの言語を四則演算といった手続きに関連付けて密接な関係を際立たせて用いられています）。

2. ある与えられたアルゴリズムを用いるために数学的変数とパラメータを同定し，精錬すること（例えば，データ分析において）。

3. 数学的構造を同定し，解法を一般化するためにある数学的問題をとくためにアルゴリズム的思考を用いること（例えば，計算論的問題解決）。

4. モデリング，最適化，オペレーションズ・リサーチと実験的な数学を導入しやすくするために提供されるためにアルゴリズムを用いること。

5. どんなアルゴリズムの言葉に対しても問題の事例を生成すること，そして似たような反例を生成すること（すなわち，あるアルゴリズムが働かないような問題）。

6. 推測と証明の反復的なプロセスを目立たせるために，アルゴリズム的デザインの反復的な過程を用いること。

7. ある解法が存在するかどうかを探究することを捜索する数学の分枝間の区別と，ある解法が（もし存在するならば）どのように見つけられるのかを決定することを探す数学の他の分枝との区別を目立たせるためにアルゴリズム的思考を用いること。

これらの事例は，アルゴリズム的思考と数学との間の二方向の関係を例証し裏付けています。ある数学的な視点から探索され得る実在もしくは対象として，

構文論的に正しい形式で表される必要のある，単なるツールや手続きの集まりよりむしろ，アルゴリズムのより豊富な概念へと移動します。例えば，アルゴリズム的思考は推測することと証明することのプロセスの批判的な重要性からなります。Modeste（2016）は個別の数学（グラフ理論，組合せ理論）が数学と情報における証明，言語，アルゴリズム，プログラミングそして論理の間の関係を子どもたちたちが探究する機会を提供している，といった領域を論議しています；情報－数学インターフェースで特定の概念の探究を要求している（われわれが強調している点）。より多くの研究が，数学カリキュラムの特定の領域において，これらの可能性を探求するのに必要です。

4.3　小学校のいくつかの例証

　日本とフィンランドにおけるカリキュラムの記載は，例えば，子どもたちが親しんでいるであろう単純な活動とルーチンを参照することによって，子どもたちにあるアルゴリズムのアイデアを導入することを教師に励行しています。図 10 - 1 は，*Scratch* を使って，朝起きてから学校へ登校する準備までのある子どもたちの規則的なルーチンを表しています。

　幼い子どもたちは，行動と決定の *Scratch* の並びを読んだり記述したりすることができますか？もし数名の子どもたちがわずかに異なるルーチンをとるならば，彼らは *Scratch* の並びのどこを修正したり付け加えればよいのでしょうか？

　第 2 学年や第 3 学年の子どもたちには，異なる数字の順番に対するネットワークを並び替えが適当でしょう。図 10 - 2 では，基本ビルディングブロックが導入されています。任意の 2 個の数字から始めて，これら 2 個の数字について，小さいものを右に，大きいものを左に並び替えるステップ

図 10 - 1　*Scratch* を使って，あなたは朝何をしていますか

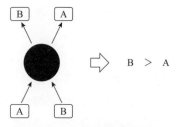

図10-2　並び替え経路の基本ビル
**　　　　ディングブロック**

で動かします（もちろん，これらの方向をひっくり返すこともできます）。

　次のステップで，クラスのメンバーが並び替えるネットワークをデザインするようたずねられます。最も大きい数字を左に，最も小さい数字を右に並び終えるような一連のステップを通じて，任意の3個の数字を並び替えます（一番上の3つの箱）。［数名の教師は，教室のフロア上に並び替えネットワークを描くことを選ぶかもしれないし，正しい順番で一番上の3つの箱に並び終えられた，3人の子どもたちのそれぞれ異なる数字をあてがうかもしれません。］

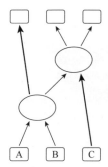

図10-3　Yosukeの
3個の数字の並び
替え経路。これで
いい？

　この事例をより具体的にするために，図10-3は，3個の数字についてYosukeによってデザインされた並び替えネットワークを示しています。

　Yosukeは彼の並び替え経路をテストしたかどうかたずねられました。彼は3個の数字A：23，B：10，C：7ではじめたと言いました。それは，最終的に（左から右へ）「正しく」並び替えられています：23，10，7。Hirokoもまた，Yosukeの並び替え経路は彼女の3個の数字でも正しい結果になったと言いました。それはA：71，B：99，C：65。教師は，クラスのみんなに，Yosukeの経路で正しい結果を得られるかどうかたずねました。Daikiは，Yosukeのようにはうまくいかなかったと言いました。Daikiのはじまりの3個の数字はA：6，B：10，C：16でした。しかしDaikiはYosukeの経路を用いたとき，Daikiの3個の数字は正しい順番に並びませんでした。それらの数字は次のように並んでいました（左から右へ）10，16，6；Daikiが期待していた16，10，6ではなく。他の子どもたちはYosukeの経路で問題を実験することができます。ある子どもたちが次のように言いました：「いくつかの数字にはたらく経路であるけれども，他の数字にはアルゴリズム

を表すことができません。並び替えの経路はいつも正し
くはたらかなければなりません。」

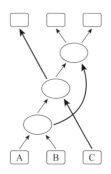

図 10 - 4　この並び
替え経路はよりよ
いものですか。な
ぜ？

　この探索以外でのアルゴリズムについての 1 つの重要
な知見は明白です。成功的なアルゴリズムはいつでも正
しくはたらかなければなりません。クラスでのチャレン
ジは，どんな場合でもはたらく 3 つの数字についての並
び替えアルゴリズムをデザインすることです。この問題
に対して，ある可能な解法以上のものがあります。どん
な結論であってもどんな場合でも（アルゴリズムが）は
たらくことに気づき，テストされなければならないでし
ょう。子どもたちと教師は，新たな並び替えについて，
どんなテストをする必要があるかを議論する必要があります。教師は次のよう
に言うかもしれません：「はじまりとなる 3 個の数字のすべての組合せについ
て経路をテストすることはできません。新たな経路でどのように（アルゴリズ
ムが）はたらくのかを気づくことを注意深くテストするデザインはどうすれば
よいでしょうか？」ここには，アルゴリズムがどのようにテストされ得るのか
ということについての第 2 の重要なアイデアがあります。図 10 - 4 は Yosuke
の元々の経路を修正したものを示しています。子どもたちは，A，B，C のは
じめのグループにおける異なる位置で，最も大きい数字の場所をテストすると
いうことを示唆していました。

　この種の問題は，はじまりを 4 個の数字で扱う場合に拡張することができま
す。いくつかのアルゴリズム的経路は効果がある一方で，そのうちいくつかは
長かったり，他のものよりも効率的でなく現れます。子どもたちと教師は，効
率的に評価するための規準を議論する必要があります。これは図 10 - 5 と図
10 - 6 で例証されています。子どもたちは，4 個の数字を並び替える 2 個の異
なる経路のどこを比較し評価するのかたずねられています。

　まとめとして，この事例は数学的思考に関連した問題解決の一種としてアル
ゴリズム的思考を例証しています。いつもマシンとの相互作用よりもむしろ，
パターンと数学的構造を認識することについての思考に焦点をあてるため，小

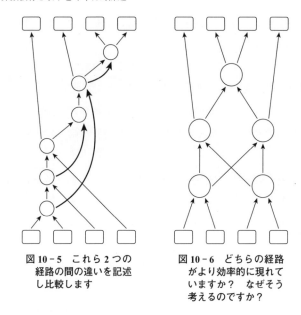

図 10-5　これら 2 つの
経路の間の違いを記述
し比較します

図 10-6　どちらの経路
がより効率的に現れて
いますか？　なぜそう
考えるのですか？

学校とミドルスクールの幼い子どもたちが用いているアンプラグドな活動
（csunplugged.org を参照）の典型です。小学校の教室でこの種の問題を用いると
き，教師と子どもたちにどのように与えられているかを，上述の対象のいくつ
かに対して効果的に与えられるのかを見ることができます。それは明確に上述
の 1. と 5. に関連しています。この事例は，子どもたちが，4 個，5 個，6 個
の数字を並べるために必要となるデザインの仕方と並び替えネットワークのテ
ストの仕方をどこで考えるのかという，上述の 3. の更なる探究のための基盤
を提供しています。その後，n 個の数字を並び替えるための最も少ないステッ
プについて，一般的なルールを推測することに導かれます。これは小学校とミ
ドルスクールの子どもたちが，上述の 6. について触れることになるでしょう。
小学校におけるこれらのような数学的経験は，その後の学年においてさらに促
進されるであろう，アルゴリズム的思考に対する基礎を発達することについて
の基盤となります。ここでは，単純な並び替えネットワークを用いることを選
んでいます。それはマシンとは関係のない課題であり，どのようなアルゴリズ
ム的思考が子どもたちの数学的推論と問題解決に貢献するのかを例証するため

であり，またこれらの属性がどのように指導され，どのように評価されうるのかということを例証するためです。

4.4　実施の異なるモデル

デジタル・テクノロジーが数学の指導・学習を提供するアフォーダンスは，これらのテクノロジーが学校カリキュラムの中にどのように統合されているのかということに重きをおいており，数学の教師の関わりの程度によりけりです。現時点でこの問いに対する解決策を有している国は1つもありません。数学カリキュラムの中に CT/AT を埋め込むことは複雑です。それは，長期の「導く時間」が国定カリキュラムを変えるために必要であるため，現在の内容をとって変えたり再組織したり，指導アプローチを改善するなかで直面する教師の困難さのためです。異なるモデルとカリキュラム実施の例は，数学と情報の間の創造的なインターフェースを促進しようとする利点と不利な点はいずれも試されています。これらのモデルの例を以下に挙げます：

1. 漸進主義モデル。これは日本において明白です。「プログラミング的思考」が，2020 年に第 5 学年で始まる，数学に関係のある，いくつかの教科・科目の中に導入されていて，後に他の学年に移動します（文部科学省，2020 を参照）。このモデルは教師の不安を考慮して，教師のためのガイダンスと指導リソースを準備する時間を必要としています。チャレンジは，典型的なきっちりとした（entrenched）教科の境界線の間の動的なインターフェースを創造するでしょう（次の 2 で議論するように）。

2. ICT スキルとプログラミングに焦点をあてているクロスカリキュラムモデルは，現存する学校教科に対する分裂を少なくとも生み出します。それは特に小学校にとって魅力的です。なぜならば，教科領域を横断して統合できることが許されているからです。否定的な立場では，アルゴリズム的思考は顕在化した特徴ではなく，the Finnish experience で示されているように（Prime Misister's Office, 2016），ゆっくりと均等にではなく学校を横断するこのモデルを取り上げることを示していて，また現実の統合は浅はかかもしれないということを示しています。

3. 教師がより好むような情報／デジタル・テクノロジーのカリキュラム内で指導されることは，アルゴリズム的思考を呈する方向に配置されています――英国（Department of Education, 2013）やオーストラリア（ACARA, 2016）で流行しているモデル。下火になっているのは，数学的つながりがテクノロジーをマスターしたり用いたりすることに焦点をおいていることに集中しているからかもしれません。

4. ミドルスクールでの分離された教科・科目は，数学と情報テクノロジーの教師によって指導されています。フォーマルな学校教科・科目であるフランスのモデル Algorithmique et Programmation（Ministere de l'Education, 2016）は，指導リソースの開発とアセスメントと同じくカリキュラム題材を認めています。このモデルは，数学と共にインターフェースを探究する豊富な機会を提供することができます。

5. シニア中等スクールでの教科・科目は *Algorithmics* の研究に向けられています。このモデルはオーストラリア・ビクトリア州の教育認証（VCAA, 2017）やフランスで取り上げられています。分別されたシニアスクールの教科・科目は，大学コースとともに簡単につなぐことができ，子どもたちはコーディングとアルゴリズム的思考の豊富な先験的な経験を持っていると一般的にみなしています。

　研究のフォーマルな領域としての *Algorithmics* に焦点をあてることは，正しくアルゴリズムを構成するために必要となるツールを用いたり，手続きを伴うアルゴリズム的思考を同等のものとすることから離れて直接注意を払っています。例えば，*Algorithmics*（VCAA, 2017）は子どもたちたちが問題解決においてアルゴリズムを構成したり用いたりすることを要求するだけでなく，グラフ理論において計算論的煩雑さと計算のためのモデルといった理論的な課題を試してもいます。これらの課題は，情報－数学インターフェースでの特定の概念の探究を要求していて，アルゴリズム的思考のより強くより豊富な意味をサポートしています。

　学校数学カリキュラムにおいて，切迫しているこの実践のために適当な豊富な問題とリソースが，とりわけ研究に焦点をあてたものに沿った形で必要とさ

れています。これらの潜在性はアルゴリズム的思考が数学と情報テクノロジーのカリキュラムの両方のうちで位置付けられているかどうかということを実現することにかなり似通っています。そしてこれら 2 つのディシプリンの教師によって指導されています。

4.5 教授学との密接な関係

The 2016 French Report もまた，最も可能なやり方で学校カリキュラムの中に CT/AT に関連することを達成するための適当な教授学的原理を考えることが喫緊に必要であることを指摘しています。これらの原理は既存の実践に単純に付け加えるものではありません；鍵となる仮説は，学習と指示的サポートが形成されるやり方を変えるでしょう。例えば，CT/AT の適当な教授学は，マルチプル・リプレゼンテーションを用いる重要な数学的アイデアと関連付けるべきです。すべてのステージで子どもたちは，関連する問題に対して探究し，協働し，コミュニケートする責任があります。このとき，子どもたちは彼らのつまずきからフィードバックをするだけでなく，CT/AT に携わる本質的かつ生産的要素としてトライ・アンド・エラーと「デバッグ」エラーをわかるようになります。

小学校，そして中学校でさえ，教師が「すべての回答を知っている」とみなすべきではないし，その指示は教師に直接的である必要があります。数学の教師自身はコンピュータ科学の教師ともっと寄り添い仕事をすべきです。それはまた，何名か——もしくは多くの子どもたちでさえ——がウェブベースのリソースにアクセスし，地元の学校の先にある学習コミュニティにアクセスすることに関連付けられます。何名かの子どもたちは彼らの教師の何名かより概念的かつ／もしくは技術的スキルがより発達しているかもしれません。拡張された学習コミュニティにアクセスすることを関連づけているテクノロジーが豊富な環境における CT/AT に携わり探究する子どもたちは，また，教師と子どもたちの間の教授学的関係を変えています。

4.6　アセスメントとの密接な関係

　CT/AT は，学校システムの中で，どのように評価されているのでしょうか。それは，地元のテスト，国内テスト，もしくは国際的なテストを通じて，子どもたちが学習するのに何が重要であるかについて，教師，子どもたち，両親そして将来の雇用者に対する重要なメッセージを伝えているかどうかということです。学校数学カリキュラムの中へ CT/AT を統合することについて，私たちは，それがどのように効果的に評価され得るのか，たずねる必要があります。この基盤となる問いは，*Assessment Framework for the IEA International Computer and Information Literacy Study*（ICILS）2018 における Fraillon et al.（2019）によって位置付けられています。引用されている計算論的思考の7つの暫定的な定義の後で，次のまとめを提供しています：「CT のこれらの定義に共通することは，CT は問題解決の1つの形式としてみなされている，アルゴリズム的，手続き的（一歩一歩）解決はコンピュータを用いて構築され実行され得るため，問題と解法が概念化されているアイデアです。」(p.27)

　CT/AT のアセスメントは，したがって，子どもたちが問題を概念化する能力と解法を操作化する能力の両方を位置付ける必要があります。はじめのまとまり（strand）では3つの側面が関係しています：デジタル・システムについて知ることと理解すること，解法を定式化することと分析すること，関連するデータを収集し表現すること。解法を操作化することは，子どもたちが解法を計画し評価する両方を必要とし，これらのゴールを達成するためにアルゴリズム，プログラムそしてインターフェースを開発することを必要としています。これらの5つの側面は，ICILS 2018 Assessment Framework の中で例示されています。解法を計画し評価するために，子どもたちは，必要とされるある知られた結果とその調整に反して，ある解決方法をテストすることを要求されるかもしれません；もしくはあるアルゴリズムにおける誤ったステップを位置付けるために。この種の課題は先の事例によって例証されていました。それは，子どもたちが3個の数字を並び替えるための Yosuke の誤ったアルゴリズムをテストして改善しなければならなかったときです。アルゴリズム，プログラムそしてインターフェースを開発するため，子どもたちは課題を与えられるかもしれ

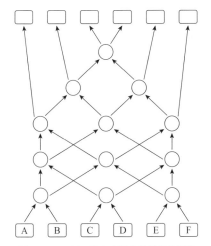

図10-7　6個の数字の最も効果的な経路
はこれですか？　なぜ？

　ません。新たな目的のために既存のアルゴリズムを修正したり，あるアルゴリ
ズムの中で特定のステップを正しいものとすることを要求します。この例証の
1つは，図10-7に見られるように，これまでより少ない個数での数字のコレ
クションでの並び替えアルゴリズムをデザインし，テストする子どもたちの経
験に基づいて，6個の数字に対する並び替えアルゴリズムをデザインすること
になるかもしれません。

　学校カリキュラムにとって適切なアセスメント課題のデザインは，CT/AT
との密接な関係に対する大いなる切迫したチャレンジであり，適当な学習進行
のデザインにつなげられなければなりません。多くの仕事が，理解―デバッグ
―拡張もしくは利用―修正―創造の先に拡張している，学習進行の発達に必要
とされています。しかしながら，いくつかのアセスメント課題は伝統的な紙と
鉛筆の形式に頼りきっていたり，子どもたちの反応を記録することができる相
互作用でないような形式上「紙と鉛筆スタイル」の問いをデリバリーするため
のデジタル・インターフェースを用いるかもしれません。このような課題は，
例えば，典型的な多岐選択項目やドラッグ・アンド・ドロップ項目に関連して
いるかもしれません。他のアセスメント課題はスキルベースであるかもしれま

せん。これらはすべての可能な正しい「解決経路」に関連してデザインされる必要があります。他のアセスメント課題は，子どもたちの取り組みがデジタルで保存され，評価者によって後に点数化されている，単純に認可された課題であるかもしれません。こういった課題は，課題の詳述に合致している正しい反応の比較的狭い範囲で，マニュアルで点数化されるようにデザインされています。

　高度な概念化と操作的理解を要求する課題は，子どもたちの CT/AT 能力を評価するためのデジタル・プラットフォームを用いるでしょう。それは，例えば，転移課題の利用を通して，「視覚的にディスプレイされ得るアルゴリズム的論示の応用の結果のため，アルゴリズム的情報を解釈し，移し，適合する」（Fraillon et al., 2019, p.51）ことを子どもたちに要求します。こういった課題は，数学的推論の異なる形式を描き出したり促進するかもしれません。「あるシステムで提示される情報を脱コード化し，第 2 のシステムのルールを脱構成し，2 つのシステムの間の転移に対する情報を適合する」（p.52）ことを子どもたちに要求します。これらの課題は空間的もしくは幾何的推論の文脈において子どもたちの CT/AT をテストするのによく用いられます。中学校とミドルスクールの子どもたちは，奇数個のコレクションと隣り合う偶数個のコレクションの並び替えのためのステップ数を比較するようたずねられるかもしれません。もしくはより多くのコレクションであっても，並び替えるために要求される最小のステップ数を，図 10-8 と図 10-9 に記述されているように，図によって示される必要はなく，一般化することをたずねられるかもしれません。子どもたちの解法は，彼らの特定の解法が正しいかどうか，子どもたちに指示する必要はなく，デジタルで記録されます。

　似たような煩雑さのレベルは，「子どもたちがパラメータを設定し正しいデータに対するシミュレーションを行い，そしてリサーチ・クエスチョンに解答するためのデータを解釈することを要求します」（p.52）という，シミュレーション課題に付属しています。これらの課題は上述したデータを収集して表現することの側面に関係しています。似たような煩雑さに関する他の課題は，特別に構成された視覚的なコーディング環境を組み入れるかもしれません。それ

6 人の小集団において——それぞれ異なる数字—— 6 個の異なる数字を比較するために，これまでの図／フローチャートの各ステップに取り組みます。
それは正しい結果を得られますか？
もしあなたのチームが 8 人からなるならば－それぞれ異なる数字－，8 個の異なる数字を並び替えるのに必要となるステップはいくつですか？
あなたは図を描きたくなるかもしれません。
その取組を確認しなさい。

図 10-8　チャレンジ 1－8 人についての推測

コンピュータはどのように何百もの異なる数字をすぐに並び替えるでしょうか？
・400 個の異なる数字を並び替えると想定します。
・これまでの経路を見ることで，何が同じで何が異なるのかを考えますか？
・もし 400 個の異なる数字を並び替えるためのこれまでの方法を拡張したならば，いくつのステップが必要とされますか？
・100 個の場合，400 個の場合，1000 個の場合について，わからない。
・あなたの思考を説明することができますか？

図 10-9　推測，一般化そしてあなたの思考の説明

は，あるテスト・インターフェースとしてであったり，あるアルゴリズムを構成するための視覚的なコーディング環境を用いることであったり，もしくは視覚的なコーディング環境の中でアルゴリズムをデバッグすることであったりします。これらの視覚的なコーディング課題の種類は，それぞれ開発すること，アルゴリズム，プログラムとインターフェース；解法を計画し評価すること，代数的文脈，幾何的文脈，統計的文脈に CT/AT をリンクする際の高度な潜在性を有しています。

第 5 節　結　論

Artigue（2010）に続いて，3 つのチャレンジが小学校のカリキュラムの中にプログラミング／アルゴリズム的思考を導入する上で明白です。第 1 の基盤となるチャレンジは，アルゴリズム的思考と学校数学との間のインターフェースの範囲をより明確に図式化することです。第 2 のチャレンジは，既存の内容に対してアプローチする数学的内容の領域を同定することであり，そしてこの領

域における子どもたちの学習のアセスメントの決まった形式を見つけることで
す——これらはすべて，アルゴリズム的思考が学校カリキュラムの中により埋
め込まれるようになるような変化を期待されています。国際的な研究にとって，
第3の継続中のチャレンジは，異なるどこの国々において実りのあるつながり
がなされているのか，教師に対するリソースが開発されているのか，数学的理
解を高めるためのアルゴリズム的思考の潜在性を子どもたちが示しているのか，
を例証することです。

　[謝辞] 私は，本章の初期のバージョンに対する Djordje M. Kadijevic 博士
の貢献に御礼申し上げます。また，日本の読者に対する本章の準備におけ
る石橋一昂博士のサポートに感謝申し上げます。

章末問題

1．子どもたちとのロール・プレイング
　図10-2に示した基本ビルディングブロックを用いて，2人の子どもたちがそ
れぞれ異なる数字を運んでいます。図10-3（もしくは図10-4や図10-6）の
図を用いて，子どもたちは並び替えを演じるためにフロアやグラウンドに経路を
描いています。子どもたちは一緒にはじめて，各自がどちらの方向にとりあげる
のか並び替える点を決めます。みんなはそのプロセスと終わりの結果を見ること
ができます。
　代わりに，子どもたちは各自，紙のシートで覆われている，ある数字を与えら
れています。並び替えの各点で，そのとき数字を秘密に覆われていないもう一人
の子どもたちと入れ替わり，そしてどちらの方向に取り上げるのかを言います。
これは子どもたちがどんな計算をしているのかについて，どのように考えるのに
役立つでしょうか。
　https://classic.csunplugged.org/sorting-networks/#Beat_the_Clock
2．なぜ見ることでちょうど並び替えができないのか？
　なぜ異なる数字を見るだけではなく，見ることでちょうど小さい数字から大き
な数字まで並び替えられているのか，議論することを子どもたちにたずねなさい。
もちろん，もしたった8個か10個の数字であるならば，見ることと並び替えるこ
とはとても効果的です。40個の数字についてはどうでしょうか。この種類の課題

は，人間にとって，見ることと再度アレンジすることはあまりにも難しくできないものになっているのではないでしょうか？ これはコンピュータについて，私たちに何を語っているのでしょうか。

3．奇数個のコレクションと偶数個のコレクション

　　学年の進んだ子どもたちは，奇数個のコレクションと隣り合う偶数個のコレクションを並び替える必要があるという，ステップ間の数の関係を探索するかもしれません。子どもたちは彼らの推論をどのように正当化することができるでしょうか。

引用・参考文献

Abramovich, S. (2015) Mathematical problem posing as a link between algorithmic thinking and conceptual knowledge. The Teaching of Mathematics, 18(2), 45-60.

Artigue, M. (2010) The future of teaching and learning mathematics with digital technologies. In Hoyles, C., Lagrange, J.B. (eds.), *Mathematics education and technology – Rethinking the terrain*. The 17th ICMI Study (pp. 463-476). Springer, New York. https://doi.org/10.1007/978-1-4419-0146-0_23

Australian Curriculum, Assessment and reporting Authority (ACARA, 2016). Digital Technologies.

Retrieved from http://docs.acara.edu.au/resources/Digital_Technologies_-_Sequence_of_content.pdf

Fraillon, J., Ainley, J., Schulz, W., Duckworth, D., & Friedman, T. (2019) *IEA international Computer and Information Literacy Study 2018: Assessment Framework*. Amsterdam, the Netherlands: IEA.

https://www.iea.nl/publications/assessment-framework/icils-2018-assessment-framework

Lockwood, E.E., DeJarnette, A., Asay, A., Thomas, M. (2016) Algorithmic thinking: an initial characterization of computational thinking in mathematics. In Wood, M.B., Turner, E.E., Civil, M., Eli, J.A. (eds.), *Proceedings of the 38th annual meeting of the North American Chapter of the International Group for the Psychology of Mathematics Education* (pp. 1588-1595). The University of Arizona, Tucson, AZ. https://files.eric.ed.gov/fulltext/ED583797.pdf

文部科学省（2020）「小学校プログラミング教育の手引」（第三版）.

https://www.mext.go.jp/a_menu/shotou/zyouhou/detail/1403162.htm.

Ministere de l'Education Nationale (2016). Algorithmique et programmation (2016). Author: Paris.
http://cache.media.eduscol.education.fr/file/Algorithmique_et_programmation/67/9/RA16_C4_MATH_algorithmique_et_programmation_N.D_551679.pdf

Prime Minister's Office (2020) Comprehensive Schools in the Digital Age II: Key results of the final report for 2020 and an overall picture of digital transformation in comprehensive school education. Helsinki, Finland: Author https://julkaisut.valtioneuvosto.fi/bitstream/handle/10024/162284/Comprehensive_Schools_II.pdf?sequence = 1&isAllowed = y

Stephens, M. (2018) Embedding algorithmic thinking more clearly in the mathematics curriculum. In Shimizu, Y., Withal, R. (eds.), *Proceedings of ICMI Study 24: School mathematics curriculum reforms: challenges, changes and opportunities*. Conference Proceedings (pp. 483-490). University of Tsukuba, Japan. https://protect-au.mimecast.com/s/oa4TCJypvAf26XL9fVkPOr?domain = human.tsukuba.ac.jp

Stephens, M. & Kadijevich, D. M. (2019) Computational/algorithmic thinking. In Lerman S. (ed.), Encyclopedia of Mathematics Education. Dordrecht: Springer.

Wing, J.M. (2006) Computational thinking. Communications of the ACM, 49, 33-35. Retrieved from https://doi.org/10.1145/1118178.1118215.

（マックス　ステファン，翻訳：松嵜昭雄）

第11章

算数教育のグローカル性

　　本章では，3節に分けてグルーバルとローカルの観点，つまりグローカルな観点から議論をすることにします。第1節は算数教育の未来図ということで全体像を描きます。そこでは社会的な変化を概説したうえで，算数教育に求められていることを，不易と流行の観点から読み解きます。第2節は，グローカルな視点での具体的な議論です。21世紀に入りTIMSSやPISAに代表される国際学力比較調査やコンピテンスの再定義が行われています。そのようなグローバルな変化に対して，国内にも様々な問題が起き，それらへの対応がここでの論点です。第3節は，現在特に問題となっている公正性と学習言語という課題を取り上げます。日本政府は労働人口減の課題解決のため，2019年4月より改正出入国管理法を施行し，外国人労働者を多く招聘する政策を導入しました。その結果として，日本でも外国人児童は増えていくでしょう。また経済格差が生まれることで，貧困家庭の子どもに対する教育は公正性の観点から再検討が必要です。そのような文脈の中で算数教育の新しい形をどのように構想するのかについて本章では考えます。本章を読み進めるにあたって，次の2点を考えてみましょう。

---

1. 算数教育に求められることはどのように変わっていくのか。またそれは国際社会や日本社会で異なるのか。
2. 外国人労働者や移民が増えていく中，多様性の中で育まれる算数教育の課題とは何か。また，その可能性とはどのようなものか。

第1節　わが国の算数教育を予見する

1.1　トランス・サイエンスな問題

　世界を取り巻く環境は大きく変わりつつあります。科学技術の進歩，地球温暖化，経済のグローバル化など急速な変化が起きています。特に技術的な進歩は目覚ましく，可能の境界が前進しています。ところが，原子力の戦争利用という惨事を生んだことに代表されるように，そのような科学技術の進歩は常に良い方向へ働くとは限りません。

　このように考えたとき，科学技術は野放図に発展してよいわけではありません。特に快適さの追求ではなく，お互いに折り合いをつけることが求められる時代にあっては，問題の根本を理解することが重要となってきます。この問題は，科学技術的な解が比較的明確に出る問題と社会的な利益がぶつかりその調整に簡単に答えを出せない問題が混在した形になっています。このような問題はトランス・サイエンスな問題（Weinberg, 1972；小林，2007）と呼ばれます。後者の社会的な問題部分について，私たち人間はお互いの利益を調整する社会的な制度を歴史的に築き上げてきました。しかし技術が不可能を可能にし，社会的制度に影響を与えるようになって，それを再調整する必要性が生まれてきています。最近では，2020年に流行した新型コロナウイルス感染防止のための全国一斉休校措置の是非も，トランス・サイエンスな問題といえるでしょう。微分方程式を用いれば，感染症の流行をある程度予測することは可能です。しかしながら，全面休校に伴う社会的・経済的影響の狭間で，我々は決して答えのない問題に対する意思決定が求められました。このような事態にあって，これからの小学校算数教育をどのように構想していくべきなのでしょうか。

1.2　わが国および世界的な社会的な変化

　2010年代になり大きな災害が頻発しています。その要因に関わって環境問題，持続可能性が議論されます。原因についての科学的結論は出ていませんが，快適さを追い求めてきたことが原因であれば，ブレーキをかけるという人類史

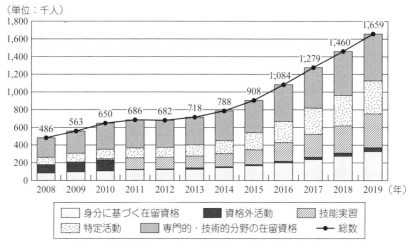

図 11 - 1 外国人労働者，10 年間の推移

出典：厚生労働省「外国人雇用状況の届出状況まとめ（令和元年 10 月末現在)」.

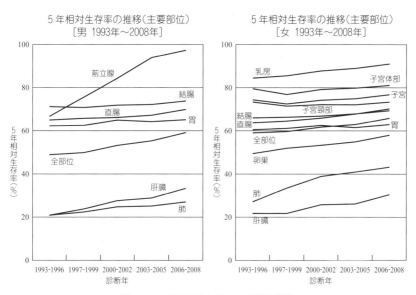

図 11 - 2 がんの生存率，10 年間の推移

出典：国立がん研究センター.

表 11 - 1　日本の人口，世界

年次	総人口		年平均増減率（%）	15歳未満人口（%）	65歳以上人口（%）	中位年齢（歳）
	（1,000人）	女（%）				
	世　界					
1950	2,536,275	50.1	…	34.3	5.1	23.6
1960	3,033,213	50.0	1.8	37.1	5.0	22.7
1970	3,700,578	49.9	2.0	37.5	5.3	21.5
1980	4,458,412	49.8	1.9	35.3	5.9	22.6
1990	5,330,943	49.7	1.8	32.9	6.2	24.0
2000	6,145,007	49.7	1.4	30.1	6.9	26.3
2010	6,958,169	49.6	1.3	26.8	7.6	28.5
2020	7,795,482	49.6	1.1	25.5	9.4	30.9
2030	8,551,199	49.6	0.9	23.7	11.7	33.0
2040	9,210,337	49.7	0.7	22.2	14.1	34.5
2050	9,771,823	49.7	0.6	21.3	15.8	36.1

出典：総務省統計局「世界の統計2019」.

上にはないことを行う必要があるかもしれません。あるいは，人類は原始時代から環境との共存を図ってきましたが，科学技術の進歩がそのような共存の原則を忘れてしまったかのような振る舞いになっているのかもしれません。

　わが国の変化，世界的な変化を表す指標として人口（表11-1），さらにわが国の課題を掘り下げるために，外国人労働者（図11-1），がんの生存率（図11-2）を挙げたいと思います。地球温暖化についてはまだ科学的にも議論が続いていますので，より客観的な指標であること，世界の動向に対して日本は減少局面という極めて特徴的な状況であることから人口推移を指標として選びました。実際のところ，世界的な人口増加は科学技術の成果の一つです。乳幼児死亡率は劇的に減りましたし，医療の進歩によって平均余命は劇的に改善しています。しかしこれらの成果は，もう一つ重要な要因である世界平和にもよるところが大きいといえます。戦争によって人為的に死亡する人間が減っただけでなく，世界的な協働によって深刻な問題に対して支援を行ったり，多国間

の人口の戦後の推移

年次	総人口		年平均増減率（%）	15歳未満人口（%）	65歳以上人口（%）	中位年齢（歳）
	（1,000人）	女（%）				
			日　本　a			
1950	84,115	51.0	…	35.4	4.9	22.2
1960	94,302	50.9	1.1	30.2	5.7	25.6
1970	104,665	50.9	1.0	24.0	7.1	29.0
1980	117,060	50.8	1.1	23.5	9.1	32.5
1990	123,611	50.9	0.5	18.2	12.1	37.7
2000	126,926	51.1	0.3	14.6	17.4	41.5
2010	128,057	51.4	0.1	13.2	23.0	45.0
2020	125,325	51.4	−0.2	12.0	28.9	48.7
2030	119,125	51.6	−0.5	11.1	31.2	52.4
2040	110,919	51.7	−0.7	10.8	35.3	54.2
2050	101,923	51.7	−0.8	10.6	37.7	54.7

の利害調整を行ったりしてきた成果です。豊かさの結果，子どもを少なく生んで時間，お金をかけて育てることが当然になってきつつあります。いまだ，人口増加をしている国もありますが，多くの国と地域では人口停滞局面に入りつつあります。人口ピラミッドが徐々に通常のピラミッド型から逆ピラミッド型に向かいつつあります。その代表が日本で，課題を先んじて経験している国として世界的に注目されています。

1.3　社会的な変化に対して教育的に求められていること

　教育は，社会的にみれば，先行世代が後行世代に組織的に働きかける営みで，社会の存続をそれによって担保してきました。しかし同時に，教育によって身に着けた能力で，その社会を変容させることにもなっています。したがって，これまで人類が遭遇していない課題へ取り組むためにも，文化・社会の存続だけでなく，変化に対応する能力の確保が必要でしょう。ところが社会は，その

成員が一斉に入れ替わるわけではありません。時間をかけて変わっていくので，旧来の考え方と新しい考え方が併存します。また地理的にみると異なる考え方が共存しています。このような異なる考え方の人々と共存することが重要であることはいうまでもありません。

　これらを能力として捉えたものが，次節で取り上げる 3 つのスキルです。これまでも求められてきた基礎的なスキルに加えて，大きな変化が起きているがゆえに，その変化の是非を問うたり，新しい変化を創造的に考えたりすることが高次認知スキルとして求められます。またそれを社会的な変化につなげていくためには，異なる考え方の人とも話をすることができる社会スキルが求められます。

1.4　すべての基礎としての算数教育における不易と流行

　批判的数学教育を提唱したスコースモース（O. Skovsmose）は，主に算数教育では物理的意味での「具体性」が支持されてきたことを指摘しています。確かに，十進数の理解におけるブロック操作であるとか，数え棒の使用，また図形学習において立体模型を観察するなど，子ども達は具体的に，「対象を動かし，操作し，実験できる学習環境」（Skovsmose, 2020, p.95）が与えられ，その基で数学理解の促進が目指されます。これらは今日においても不易な教具として強調されるべきものでしょう。しかし今日的な算数授業で求められる資質・能力とは決して数学的な問題解決能力のみだけではないはずです。キー・コンピテンシー*の一角である数学的リテラシー概念では，2010 年の定義変更の際，社会性・市民性の強調に加えて，判断し決定することにおいて，社会に関する健全な価値観や数学への肯定的価値観が求められています（水町，2015）。

　　＊「コンピテンス」は知識およびそれを活用するスキルなどを組み合わせた能力を意味し，「コンピテンシー」はコンピテンスに態度や行動を含めた総合的な能力です（例えば Teodorescu, 2006）。本章ではこの解釈に基づいて二語を使い分けます。

　スコースモースは数学的問題解決能力を内包した社会的課題解決能力として，批判的市民性（critical citizenship）を涵養することを強調し，数学の社会的な意味での具体化を推奨しています。例えば，次のような算数の問題を考えてみま

しょう。

> 　子どもが30人います。４人掛けの長椅子に座るとき，長椅子は何台必要でしょうか？

　教科書的な解答では 30÷4＝7 余り 2 より，7 台を 4 人ずつで座り，もう 1 台を 2 人が座る計 8 台が正解となります。ですが，同じ 8 台でも，"できるだけならす"という平均の考えを用いれば，6 台を 4 人ずつで座り，2 台を 3 人ずつで座ってもよいでしょう。もっと言えば，公平性という社会的価値観を顕在化させ，みんなで仲良く 3 人ずつでゆったり座って計 10 台用意するという解答はどうでしょうか？　長椅子の数に余裕があるならば，また長椅子を置くスペースに問題がないならば，この解もまた"納得解"といえるでしょう。このような問題は近年，社会的オープンエンドな問題*（馬場，2009）として，理論的実践的研究が推進されています（例えば，島田，2017）。

　　*社会的オープンエンドな問題は，「数学的考え方を用いた社会的判断力の育成を目標とした，数学的・社会的多様な解を有する問題」（馬場，2009，p.52）と規定されます。

第 2 節　グローバルな視点で捉えなおす

2.1　近年の教育改革におけるグローバル性とローカル性

　グローバル化の進展に伴い，社会は目まぐるしく変化しています。我が国においても，法制度の改正により日本を訪れる外国人観光客の増加や日本に居住する外国人が増え，社会のグローバル化は今後さらに進んでいくと言えるでしょう。他方で独自性，ローカル性という観点に関し，産業界では日本の携帯電話が日本の技術の先進性や一定規模の国内マーケットの存在により独自の規格に進化してしまい，ガラパゴス化を招いていると批判されたことがありました。これは産業界に限った話とは言いきれません。わが国の算数教育においても，グローバルな視点でとらえ世界的な動向を常に意識しながらも，それを地に足がついたものとするには，例えば練り上げのような日本的な教室文化を踏まえ

た取り組みが必要です。グローバルとローカル，つまりグローカルに捉えていくことが今後ますます重要となってくるでしょう。

　近年，このような社会的変化に応じるために世界各国において総合的な能力を「コンピテンシー」と定義し，それを基に教育目標を設定する動きが広がっています。特に，経済協力開発機構（OECD）の「コンピテンシーの定義と選択（DeSeCo）」プロジェクトにおいて，「キー・コンピテンシー」という新しい能力概念がまとめられ，それが世界各国の教育改革の議論に大きな影響を及ぼしています。EU，イギリス，アメリカなどでも，さらに21世紀に求められる能力を定義し，それに基づいてカリキュラム開発を進めています（国立教育政策研究所，2013）。わが国でも，2020年度から全面実施された小学校の新学習指導要領では，各教科で学習する内容を通じて何ができるようになるか，すなわち，コンテンツ（教科内容）よりも，コンピテンスに基づくカリキュラムへと大きく舵が切られました。その結果，新しい時代に必要な資質，能力として「生きて働く知識・技能の習得」「未知の状況にも対応できる思考力・判断力・表現力等の育成」「学びを人生や社会に生かそうとする学びに向かう力・人間性の涵養」という3つの柱が示されました（文部科学省，2018a）。また，このような世界的なパラダイムの変換には，TIMSSやPISAなどの国際学力調査も大きく影響しており，日本でも2008年の学習指導要領改訂の際に「PISA型学力」として学習の質的転換が図られた経緯があります。つまり，これからのグローバル化社会を生きぬいていくためには，各地域及び各国の文化的違いを超えたより普遍的なコンピテンスが必要とされているという見方もできるでしょう。

　その一方で，このような動向に対し，各国で長年築き上げてきた教育の伝統や文化を一つの尺度で表すことで，各国の教育政策に同化圧力を与え（Cai & Howson, 2013），学校や生徒に悪影響をもたらすとの懸念から，教育研究者・実践家から異議の申し立てが行われました（山田，2016）。学校で身につけるコンピテンスと実社会で求められる問題解決能力を接続することが必要なわけですが，実社会の問題は，その地域の社会・文化と密接に関連するため，コンピテンスにおけるローカル性も決して忘れてはなりません。

表 11-2　諸外国の教育改革における資質・能力目標

	DeSeCo	EU	オーストラリア	アメリカほか	東アフリカ共同体
基礎的リテラシー	相互作用的道具活用力 －言語，記号の活用 －知識や情報の活用 －技術の活用	－第1言語外国語 －数学と科学技術のコンピテンス －デジタルコンピテンス	－リテラシー －ニュメラシー －ICT技術	－情報リテラシー －ICTリテラシー	－数学コンピテンス －ICT，および科学技術のコンピテンス
高次認知スキル	反省性（考える力） －協働する力 －問題解決力	－学び方の学習	－批判的・創造的思考力	－創造とイノベーション －批判的思考と問題解決 －学び方の学習 －協働	－批判的・創造的思考力 －学び方の学習
社会スキル	自律的活動力 －大きな展望 －人生設計 －権利・利害・限界や要求の表明 異質な集団での交流力 －人間関係力 －協働する力 －問題解決力	－進取の精神と起業精神 －社会的・市民的コンピテンス －文化的気づきと表現	－倫理的行動 －個人的・社会的能力 －異文化間理解	－キャリアと生活 －個人的・社会的責任 －シティズンシップ －コミュニケーション	－個人的・社会的能力 －自身の文化の認識 －コミュニケーション

出所：国立教育政策研究所（2013）に筆者が加筆.

　したがって本節では，グローバルコンピテンスの特徴を概観したうえで，我が国ではそれらをどのように受け止めようとしているかについて検討します。そのことは，日本が世界的に極めて特徴的な国であること，しかし多くの国が現在直面しているもしくは今後直面する課題を先取りしていることから，とても意義深いと言えるでしょう。

2.2　諸外国が規定するグローバルコンピテンス

　先述のように DeSeCo や各国ではコンピテンスを定めており（表 11-2），そ

れぞれが規定するコンピテンスは，言語や数，情報を扱う「基礎的リテラシー」と，思考力や学び方の学びを中心とする「高次認知スキル」，社会や他者との関係を自律的に結ぶ「社会スキル」の3層に大別できます（国立教育政策研究所，2013）。この区分において，数量や図形における基本的な知識及び技能を身につけることは基礎的リテラシーに分類されます。また，高次認知スキルとしては，数学にも関連する問題解決能力や批判的思考力が挙げられます。

　他方で，社会スキルは，各国および地域の社会・文化・歴史的背景の影響を大きく受けるため，示される用語は同じであったとしても，その意味する内容は国や地域よって違ってくることから，ローカル性が最も表れるコンピテンスといえるでしょう。具体的には，「協働」や「コミュニケーション」などが社会スキルにあたりますが，国や地域における学校文化や，教師と児童によって形成される教室文化と深く関連していると，言えるでしょう。

2.3　グローバルな視点で捉えた日本の算数教育

　ここでローカルという視点から日本の算数教育の特徴，価値観，強みをとらえなおし，それらを先に示した諸外国が規定するグローバルな視点と関連付けて考察してみたいと思います。日本の算数教育の特徴として，学習内容の系統性を重視したカリキュラムと問題解決型の授業方法という2点を挙げることができるでしょう。

　まず，日本の算数カリキュラムおよび教科書は学習内容の系統性が十分に考慮された配列がなされており，子どもたちが無理なく理解を進める配慮がなされています。また，2008年のカリキュラム改訂において，学習内容のスパイラル性が一層考慮され，すべての子どもが学習内容をより確実に身につけることができるようになりました。TIMSSやPISAの調査データから，我が国の国別平均点は高く，成績分布の幅が小さいことが明らかとなっており（国立教育政策研究所，2017)，日本の算数教育は皆に質の高い学習機会を保証している，と言えます。諸外国が示すグローバルコンピテンスが3つに大別されることを述べましたが，そのうちの基礎的リテラシーは，情報を理解するうえで必須です。諸外国との比較において，日本の算数教育を受けた子どもは基礎となる部

分をしっかりと身につけており，これは，グローバル社会における我が国の強みとなります。また，これまで比較的弱かった ICT 教育についても，2020 年度施行の学習指導要領においてすべての教科で ICT を活用することが示され，プログラミング教育が算数科でも扱われることになりました。それに伴い，小中学校のすべての児童・生徒がパソコンやタブレット型端末を 1 人 1 台で使える環境が整えられることとなりました。現時点ではカリキュラムおよび教室での授業実践は共に手探りの状態ですが，今後理論的かつ実践的な研究が重ねられることにより，洗練された学習内容が効果的に配列されたカリキュラムの開発が期待されます。

　次に，授業方法について，日本の問題解決型授業自体が他国からみると特殊である（J. Becker et al., 1990）という指摘や，TIMSS ビデオスタディをもとに考察した *The Teaching Gap*（Stigler & Hiebert, 1999）による構造的問題解決という指摘によって，世界中の注目を集めることとなりました。一般的な問題解決型の授業は，問題の提示，自力解決，練り上げ，まとめ，という四段階で構成され，一時間の授業で解く問題は多くの場合一題のみです。これがわが国の算数の問題解決型授業の特徴とも言え，世界から注目される一因ともなったと言えるでしょう。問題解決型の授業では，子どもたちが自ら主体的に取り組んで問題解決することで，新たな知識や技能，数学的な見方や考え方などを身につけていくことが特徴として挙げられます。また，正解を出したら終わりではなく，むしろそこが出発点となり，その解答の根拠は何であるか，さらによい考え方や解釈の仕方はないかなどを議論する活動も求められます。これは，OECD の 21 世紀スキルが目指す，問題解決および意思決定能力，さらにはコミュニケーション能力などに対応し，我が国の算数教育は 21 世紀スキルが取り沙汰される以前からこのような能力を積極的に育てようとしてきたと解釈することもできるでしょう。

　また 2020 年施行の学習指導要領では，「D データの活用」領域のねらいの一つとして，「データのもつ特徴や傾向を把握し，問題に対して自分なりの結論を出したり，その結論の妥当性について批判的に考察したりすること」と示されました。社会にあふれる情報を無批判に受け入れるのではなく，立ち止まっ

て自分自身で考えたり，他人との議論を通して，共感したり批判したりすると
いった，これからのグローバル社会を生きていくために必要な社会スキルの基
礎となる態度を小学校段階から身につけさせようとしていると言えます。

　ここで紹介した事例はほんの一例にすぎませんが，このように算数教育をグ
ローカルな視点から考えることが，これまで経験したことのない課題に取り組
む日本において重要となると言えるでしょう。

第3節　公正性と学習言語の問題と可能性を考える

3.1　日本における公正性

　前節までの議論を，現在直面している課題につなげることで，今後の取り組
むべき課題を明確にしたいと思います。今一度日本の特徴を振り返ります。島
国である日本は，農耕文化を中心に個よりも集団を重んじ，協調性や同一の価
値観を持つことが大切とされ，言葉にしなくてもわかり合える「以心伝心」の
文化を育ててきました。このような同質性をもつ日本において，Equity（以下，
公正性と呼ぶ）＊を声高に議論する声は聞かれなかったと思われます。

> ＊ Equity とは，「公平性」や「公正」を意味します。中和は「Equity とは児童・生
> 徒の学習達成度や学習参加は社会的・文化的特徴の有り様に影響を受けていない
> こと」（中和，2015，p.506）としています。以下，公正性を用います。

　しかしこのように均一性の高かった日本でも，労働力の不足による外国人労
働者の受け入れやグローバル化による外国製品や外国人観光客の増加により，
多様な人々と共に暮らす社会となってきています。人種や宗教の違い，文化の
差異，LGBTQ を含めた性差など，人は"他との異なり"の中で生活をしてい
ます。当たり前に存在する"他との異なり"が，経済格差や教育格差といった
望まない差異を引き起こしています。学校現場に目を移してみれば，外国人児
童生徒数（9 万 3,133 人，2019 年度）は増加し，母語と異なる教授言語により
学習参加に関する公正性の問題が起きています。また，保護者の学歴や世帯収
入が子どもの学力に影響を与えることが示される中（例えば，文部科学省，2018b,
p.2），ひとり親・未婚家庭の児童生徒（約 368 万世帯，2019 年度）は，昭和

61 年の 1.9 倍という増加傾向にあります。貧困と結びつきやすいこのこともまた公正性が問われる状況と言えます。

　加えて 18 世紀の産業革命から始まる技術革新は現在，20 世紀後半のコンピュータの普及や近年の AI（人工知能）によって職を奪われるという事態を招いています。例えば無人タクシーの技術が進めばタクシー運転手の仕事はなくなります。総務省によれば，重要性が高まったスキルは「複雑なコミュニケーション」と「専門的思考」であり，逆に「定型的な手作業」や「定型的な認識業務」は重要性が低くなります（総務省，2016，p.242）。つまり業務内容が「定型的」なものは AI にとって代わられるということです。これからは，職業がより一層専門化され，人と AI が共存する社会を模索する時代となるでしょう。これまで定型的な業務に従事していた人々はどのような職業に就けばよいでしょうか。そこでは就業する機会を持たない人が増え，より一層の経済格差（富の偏在）を招き，そのことがさらに次世代の教育格差につながる社会になる可能性さえあります（ユヴァル・ノア・ハラリ，2018）。

　以上の点から，公正性は社会における教育という点で解決すべき問題の中心となるでしょう。

3.2　学習言語と公正性

　2020 年度より小学 3 年生から教科としての英語が始まり，英語を英語で学ぶこととなりました。近い将来他教科を英語で学ぶ議論もすすむでしょう。2019 年 11 月現在，グローバル人材の育成を目指した国際バカロレア（IB）認定校は 150 校あり，文部科学省は IB の普及・拡大を推進しています。そこでは算数を英語で指導し学ぶ実践が行われています。

　しかし一方，第二言語で数学を学ぶ弊害もまた報告されています。それは概念の問題です。まず概念形成について考えてみましょう。ヴィゴツキー（L. S. Vygotsky）は概念には生活的概念（非体系的）と科学的概念（体系的）があるといいます（ヴィゴツキー，2001，p.225）。それぞれの概念形成には言語が重要です。日常言語の「さんかく」の生活的概念をもとに「三角形」の数学的概念を形成する場合，子どもにとって発達段階が存在します。例えば，子どもは生

活経験から上がとがっているものを「さんかく」，ところが下がとがっている
ものは「さんかく」と認識しません。教科書では，分類・同定・定義を用いて，
「さんかく」の概念を段階的に「三角形」の数学的概念に移行させています。
しかし日常言語とは異なる教授言語を用いる国では，どのようなことが起きて
いるでしょうか。ここではフィリピンの事例について考えてみます。

　フィリピンでは，多種多様な母語と歴史的背景から学習参加の公正性を保障
するため小学3年生から英語で算数を教えています。しかし概念形成において
困難性が指摘されています。例えば，英語の circle とは違い，タガログ語の
bilog の概念は roundness の意味も含んでいます。橋本（2005）は，小学4年生
を対象に bilog と circle が示す形を選択させる調査を行いました。図11 - 3 が
示すように bilog には円のみならず球や円柱，カップなどが含まれ，circle と
は異なる外延を有することが示されました。

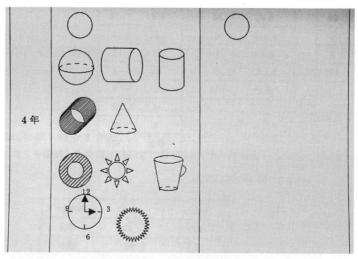

図11 - 3　50％以上の子どもが選択した図（左は bilog，右は circle）
出典：橋本（2005, p.38）の一部抜粋.

　したがってこのように第二言語で学習することにおいて，異なる概念をもつ
日常言語（bilog）と教授言語（triangle）を十分に区別せずに扱うために，困難
性が生じていると考えられます。これは，日常言語とは異なる英語を学習言語

にしたことによる弊害の例です。

　日本において，外国人児童が日本語で算数を学ぶ場合も同様の困難を持つ可能性が考えられます。政府が決めた外国人労働者の受け入れの結果，このような児童はますます増えてくるでしょう。そして，日本の教室は今よりずっと様々な国の文化が存在する空間となり，教室文化は多様性を前提とした中で形成されるでしょう。子ども一人一人が異なる生活的概念を有する中で，いかに有意義な算数教育を創造していったらよいでしょうか。

3.3　新しい算数教育の可能性

　ここで再び数学の特徴である「共通の言語」に立ち返り，公正性を保障し，かつ有意義な授業の可能性について考えます。例えば，教室の中に異なる生活的概念を持った児童が意見を交換し，理解しあいます。そして母語での生活的概念をベースに母語で数学的概念を形成します。その後第二言語で生活的概念の違いを話し合うならば，共通の数学的概念を基に異なる生活的概念をお互いに理解しあうことができるのではないでしょうか。つまり「共通の言語」である数学を通して多様性を学ぶことが可能になるのです。また生活的概念と数学的概念の比較により，より一層数学の一般化や抽象性などを学ぶ機会を提供することも考えられます。

　これからますますグローバル化する社会にあって，様々なバックグラウンドをもつ子どもが教室内にいることとなるでしょう。また彼ら，彼女らも卒業，成人し社会を構成していきます。我々算数・数学教育に携わる人間は，近い将来起こると予想される状況を考え，いかに公正性を保障し公平な学習参加の状況を確保するか準備しておかなければなりません。その時に多様な母語と共通言語としての数学の両方を大切にする必要があるでしょう。それに向けて困難な状況を逆に生かし，多様性の中で育まれる豊かな数学教育の創造を目指していきましょう。

> **章末問題**
>
> 1．これからの社会で活躍するために，子どもたちに身につけてもらいたい算数能力について話し合ってください。
> 2．多様性を活かした算数教育を実現するための教育上の工夫を考え，その長所短所について話し合ってください。

引用・参考文献

ヴィゴツキー，柴田義松訳（2001）『新訳版　思考と言語』新読書社.

国立教育政策研究所（2013）『社会の変化に対応する資質や能力を育成する教育課程編成の基本原理（教育課程編成に関する基礎的研究報告書，5）』

国立教育政策研究所（2017）『TIMSS2015 算数・数学教育／理科教育の国際比較　国際数学・理科教育動向調査の 2015 年調査報告書』明石書店.

小林傳司（2007）『トランス・サイエンスの時代―科学技術と社会をつなぐ―』NHK出版.

島田功（2017）『算数・数学教育と多様な価値観―社会的オープンエンドな問題による取り組み―』東洋館出版社.

総務省（2016）情報通信白書第 1 部第 3 節「人工知能（AI）の進化が雇用等に与える影響」：242-253.

中和渚（2015）「算数教育における equity に関する調査：神奈川県のある小学校での参与観察からみえてくる現状」『秋期研究大会発表集録48』日本数学教育学会：505-508.

橋本由紀（2005）『フィリピンの初等数学における教授言語の影響に関する研究』広島大学国際協力研究科修士論文（未刊行）.

馬場卓也（2009）「算数・数学教育における社会的オープンエンドな問題の価値観からの考察」『全国数学教育学会誌数学教育学研究』15（2）：51-57.

水町龍一（2015）「高水準の数学的リテラシーと重要概念を形成する教育」『日本数学教育学会誌数学教育学論究臨時増刊第 48 回秋期研究大会特集号』97：193-200.

文部科学省（2018a）『小学校学習指導要領（平成 29 年告示）』東洋館出版社.

文部科学省（2018b）「親の所得・家庭環境と子どもの学力の関係：国際比較を考慮にいれて」NIER Discussion Paper Series No.008.

山田哲也（2016）「PISA 型学力は日本の学校教育にいかなるインパクトを与えたか」『教育社会学研究』98: 5-28.

ユヴァル・ノア・ハラリ，柴田裕之 翻訳（2018）『ホモ・デウス 上―テクノロジーとサピエンスの未来―』河出書房新社.

Becker, J. P., Silver, E. A., Kantowski, M. G., Travers, K. J., & Wilson, J. W. (1990) Some observations of mathematics teaching in Japanese elementary and junior high schools. *Arithmetic Teacher*, 38(2): 12-21.

Cai, J., & Howson, G. (2013) Toward an international mathematics curriculum. In: M. A. Clements, A. J. Bishop, C. Keitel, J. Kilpatrick, & F. K. S. Leung (Eds.), *Third international handbook of mathematics education*, 27: 949-974.

Skovsmose，O.，馬場卓也監訳（2020）（原著発刊，1994）『批判的数学教育の哲学―数学教育学の新しい地平―』丸善プラネット.

Stigler, J. & Hiebert, J (1999) The Teaching Gap: Best Ideas from the World's Teachers for Improving Education in the Classroom, Free Press.

Teodorescu, T. (2006) Competence versus competency: What is the difference? *Performance Improvement*, 45: 27-30.

Weinberg, A. M. (1972) Science and trans-science. *Minerva*, 10(2): 209-222.
https://doi.org/10.1007/BF01682418

（馬場卓也・服部裕一郎・日下智志・新井美津江）

人 名 索 引

事 項 索 引

執筆者紹介 （執筆順・執筆担当）

溝口 達也（みぞぐち・たつや，編著者，鳥取大学地域学部）はしがき，第1章，
　　　　第9章第2節

阿部 好貴（あべ・よしたか，新潟大学大学院教育実践学研究科）第2章第1節

伊藤 伸也（いとう・しんや，金沢大学人間社会研究域）第2章第2節

石井 英真（いしい・てるまさ，京都大学教育学部）第2章第3節

江森 英世（えもり・ひでよ，大谷大学教育学部）第3章第1節

岩﨑 　浩（いわさき・ひろし，上越教育大学大学院学校教育研究科）第3章第2節

宮川 　健（みやかわ・たけし，早稲田大学教育・総合科学学術院）第3章第3節

松尾 七重（まつお・ななえ，千葉大学教育学部）第4章第1節

大滝 孝治（おおたき・こうじ，北海道教育大学釧路校）第4章第2節

和田 信哉（わだ・しんや，鹿児島大学教育学部）第5章第1節 1.1, 1.2

近藤 　裕（こんどう・ゆたか，奈良教育大学教育学部）第5章第1節 1.3

杉野本勇気（すぎのもと・ゆうき，長崎大学教育学部）第5章第2節

日野 圭子（ひの・けいこ，宇都宮大学大学院教育学研究科）第5章第3節 3.1, 3.5,
　　　　3.6

早田 　透（はやた・とおる，鳴門教育大学学校教育研究科）第5章第3節 3.1〜3.4

加藤 久恵（かとう・ひさえ，兵庫教育大学大学院学校教育学研究科）第6章

服部裕一郎（はっとり・ゆういちろう，高知大学教育学部）第6章，第11章第1節

茅野 公穂（ちの・きみほ，信州大学教育学部）第7章第1節

影山 和也（かげやま・かずや，広島大学大学院人間社会科学研究科）第7章第2節

中川 裕之（なかがわ・ひろゆき，大分大学教育学部）第7章第3節

袴田 綾斗（はかまた・りょうと，高知大学教育学部）第7章第4節

松浦 武人（まつうら・たけと，広島大学大学院人間社会科学研究科）第8章第1節

福田 博 人（ふくだ・ひろと，岡山理科大学教育推進機構 教職支援センター）第 8 章第 2 節

大 谷 洋 貴（おおたに・ひろき，日本女子大学人間社会学部）第 8 章第 3 節・第 4 節

清 野 辰 彦（せいの・たつひこ，東京学芸大学自然科学系）第 9 章第 1 節・第 4 節

中 和 　 渚（なかわ・なぎさ，関東学院大学建築・環境学部）第 9 章第 3 節

Stephen, Max（マックス ステファン，メルボルン大学）第 10 章

松 嵜 昭 雄（まつざき・あきお，埼玉大学教育学部）第 10 章翻訳

馬 場 卓 也（ばば・たくや，広島大学大学院人間社会科学研究科）第 11 章第 1 節

日 下 智 志（くさか・さとし，広島大学大学院人間社会科学研究科）第 11 章第 2 節

新井美津江（あらい・みつえ，立正大学社会福祉学部）第 11 章第 3 節

新しい算数教育の理論と実践

2021年3月30日　初版第1刷発行　　　　〈検印省略〉

定価はカバーに
表示しています

編著者　溝　口　達　也

発行者　杉　田　啓　三

印刷者　中　村　勝　弘

発行所　株式会社　ミネルヴァ書房
607-8494　京都市山科区日ノ岡堤谷町1
電話(075)581-5191／振替01020-0-8076

© 溝口ほか, 2021　　　　中村印刷・藤沢製本

ISBN978-4-623-09107-2

Printed in Japan

これだけは知っておきたい 小学校教師のための算数と数学15講

―――――――――――――――― 溝口達也・岩崎秀樹 編著 A5判 208頁 本体2200円

●小学校教職課程「教職専門算数科（内容論）」のテキスト。数学的素養を身につけて教壇に立つために――。「算数科」で何を学ぶのか，なぜ「算数科」を学ぶのか。小学校算数科の内容としての数学的知識を教育的立場から考究するとともに，算数学習の方法についても数学の本質的立場に則って議論する。各講の冒頭には，当該講の中心的トピックを「問い」の形式で提示，読者の問題関心を喚起するように工夫している。

わかる！ 小学校の先生のための統計教育入門

―――――――――――――――― 坂谷内勝 著 B5判 144頁 本体2200円

●学習指導要領に沿った，分かりやすい指導を目指す小学校の先生のための「統計教育の教科書」。算数をはじめ他教科との連携を重視しながら，表やグラフの作り方・見せ方を実践。統計の基本をしっかり理解する。算数が苦手な先生のために，難しい公式・数式・記号は使用せず，間違いやすいところを詳しく説明。小学生にとって身近なデータや Excel の使い方を初歩から学ぶ。明日からの授業づくりに活かせるポイントがつまった１冊。

探究の過程における すぐ実践できる情報活用スキル55
――単元シートを活用した授業づくり

―――――――――――――――― 塩谷京子 著 B5判 210頁 本体2400円

●小学校１年生から中学校３年生まで，学年ごとに配列し，情報活用スキル55を習得・活用している子どもの姿をレポート。教師をめざす人，小・中・高の教諭，学校司書，司書教諭にすぐに役立つ書。

―――――――――――――― ミネルヴァ書房 ――――――――――――――

https://www.minervashobo.co.jp/